FELGINES M-J. 1992.

NOTICE
SUR M. DAUNOU

SUIVIE D'UNE NOTICE

SUR

M. GUÉRARD

TYPOGRAPHIE DE CH. LAHURE
Imprimeur du Sénat et de la Cour de Cassation
rue de Vaugirard, 9.

B. E. C. GUÉRARD

NOTICE
SUR
M. DAUNOU

PAR M. B. GUÉRARD
Membre de l'Académie des Inscriptions et Belles-Lettres

SUIVIE D'UNE NOTICE
SUR
M. GUÉRARD

PAR
M. N. DE WAILLY
Membre de l'Académie des Inscriptions et Belles-Lettres

PARIS
LIBRAIRIE DE DUMOULIN
QUAI DES AUGUSTINS, N° 13

1855

PRÉFACE.

Quand la mort enlève un homme de bien à l'affection de sa famille et de ses amis, ce n'est guère que dans le cercle étroit de l'intimité qu'il est permis de s'entretenir de ses vertus, et de payer à sa mémoire un juste tribut de regrets. Le monde, toujours prompt à oublier les morts, accorde à peine une courte sympathie à ces deuils privés, qui se renouvellent sans cesse autour de lui. Si la douleur n'avait pas sa retenue et comme une sorte de pudeur qui l'empêche de se montrer à tous les yeux, elle ne se produirait au dehors que pour y rencontrer une froide indifférence. Il est pourtant de rares occasions où les regrets publics se mêlent à ceux de la famille, pour déplorer une perte commune à tous et dont le souvenir doit se conserver longtemps. Il semble alors que l'amitié ne doive plus craindre d'offenser les convenances, et qu'elle remplisse même un devoir en retraçant les principales circonstances d'une vie qui appartient à l'histoire plus encore qu'à l'intimité.

Tels sont les sentiments auxquels j'obéis en publiant une notice biographique sur Benjamin-Edme-Charles Guérard, c'est-à-dire sur un homme doué des plus excellentes qualités du cœur et de l'esprit, qui était non-seulement chéri de ses parents et d'un petit nombre d'amis, mais honoré en même temps de l'estime publique, placé aux premiers rangs dans la compagnie illustre dont il faisait partie, connu et apprécié de l'Europe savante, digne enfin d'être compté désormais parmi ceux dont la postérité ne doit pas oublier le nom. J'ai compris toutefois que mon travail, en restant isolé, ne se recommanderait pas suffisamment à l'attention du public, et pour que le nom de M. Guérard protégeât plus efficacement ce volume, j'ai voulu y réserver la première place à l'un de ses meilleurs écrits. Cette notice sur M. Daunou, aussi honorable assurément pour le talent de l'auteur que pour l'homme illustre dont elle retrace la vie, les travaux et le caractère, n'était connue jusqu'à présent que par une édition partielle; mais le manuscrit complet s'est retrouvé dans les papiers de M. Guérard, qui l'avait préparé lui-même pour l'impression. C'est le seul écrit qu'il ait excepté d'une proscription regrettable pour tous, et particulièrement pour celui qui fut obligé de l'exécuter. J'ai du moins la consolation, en publiant cette œuvre posthume, d'associer dans ma pieuse reconnaissance deux hommes éminents, dont l'affection fut pour moi d'un prix infini, et restera toujours un des souvenirs les plus chers et les plus honorables de ma vie.

N. DE WAILLY.

NOTICE
SUR
M. DAUNOU

PAIR DE FRANCE
SECRÉTAIRE PERPÉTUEL DE L'ACADÉMIE DES INSCRIPTIONS ET BELLES-LETTRES
MEMBRE DE L'ACADÉMIE DES SCIENCES MORALES ET POLITIQUES
GARDE GÉNÉRAL DES ARCHIVES DU ROYAUME
ANCIEN PROFESSEUR D'HISTOIRE AU COLLÉGE DE FRANCE, ETC.

par

M. B. GUÉRARD

NOTICE
SUR
M. DAUNOU.

PREMIÈRE PARTIE[1].

Si les révolutions politiques sont des épreuves dangereuses pour les âmes vulgaires, elles servent à développer tout ce qu'il y a d'énergie et de grandeur dans les cœurs généreux. Elles offrent même souvent des occasions de gloire aux hommes modestes et paisibles, qui, sans elles, auraient dérobé au monde la fermeté et le courage dont ils étaient doués. La justice et la modération que le sage pratique sans effort dans les temps de calme, deviennent en effet des vertus héroïques au milieu de l'effervescence populaire et de la tyrannique exigence des partis. Alors on doit savoir gré à chacun, non-seulement du bien qu'il a fait, mais encore du mal dont il s'est abstenu; car alors les plus hautes intelligences et les plus nobles caractères sont entraî-

---

1. Cette notice se compose de deux parties : l'une est relative à la vie politique de M. Daunou, l'autre à ses travaux littéraires. La seconde seule a été publiée.

nés dans l'erreur, et peuvent avoir besoin de pardon ou d'excuse.

Je m'empresse de le dire, le personnage dont je vais raconter la vie n'aura pas d'indulgence à réclamer. S'il embrasse la cause de la révolution avec toute l'ardeur de la jeunesse; s'il professe des opinions très-hardies et participe à des résolutions énergiques, il ne s'associe jamais à de coupables complots, et refuse constamment, même au péril de ses jours, de tremper dans le crime. Au milieu des écueils les plus dangereux et des plus terribles tourmentes, on le voit toujours prendre pour guide le phare éternel de la justice et de la raison.

Mais les titres de gloire de M. Daunou ne sont pas tous politiques; il s'en est assuré d'autres, et de plus éclatants encore aux yeux des hommes de lettres. L'art d'écrire, qu'il possédait par excellence, et dont il nous a laissé des modèles de plus d'un genre, réservait à son talent une seconde carrière, dans laquelle il a rendu son nom illustre, et s'est acquis de nouveaux droits aux hommages de la postérité.

Sa famille était originaire de Guyenne, et professait anciennement la religion réformée. La révocation de l'édit de Nantes (1685) l'obligea de s'expatrier en Hollande; mais bientôt l'amour du pays l'emporta : elle revint en France, et dès 1692 on la retrouve établie dans le bourg de Castelnau, à sept ou huit lieues d'Agen. Ainsi, après avoir changé de patrie pour conserver sa religion, elle fut peut-être forcée de changer de religion pour recouvrer sa patrie. Au milieu du siècle dernier, un membre de cette famille, nommé Pierre Daunou, étudia la médecine à Paris, et s'établit, en 1751, à Boulogne-sur-Mer, où il épousa la fille d'un pharmacien nommé Sauzet. Une fille et un fils restèrent seuls de ce mariage. La fille devint l'épouse d'un chirurgien ; le fils, né à Boulogne le 18 août 1761, reçut au baptême les noms de Pierre-Claude-François : c'est notre Daunou.

Ses parents s'y prirent de bonne heure pour le faire instruire. La ville de Boulogne-sur-Mer, outre plusieurs couvents dont la jeunesse fréquentait les écoles, possédait un beau collége tenu par les pères de l'Oratoire, qu'elle y avait appelés en 1629, dix-huit ans après la fondation de leur ordre en France (1611) par le cardinal de Bérulle. Cette congrégation de prêtres séculiers, qui se glorifie de compter parmi ses membres les pères Jean Morin, Lecointe, Thomassin, Richard Simon, Malebranche, Bernard Lamy, Lelong, Massillon, Houbigant, pour ne citer qu'un petit nombre de ses hommes célèbres, et chez laquelle ont étudié La Fontaine, Eusèbe Renaudot, l'abbé Terrasson, le président Hénault, de Foncemagne, Goujet, Fontanes, et beaucoup d'autres personnages chers aux lettres, cette congrégation dirigeait les colléges les plus renommés du royaume, surtout depuis la suppression de la compagnie des jésuites (1762). Les études y étaient aussi fortes que variées, l'éducation très-morale, et, pour le temps, très-libérale et très-philosophique.

Le jeune Daunou, après avoir étudié les premiers

éléments de la langue française et de la langue latine chez les Cordeliers, fut envoyé dès l'âge de sept ans au collége des Oratoriens. Ses heureuses dispositions pour les lettres furent habilement cultivées par ses maîtres. Tout grêle et délicat qu'il était, il put se livrer à son ardeur pour le travail, si bien qu'en 1777 il avait fini toutes ses classes, après les succès les plus brillants.

C'est un âge bien jeune pour le choix d'un état. Trois carrières s'offraient à lui : la médecine, le barreau et l'Église. La première semblait héréditaire dans sa famille; mais, comme elle n'était pas de son goût, elle fut laissée de côté, et je ne pense pas qu'il faille regretter beaucoup cet abandon. Le barreau était la carrière qui lui souriait le plus : il aurait voulu aller à Paris faire son droit, et manifesta ce désir à ses parents. Mais leur fortune leur parut insuffisante pour l'entretien de leur fils pendant ses cours de droit dans la capitale, et durant les années qu'il emploierait ensuite à se créer une clientèle. Ils s'opposèrent donc à son inclination. Ce refus devait être pénible pour le jeune Daunou; toutefois, je ne saurais dire encore si nous avons bien sujet de nous en affliger. Devenu avocat, M. Daunou aurait peut-être joué un rôle plus bruyant dans les assemblées publiques, mais il n'en aurait pu jouer un plus honorable. Il aurait, sans doute, perfectionné la facilité qu'il avait à manier la parole; mais il n'est pas aussi certain que cette profession eût ajouté de la force à ses convictions et de la constance à ses principes. Quoi qu'il en soit, il ne fut pas libre de suivre cette fructueuse carrière. Ses parents, mus bien moins par des motifs d'intérêt que par une piété aussi vive que sincère, et par les exhortations des Oratoriens jaloux de gagner à leur congrégation un jeune homme d'espérance, se décidèrent pour l'état ecclésiastique. Leur fils eut de la peine à s'y dévouer; à la fin, après leur avoir écrit pour leur déclarer une dernière fois sa répugnance, il se résigna. Assurément ce n'était point là sa vocation, et peut-être aurait-il lutté plus longtemps, s'il n'avait entrevu des compensations qui le charmeraient dans les liens qu'il allait contracter. Son entrée chez les Oratoriens fut pour lui l'entrée dans la vie littéraire plutôt que dans la vie religieuse; celle-ci était peu conforme à son esprit sceptique et indépendant, et ne convenait pas à son caractère beaucoup plus docile à la raison qu'à l'autorité.

Le 5 décembre 1777, il entra dans l'institution de l'Oratoire de Paris avec le titre de confrère, et fut ensuite envoyé à Montmorency pour y faire ses cours de théologie. Aussitôt qu'il les eut achevés, en 1780, il dut remplir à son tour les devoirs du professorat dans plusieurs colléges de la congrégation. Aussi le voyons-nous professer successivement la sixième, la cinquième et la quatrième à Troyes, en 1781 et pendant les deux années suivantes; la logique à Soissons, en 1784; un an après, la philosophie à Boulogne, où l'avaient ramené sa santé affaiblie et le besoin de respirer l'air natal. Puis il revient dans la maison de Montmorency pour y professer la philosophie une année, et une autre année la théologie. Alors, après avoir prononcé les vœux solennels qui le séparaient du monde, il reçut de M. de Juigné, archevêque de Paris, l'ordre de la prêtrise à la fin de l'année 1787. Ce ne fut pas sans avoir fait de sérieuses et tristes réflexions sur l'engagement irrévocable qu'il contractait, et sans déplorer amèrement au fond de son cœur la contrainte morale à laquelle il n'avait pu se soustraire. Il serait même permis de voir, dans un de ses premiers écrits, composé au moment de son ordination, une protestation indirecte, mais expresse et éloquente, contre l'un des actes les moins libres et les plus graves de sa vie.

En 1785, l'Académie royale des sciences et belles-lettres de Berlin avait proposé pour sujet de prix une question d'un intérêt tout particulier pour le jeune oratorien. Il s'agissait de déterminer quels étaient, dans l'état naturel, les principes et les limites de l'autorité des parents sur leurs enfants. C'était pour lui comme une question personnelle; et du moment qu'il se proposait de la traiter, son mémoire semblait promettre, ou un acte de résignation touchante, ou une sorte de protestation scandaleuse. L'alternative pouvait causer de l'inquiétude, mais le lecteur est bientôt rassuré. Dès son début, l'écrivain révèle en même temps et son talent littéraire et sa piété filiale. « Le premier, dit-il, qui calcula les droits de son père, fut un fils ingrat. » S'il était difficile d'aborder une aussi délicate question avec plus de bonheur, il ne l'était plus ensuite, sous l'empire d'une pensée aussi pieuse, de se tenir constamment dans les bornes les plus étroites des convenances. Tout le mémoire en effet, bien loin de laisser apercevoir dans l'âme de l'écrivain le moindre ressentiment, respire à toutes les pages l'affection et le respect envers les auteurs de ses jours. Cependant, qu'on ne croie pas qu'il enchaîne ou qu'il déguise sa pensée; au contraire, il traite toutes les parties de son sujet avec autant de liberté que de franchise, et s'avance hardiment sur les points périlleux. « Le plus cruel abus, écrit-il dans un endroit, c'est de forcer les enfants à des pactes, vœux ou mariages, auxquels leurs penchants répugnent. » Un peu plus bas, il va jusqu'à faire cette déclaration hardie et en quelque sorte fatale : « Lorsqu'on examina sérieusement, ce sont là ses termes, si celui que *la dévotion de son père a fait moine* est tenu à ne point quitter ce genre de vie, l'ignorance et la superstition avaient effacé toute idée d'ordre et de justice. » Enfin, après s'être fait un instant philosophe pour l'examen de la question proposée, il finit, comme un fils, par ces paroles affectueuses : « Les enfants, voyant dans leurs parents des bienfaiteurs, se croiront, tant qu'ils jouiront de leur présence, plus fortunés que le monarque qui n'est sur le trône que parce qu'il a perdu son père! »

Ce mémoire, auquel l'Académie de Berlin décerna le premier accessit dans sa séance solennelle du 24 janvier 1788, est d'ailleurs empreint d'un bout à l'autre de l'esprit de Montesquieu et de Rousseau, et semble annoncer déjà, sinon le républicain de 1795, au moins un chaud partisan de la grande réforme qui se préparait en France.

C'était le moment où la nation, enivrée d'espérances, saluait avec joie l'aurore d'une régénération sociale. L'amour de la patrie et de la liberté faisait battre tous les cœurs : fermés encore à toute passion haineuse ou basse, ils ne s'ouvraient qu'aux sentiments les plus honnêtes et les plus généreux. Alors la cause du monarque n'était pas séparée de la cause publique, et la royauté, chérie autant que vénérée, régnait dans tous les vœux comme dans tous les projets.

M. Daunou, qui résidait à Montmorency, partageait, avec la plupart des pères de sa congrégation, l'enthousiasme général. Environ deux mois après l'ouverture des états généraux, la Bastille ayant été prise dans un assaut populaire, les Oratoriens célébrèrent à leur église de Paris, le 4 septembre suivant, un service en l'honneur *des braves citoyens morts en combattant pour la patrie*, et M. Daunou, qui porta la parole dans cette solennité, choisit pour sujet de son discours *l'éloge du patriotisme*. Ayant une fois mis la main à l'œuvre du jour, il ne l'en retira plus, et saisit toutes les occasions de propager les idées nouvelles, soit dans la chaire, soit par la presse.

Bientôt la constitution civile du clergé l'engagea dans une longue et vive polémique. Après avoir publié divers écrits pour préparer cette loi fameuse, il en publia d'autres pour la défendre[1]. Il se crut surtout obligé d'en être l'avocat dans son propre pays, où M. Asseline, évêque de Boulogne, s'efforçait de

---

1. Voyez-en l'indication dans M. Taillandier, p. 199.

la décrier parmi le clergé et les fidèles de ce diocèse. Le zèle et le talent que M. Daunou déploya dans cette lutte lui valurent l'appui de la société populaire de Boulogne, dont il était membre, et le désignèrent sans doute plus tard aux suffrages de ses concitoyens.

Déjà il avait été élu, avec quatorze de ses confrères, pour représenter leur congrégation auprès de la Constituante et se mettre en rapport avec le comité ecclésiastique de cette assemblée, lorsque les évêques constitutionnels des départements du Nord et du Pas-de-Calais le nommèrent leur vicaire à l'envi l'un de l'autre et simultanément : c'était en avril 1791. A peine avait-il opté pour l'évêché du Pas-de-Calais, que l'évêque de Paris lui confia, le 15 septembre, la direction du séminaire diocésain avec le titre de vicaire de la cathédrale. Ayant accepté cette charge importante, à laquelle il n'était affecté qu'un très-modique traitement (800 francs), il continua de la remplir après la suppression de la congrégation de l'Oratoire, qui fut enveloppée, le 6 avril 1792, par le décret de l'Assemblée législative, dans la proscription générale des ordres séculiers[1]. Mais il abdiqua ses emplois à son entrée dans la Convention nationale, et depuis cette époque il s'est constamment abstenu de toute fonction ecclésiastique.

Il était à Paris, lorsque, sans l'avoir demandé, il reçut des électeurs du Pas-de-Calais, le 9 septem-

---

[1]. La suppression des congrégations régulières avait été décrétée longtemps auparavant, le 13 février 1790.

bre 1792, le dangereux honneur de représenter son département dans l'assemblée terrible qui allait peser sur la France.

« Daunou, lui mandèrent ses commettants, des hommes libres savent trouver partout les généreux défenseurs de la liberté et de l'égalité. Depuis longtemps vous aviez des droits à l'estime de vos concitoyens ; ils viennent de trouver un moyen de vous donner des preuves d'une confiance que vous ne démentirez jamais, en vous nommant d'une voix unanime député à la Convention nationale pour le district de Boulogne[1]. »

Carnot, Lebas et Thomas Payne faisaient partie de la députation du même département.

Alors commence pour M. Daunou une nouvelle carrière. Mais avant de l'y suivre il convient de jeter un instant les yeux sur l'état dans lequel on avait réduit la France.

Le pays en deuil gémissait sous les ruines, sans que la fureur d'abattre se fût ralentie. L'Assemblée législative, après avoir dressé des tables de proscription contre les émigrés et contre les prêtres, avait terminé au sein des humiliations et dans la dépendance des clubs une session sans profit comme sans gloire[2], et s'était séparée sous la honte d'attentats exécrables qu'elle n'avait pas eu la force de réprimer ni même le courage de flétrir. Sous ses yeux, par l'ordre ou de l'aveu d'un Danton, ministre de la jus-

---

1. Taillandier, pages 26 et 27.
2. Daunou, dans Taillandier, page 186.

tice, des artisans de crimes, enrôlés pour l'assassinat, avaient ouvert les prisons au commencement de septembre, non plus, comme on le voit dans l'histoire, pour délivrer les détenus, non plus pour armer les bras des condamnés contre un ennemi victorieux et menaçant, mais pour égorger avec calme des hommes et des femmes sans défense, dénoncés par la haine et la cupidité, arrêtés par l'arbitraire, écroués sans indication de délit, victimes et non coupables des calamités du jour. Que les temps étaient changés depuis les beaux moments de la Constituante! que de nobles efforts perdus! que de douces illusions détruites! Tout espoir de conciliation entre l'ancien et le nouveau régime était évanoui ; la sagesse et l'équité, impuissantes à les unir, avaient cédé la place à la violence, et la seule voie qui fût ouverte pour eux était désormais celle de l'extermination.

M. Daunou, ami sincère et vertueux de la révolution, l'aurait voulue pacifique, équitable, généreuse, riche de tous les biens et pure de tous les excès. Persuadé qu'employer la violence et l'injustice pour la rendre triomphante, c'était accroître les dangers, il pensait qu'elle ne devait avoir pour armes que la raison, le patriotisme et les lois. On put dès lors prévoir que sa voix serait perdue dans une assemblée qui fonderait sa force sur le despotisme et la terreur. Les hommes de bien n'étaient là que pour entretenir secrètement par leur exemple le culte de la justice au fond des cœurs, comme aussi pour soulever, par les proscriptions qui devaient les atteindre, l'opinion publique en leur faveur, et réveiller l'énergie de leurs collègues contre leurs bourreaux.

La Convention saisit d'une main féroce le gouvernail de l'État, et fit éclater aussitôt sa colère contre la royauté. Elle oublia qu'avec ses rois la France s'était formée, étendue, illustrée; que le pays avait partagé leurs bons et leurs mauvais jours, qu'enfin il avait vécu en commun avec eux depuis plus de douze siècles. Elle ne craignit pas d'imputer à l'autorité royale non-seulement les souffrances et les dangers du moment, mais encore les malheurs et les crimes du passé. Elle la crut inconciliable avec le bonheur du peuple, et cette opinion s'empara des esprits les plus élevés comme des âmes les plus abjectes. En même temps on se laissait séduire par l'éclat des républiques de l'antiquité et par le spectacle attrayant, quelquefois sublime, que dans leur lointain elles présentent à nos yeux. M. Daunou lui-même, au souvenir d'Athènes et de Rome, et sous l'impression des écrits du philosophe Génevois, abjura les idées monarchiques. Dans un homme d'un tel caractère et d'une telle constance, cette abjuration devait survivre à l'exaltation qui l'avait produite. M. Daunou n'en revint pas, sans toutefois s'opposer dans la suite au vœu du plus grand nombre, et sans invoquer jamais la contrainte ou les troubles au secours de ses convictions.

Alors, le roi, dépouillé le 20 juin 1789 du pouvoir absolu par le serment du jeu de paume; de la force publique le 14 juillet suivant par la prise de la Bastille; de ses gardes du corps et de sa résidence habituelle à Versailles par les attentats du 5 octobre de la même année ; de sa liberté le 21 juin 1791 par son arrestation à Varennes ; de sa garde constitutionnelle le 29 mai 1792 par décret de l'Assemblée législative ; de son inviolabilité le 20 juin par l'invasion des Tuileries ; le roi, expulsé de son trône et de son palais le 10 août par l'insurrection de la populace, était tombé, de sacrifices en sacrifices, dans les mains sanglantes de la commune de Paris, qui le tenait prisonnier au Temple et qui n'avait plus rien autre chose à lui ôter que la vie. Depuis longtemps il n'était plus possible de lui rendre une part quelconque de son autorité : la Convention, l'eût-elle voulu, n'aurait pas eu la force de le faire ; mais elle n'en avait pas du tout la pensée. Dès sa première séance, le 21 septembre, elle décréta par acclamation l'abolition de la royauté et la fondation de la république. Le vote de M. Daunou dans le procès de Louis XVI est l'un des actes les plus honorables de sa vie ; mais, pour en apprécier tout le mérite, il est nécessaire de se rappeler les principales circonstances de ce grand et funeste événement.

Le parti de la Montagne, se confondant avec la commune, voulait, par une simple délibération de l'assemblée, envoyer le roi à la mort, tant pour assouvir sa haine que pour donner son dernier gage à la révolution ; il ne s'agissait pas d'un jugement, mais d'une mesure de salut public et de frapper soudain un grand coup d'État. L'autre parti, plus humain ou moins résolu, avait horreur ou peur d'envoyer Louis XVI à l'échafaud, et désirait trouver, dans les longueurs et la complication des procédures, les moyens de préserver le pays du régicide. Le 3 décembre, l'ancien maire Pétion demanda que le roi fût jugé, et qu'il le fût par la Convention nationale. M. Daunou, qui vota pour la première proposition et contre la seconde, exposa les motifs de ses votes dans un écrit intitulé : *Opinion de P. C. F. Daunou, sur le jugement de Louis Capet.*

Pour combattre le principe de l'inviolabilité royale posé dans la constitution, il alléguait que Louis XVI n'était plus roi depuis que sa déchéance avait été prononcée, et que par conséquent rien n'empêchait, dans sa nouvelle condition, réduite à celle d'un simple particulier, de le traduire en jugement pour ses délits personnels de la même manière que tous les autres citoyens. La commission s'était servie d'un autre argument. Elle avait distingué deux personnes dans Louis XVI, le monarque et l'homme. Ses actes de roi souscrits par les ministres devaient seuls être couverts par la responsabilité ministérielle, tandis qu'il restait personnellement responsable de ceux qu'il avait faits en son particulier.

Il est certain que l'ex-roi était devenu un grand embarras pour la naissante république, et que le gouvernement ne pouvait ni le relâcher, ni le garder plus longtemps en prison ; l'animosité populaire demandait impérieusement une prompte décision sur le sort du malheureux prisonnier. La meilleure raison que M. Daunou avait sans doute de consentir au jugement de Louis XVI, ne lui parut pas bonne à dire : c'était que la Convention n'avait pas la liberté de faire autrement.

Mais il combattait avec énergie la transformation du Corps législatif en cour judiciaire. Il se plaignait, d'une part, de la responsabilité enlevée aux jurés et aux juges, et de l'autre, du droit de récusation ravi à l'accusé. Il déclarait monstrueux que les mêmes hommes, les représentants de la nation, fussent chargés cumulativement de faire l'instruction, l'accusation, le jugement, la loi pénale et l'application de la peine. Enfin il conjurait l'Assemblée de respecter les formes et les garanties de la justice, hors desquelles *il n'y a pas de jugement, il n'y a que guerre et vengeance*.

La Convention, qui professait le principe de la souveraineté du peuple, et qui prétendait représenter le peuple en personne, se considéra comme nantie de tous les pouvoirs, et, conformément à la motion de Pétion, s'empressa de se déclarer compétente.

Le roi fut traduit à la barre le 6 décembre, et le procès s'engagea. Pendant sa durée, les pétitions, les députations de toute espèce, les déclamations des Montagnards, les parades les plus révoltantes et tous les moyens les plus iniques furent mis en usage pour soulever l'opinion contre le roi déchu, et pour maîtriser l'Assemblée autant par le fanatisme que par la crainte [1].

---

1. Ainsi, par exemple, l'un des plus grands crimes reprochés à Louis XVI était cette journée du 10 août, dans laquelle il avait été assailli par la populace, et obligé, pour sauver ses jours et ceux de sa famille, d'abandonner son palais et d'aller chercher un refuge au milieu de l'Assem-

M. Daunou, dans un second écrit, intitulé *Considérations sur le procès de Louis XVI*, ne craignit pas de lutter contre un entraînement dont le principe était faux et dont les suites ne pouvaient qu'être funestes. S'efforçant de rappeler l'Assemblée à la modération ainsi qu'à l'humanité, et de la tenir en garde contre la précipitation et l'injustice : « Que l'enthousiasme soit quelquefois accusateur, disait-il, du moins ne faut-il jamais qu'il soit juge, et il est affreux qu'il prononce des arrêts de mort. De tels arrêts outragent la nature : ils ne peuvent honorer que le crime lui-même qui les subirait. Je me défie de l'enthousiasme, lors même qu'il s'allie à des vertus douces ou qu'il provoque des actions généreuses ; mais l'enthousiasme qui condamne est toujours férocité, et ce n'est qu'à l'équité froide, à la raison tranquille et calculante qu'est réservé le droit de punir. » Puis s'élevant avec une vertueuse indignation contre les prétendues raisons de haute politique mises en avant par ses collègues : « Il ne faut point

---

blée législative. Il n'avait pas fait tirer un seul coup de fusil pour sa défense, et néanmoins on lui imputa la mort et les blessures auxquelles s'étaient exposés volontairement une multitude de gens sans aveu, qu'on décora des noms de défenseurs du peuple et de sauveurs de la patrie. Des veuves et des orphelins de ces honteux combattants se présentaient à la barre ; les blessés eux-mêmes du 10 août venaient défiler dans l'enceinte de l'Assemblée ou traverser la salle, portés sur des litières ; leurs femmes et leurs enfants les accompagnaient : tous demandaient la mort du tyran. Comment douter après cela que Louis XVI ne fût l'assassin, et que les assaillants, au contraire, ne fussent les victimes ? (Voir le *Moniteur* du 1er janvier 1793.)

appeler, s'écriait-il, *hauteur de la révolution* ce qui ne serait que la région des vautours; restons dans l'atmosphère de l'humanité et de la justice. »

Après que M. Desèze eut présenté, le 26 décembre, la défense du roi, qui parut pour la seconde fois à la barre de la Convention, les débats s'ouvrirent sur la manière de rédiger et de poser les questions à résoudre. M. Daunou, dans la vue de détourner ou de retarder la catastrophe que tout le monde prévoyait, présenta le 14 janvier 1793, à la délibération de l'Assemblée, deux longues séries de demandes : d'abord pour le cas où il serait simplement pris à l'égard de Louis XVI une mesure de sûreté générale; ensuite pour le cas où la Convention persisterait à vouloir mettre ce prince en jugement. Ces demandes, qui tendaient soit à ralentir la marche de la procédure, soit à la soumettre aux règles observées dans les tribunaux, furent, dans la même séance, promptement écartées, ou du moins réduites à trois principales, sur lesquelles la Convention devait prononcer comme cour judiciaire.

Alors la plupart des juges se firent de nouveau accusateurs, et non contents de déclarer avant le jugement l'accusé coupable, ils se livrèrent contre lui, sans égard pour le malheur comme sans respect pour la justice dont ils s'étaient constitués les ministres, aux invectives les plus cruelles et les plus indécentes. M. Daunou, révolté d'une telle barbarie, s'efforça, en publiant le *Complément de* son *opinion sur l'affaire du ci-devant roi*, de rappeler l'Assemblée sinon à des sentiments plus humains, du moins à des formes convenables aux fonctions extraordinaires qu'elle avait usurpées.

Il lui reprochait hardiment d'avoir perdu l'attitude d'une cour de juges et d'avoir empreint ses décrets du ressentiment qui accuse, plutôt que de l'impartialité qui se recueille, d'avoir confondu dans une seule demande : *Louis Capet est-il coupable?* les trois questions toujours adressées au jury dans les causes criminelles; de vouloir, en violant la règle du silence et du recueillement observée dans leur vote par les jurés, exposer les consciences, par l'appel nominal et le vote public de la tribune, au danger de la terreur, de la faiblesse et de l'entraînement; enfin de n'exiger, pour condamner Louis XVI, déjà privé du droit de récusation, que la simple majorité des suffrages, tandis que, dans les autres procès, la loi exige une majorité plus forte pour la condamnation des accusés. Puis, au nom du salut de la république et des plus chers intérêts de la patrie, il adjurait l'Assemblée de répudier les attributions de juge qui ne pouvaient lui appartenir, qui terniraient sa gloire dans la postérité, et de se contenter de prendre des mesures de sûreté générale à l'égard du monarque déchu.

Le courage, la raison, l'éloquence, impuissants à servir la cause de la justice, pouvaient seulement en compromettre les défenseurs. La Convention poursuivit impitoyablement son œuvre. Le 15 janvier 1793, Louis Capet fut déclaré coupable presque à l'unanimité, moins sans doute, de la part de beaucoup de membres, par une conviction intime, que dans l'espoir, après cette satisfaction donnée prudemment à l'aveugle exigence de la multitude, de pouvoir y résister ensuite avec plus de succès.

Aussitôt la proposition de l'appel au peuple ayant été mise en délibération, M. Daunou la rejeta sans hésiter et pour plusieurs motifs. D'abord il était persuadé qu'une foule de ses collègues inclineraient plus facilement à la rigueur quand viendrait le moment de délibérer sur la peine, s'ils s'étaient auparavant ménagé derrière la volonté populaire un repos pour leur conscience en même temps qu'un abri pour leur lâcheté. Ensuite il savait assez par l'histoire, que dans les révolutions le peuple est toujours moins enclin à la clémence qu'à la cruauté; de sorte que renvoyer la question à la multitude, c'était probablement réserver à Louis XVI le pire destin.

Enfin, aux yeux de M. Daunou, qui se promettait de proposer contre ce prince moins un châtiment que des moyens de sûreté, l'appel au peuple n'était nullement nécessaire. « Comme une simple mesure de sûreté générale à prendre sur un individu n'a pas besoin de la ratification du peuple, je dis NON. » Tels furent les termes dans lesquels il exprima son vote.

La majorité de l'Assemblée, sans penser de même que M. Daunou, vota comme lui.

Restait la troisième question, et c'était la plus importante, puisqu'elle avait pour objet la désignation de la peine. Elle fut mise aux voix le lendemain 16 par appel nominal, et chaque député fut obligé de venir à son tour répondre tout haut à la tribune. Cette forme de délibérer, qui devait, comme on avait soin de le dire bien haut, faire reconnaître au peuple ses amis et ses ennemis, portait la plus forte atteinte à la liberté des suffrages. En effet, les tribunes publiques, occupées à dessein par la lie des révolutionnaires, accompagnaient de féroces applaudissements les sentences de mort, tandis qu'elles couvraient de vociférations menaçantes les arrêts moins inhumains. Elles donnaient, pour ainsi dire, à la Convention, transformée en cour de justice, un air de ressemblance avec ces lugubres tribunaux de septembre, érigés quelques mois auparavant aux portes des prisons. Malheur alors aux députés indécis ou faibles ! malheur, malheur à l'accusé ! L'horrible aspect de ces êtres hideux dont l'haleine exhalait et présageait le crime; la stupeur répandue sur un côté de l'Assemblée et la fureur dominant sur l'autre; l'hostilité flagrante des partis qui se mesuraient des yeux et se proscrivaient les uns les autres au fond de l'âme; l'attente sinistre de la salle et le grand silence au moment solennel, tout se réunissait pour intimider et déconcerter les juges, pour vaincre les derniers scrupules de la conscience, pervertir les dispositions généreuses et pour incliner à la sévérité les votes destinés à l'indulgence. On pressentait d'ailleurs qu'il ne s'agissait pas du sort d'un seul homme et que le roi n'était pas uniquement mis en cause dans ce grand procès, mais que sa condamnation serait suivie d'une multitude d'autres et conduirait, de proscriptions en proscriptions, d'abord à la perte de ses partisans, et bientôt après à celle de ses ennemis et de ses juges eux-mêmes.

Les Girondins, si admirables quand ils parlaient, manquèrent de résolution dans leurs conseils et de constance dans leur conduite. La crainte de fortifier l'accusation de royalisme, portée bien injustement contre eux, leur fit imprudemment abandonner Louis XVI, dont la cause était presque devenue la leur, et dont la perte, en les laissant en face des Jacobins, devait les exposer directement à leurs premiers coups. Ils votèrent la mort.

Le tour de la députation du Pas-de-Calais étant venu, on appela M. Daunou à la tribune. Il y monta d'un air triste, mais assuré, et sembla prononcer moins la condamnation du roi que celle de la Convention nationale par ces paroles aussi mesurées qu'énergiques :

« Les formes judiciaires n'étant pas suivies, dit-il d'une voix ferme, ce n'est point par un jugement criminel que la Convention a voulu prononcer. Je ne lirai donc pas les pages sanglantes de notre code, puisque vous avez écarté toutes celles où l'humanité avait tracé les formes protectrices de l'innocence ; je ne prononce donc pas comme juge. Or, il n'est pas de la nature d'une mesure d'administration de s'étendre à la peine capitale. Cette peine serait-elle utile? L'expérience des peuples qui ont fait mourir leur roi prouve le contraire. Je vote donc pour la déportation et la réclusion provisoire jusqu'à la paix. »

Républicain non moins sincère que les Girondins, il montra plus de courage qu'eux, et voulut, au péril de ses jours, sauver le roi, quoiqu'il n'entendît en aucune façon sauver la royauté.

La peine de mort sans condition ayant été décrétée à la majorité de 26 voix sur 721 votants, il ne restait plus à Louis XVI qu'une bien faible chance de salut. On la tenta le 18, en proposant à l'Assemblée de surseoir à l'exécution. Mais Tallien se hâta de demander, au nom même de l'humanité qu'il profanait, le rejet immédiat de tout sursis. Cette demande, le motif invoqué sans pudeur à l'appui, et l'intention manifestée de profiter de la lassitude générale, après une longue séance, pour mettre brusquement fin à tous les débats, excitèrent une assez vive opposition sur les bancs du côté droit. Plusieurs députés indignés réclamèrent contre la proposition de Tallien la question préalable. M. Daunou était du nombre. Montant à la tribune, qu'il abordait pour la première fois dans une discussion : « J'appuie, dit-il, la question préalable sur la proposition de Tallien. On vous a parlé d'humanité, mais on en a réclamé les droits d'une manière dérisoire. Il ne faut pas décréter en sommeillant[1] les plus chers intérêts de la patrie. Je déclare que ce ne sera ni par la lassitude ni par la terreur qu'on parviendra à entraîner la Convention nationale à statuer, dans la précipitation d'une délibération irréfléchie, sur une question à laquelle la vie d'un homme et le salut public sont également attachés.... Les véritables amis du peuple sont à mes yeux ceux qui veulent prendre toutes

---

1. Il était près de dix heures du soir.

les mesures nécessaires pour que le sang du peuple ne coule pas, pour que la source de ses larmes soit tarie, que son opinion soit ramenée aux véritables principes de la morale, de la justice et de la raison[1]... »

Ce langage fut peu compris de la majorité : celui de Robespierre, qu'elle entendit ensuite, lui plut davantage, et le scrutin allait avoir lieu lorsque le côté droit quitta la salle en tumulte et fit lever la séance. On alla donc aux voix le lendemain; M. Daunou se prononça pour le sursis, qui fut rejeté par une majorité de 34 voix, et deux jours après, sur l'ancienne place Louis XV, le plus grand crime de la révolution fut consommé.

La Convention, après avoir immolé Louis XVI, non par audace, comme on l'a dit, non pour défier insolemment les rois, mais par peur et pour céder bassement à la plus vile populace, commença seulement, au bout de quatre mois de session, à s'occuper de l'acte constitutionnel, qui aurait dû être le premier et le principal de ses travaux. Elle avait à convertir à l'usage de la république la constitution royale de 1791, ou plutôt à fabriquer une constitution toute nouvelle; car celle qui, deux ans auparavant, avait comblé les vœux de la nation ne valait plus rien aujourd'hui, ou ne paraissait convenir tout au plus qu'à des aristocrates.

M. Daunou, qui faisait partie du comité d'instruction publique, et qui désirait ardemment l'orga-

---

1. *Moniteur* de 1793, n° 22.

nisation d'un gouvernement régulier, se mit sérieusement à la besogne, et publia deux écrits intitulés, l'un : *Essai sur la constitution* ; l'autre : *Vues rapides sur l'organisation de la république française*, dans lesquels il traitait la question avec autant de profondeur que de sagesse, et proposait un projet pour la résoudre. D'autres projets en assez grand nombre ayant été présentés à l'Assemblée sur le même sujet, il prit la parole le 26 avril pour tracer un plan de délibération, et engager ses collègues à travailler avec courage sans se laisser effrayer par les circonstances. Il fit ensuite paraître un troisième écrit ayant pour titre : *Observations sur la manière de discuter la constitution*.

Mais le moment de rien édifier n'était pas encore venu, et la Convention, au lieu de constituer le pays, ne s'apprêtait qu'à le désoler. Environnée d'embarras de tous genres, elle les aggravait et les multipliait chaque jour par de nouvelles fautes. Lorsqu'elle eut attiré sur la France toutes les armes de l'Europe, et soulevé contre son propre gouvernement les populations de la Vendée, de la Bretagne, et les villes de Lyon, Marseille et Bordeaux, elle se vit obligée de garnir de soldats, comme d'une ceinture de fer, les frontières de la république, puis de tourner contre les insurgés toutes les forces qui n'étaient pas employées contre les ennemis. Mais ce n'était pas assez à la révolution de mettre en même temps quatorze armées sur pied pour se défendre, il lui fallait encore un auxiliaire d'une autre espèce, et le tribunal révolutionnaire fut créé. Il eut pour but de rendre le pouvoir formidable en punissant de mort la résistance, l'hésitation, les murmures, la plainte et la pensée même.

Cependant les Girondins, qui voulaient tempérer par la justice et la modération l'emploi des mesures énergiques, qui jouissaient d'une part considérable dans le gouvernement, et dont la parole exerçait une grande influence, étaient devenus pour la Montagne des rivaux insupportables. Comme elle n'entendait plus partager désormais la domination avec personne, leur ruine fut résolue, et tout fut mis en usage pour la consommer. D'abord on employa contre eux le moyen habituel : la calomnie. On les accusa du haut de la tribune et dans les journaux d'être des royalistes, des féderalistes, des traîtres, des ennemis de la république et du peuple. Ces accusations, dont quelques-unes étaient incompatibles, n'avaient pas le moindre fondement; mais elles n'en avaient pas besoin. Elles furent, comme toujours, accueillies avidement par la multitude, et portèrent leurs détestables fruits avant que la vérité, qui marche avec lenteur et suit d'ordinaire le convoi des victimes, n'eût eu le temps de se dégager des entraves du mensonge. Ensuite on recourut à la violence, et l'on tenta, le 10 mars, de frapper les Girondins dans le sein même de l'Assemblée. Enfin, ce complot n'ayant pas réussi, il ne resta plus que la grande et souveraine ressource de l'insurrection. On s'en servit, et l'on fit deux journées qui sont fameuses dans l'histoire des attentats de la révolution, et dont je dirai quelques mots, parce qu'elles occasionnèrent plus tard l'arrestation de M. Daunou.

La Convention, après avoir échappé avec peine aux insurgés du 31 mai, fut assaillie de nouveau et investie, le 2 juin 1793, par une armée de sans-culottes à la solde de la commune de Paris et sous les ordres d'Henriot, ci-devant domestique, devenu subitement un personnage par ses forfaits au milieu des assassins de septembre. Marat et Robespierre dirigeaient le mouvement, et ne prenaient pas la peine de se déguiser. L'Assemblée, ne sachant faire mieux, quand elle se voit cernée, met son président à sa tête, et s'avance en masse, dans le plus grand appareil possible, pour imposer aux insurgés. Mais ceux-ci ne veulent pas la laisser sortir, et c'est en vain qu'elle leur demande humblement passage pour la majesté nationale; elle est refoulée sans respect de toutes les issues. Confuse, elle rentre dans la salle des séances, et sourde à la voix généreuse de Lanjuinais, qui faisait appel à son courage, elle cède honteusement à la peur, obéit sans résistance aux injonctions de la populace, et décrète dans sa lâcheté l'arrestation de ses membres les plus illustres. Heureusement, et par une juste vicissitude des choses humaines, en détruisant l'inviolabilité de Vergniaud, Guadet, Gensonné, Lanjuinais, Louvet, Barbaroux, elle détruisit en même temps celle de Robespierre, Saint-Just, Couthon et de tous leurs complices; et la Montagne prépara contre elle-même la catastrophe du 9 thermidor par le coup dont elle frappa, le 2 juin, la Gironde. Qu'il me soit permis d'observer, à la honte de la Convention, que, si, plusieurs années après, au 19 brumaire, le conseil des Cinq-Cents fut forcé par le vainqueur de l'Italie, il le fut du moins par des mains glorieuses, et qu'il se laissa détruire plutôt que de violer la constitution, quoiqu'il l'eût pu faire sans attenter de ses propres mains à la vie d'aucun de ses membres.

Ce fut de la ruine de la Gironde que naquit le régime de la terreur. En vain soixante-treize députés, parmi lesquels on pouvait d'avance être sûr de retrouver M. Daunou, s'empressèrent de protester contre les deux journées, et particulièrement contre l'arrestation de leurs collègues; leur voix impuissante n'eut d'autre effet que de les exposer plus tard au sort des illustres proscrits. M. Daunou et quatre autres membres de la députation du Pas-de-Calais furent même à cette occasion désavoués, dès le 18 juin, par les patriotes d'Arras, dont les délégués déclarèrent, à la barre de la Convention, que ces cinq députés avaient perdu la confiance de leurs concitoyens.

Le parti vainqueur, afin de se rendre favorable l'opinion publique, se hâta de reprendre le travail de la constitution, et le poursuivit avec une très-grande célérité. Un projet tout nouveau fut rédigé en quelques jours, et présenté le 10 juin à l'Assemblée. C'était de la démagogie la plus pure et la plus impraticable, bonne seulement à flatter le peuple, et plus tard, en germinal et prairial 1795, à le soulever encore. Aussi fut-il combattu par M. Daunou, dans ses *Remarques sur le plan proposé par le co-*

mité de salut public. La loi constitutionnelle n'en fut pas moins décrétée le 24 juin avec toutes les dispositions qui la rendaient impossible dans la pratique. Les membres de la Convention furent même les premiers à reconnaître combien elle était inapplicable, au moins dans les circonstances actuelles; car ils n'eurent rien de plus pressé, après l'avoir fait accepter et jurer par la nation entière, que d'en suspendre l'exécution, et de renforcer, non pas la liberté du pays, mais le comité de salut public, ce qui n'était pas du tout la même chose. Depuis il ne fut donné aucune vigueur à ce code extravagant, qui mourut ainsi le jour même de sa naissance.

M. Daunou, ayant été chargé, avec deux autres commissaires, de faire des expériences sur le télégraphe que Claude Chappe avait inventé, transmit, le 12 juillet, du parc de Saint-Fargeau, au-dessus de Ménilmontant, à M. Lakanal, son collègue, placé à Saint-Martin du Tertre, la dépêche télégraphique suivante : « Daunou arrive ici. Il annonce que la Convention nationale vient d'autoriser son comité de sûreté générale à apposer les scellés sur les papiers des députés[1]. » Effectivement le décret avait été rendu le jour même, et l'avis que M. Daunou s'empressa d'en donner à ses collègues n'était pas moins une attention délicate qu'un heureux à-propos.

Au reste, cette mesure ne concernait aucun des trois commissaires; mais peu de mois après elle de-

[1]. Rapport de Lakanal à la Convention, dans le *Moniteur* du 29 juillet 1793.

vait être suivie d'une autre plus rigoureuse, dans laquelle M. Daunou se verrait enveloppé. En attendant, quoique le moment ne fût pas favorable pour des travaux de législation générale, il n'en mit pas moins de zèle à la préparation de la loi proposée sur l'instruction publique. Le projet posthume de Lepelletier de Saint-Fargeau, adopté par Robespierre, et lu par lui dans la séance du 13 juillet, était empreint de toute l'exagération de l'époque. Il obligeait, sans exception, les enfants, depuis cinq ans jusqu'à douze, à recevoir, aux frais de la république, une éducation commune et pareille pour tous. C'était enlever de force les enfants à leurs parents, et détruire les bienfaits de l'éducation domestique et privée. M. Daunou, persuadé que l'éducation dans le sein de la famille était plus morale et plus libérale que l'éducation publique, donnait la préférence au premier système, sans toutefois exclure le second; car il voulait que les parents fussent libres de suivre l'un ou l'autre, ou tous les deux à la fois. Mais, sans craindre d'irriter contre lui son dangereux adversaire, il combattit cette prétention outrée de s'emparer du caractère et de l'esprit des enfants pour les façonner dans le même moule, et s'éleva contre toute espèce d'entraves mises soit au développement de leurs facultés, que la nature créait fort diverses, soit à la liberté des méthodes, qu'on ferait bien d'abandonner à la sagacité des instituteurs. L'écrit dans lequel il exposa ses vues, intitulé : *Essai sur l'instruction publique*, était le fruit d'études et de méditations suivies. Déjà, en effet, en 1789 et 1790, il avait publié sur l'éducation quatre lettres dans le *Journal encyclopédique* de Bouillon[1], et de plus un plan développé à part. Le plan, agréé par l'Oratoire, avait été disposé par l'auteur en articles de loi, et présenté sous cette forme à l'Assemblée constituante. Plus tard nous retrouverons M. Daunou soumettant lui-même et faisant adopter enfin à la Convention un projet pour l'organisation de l'instruction publique.

Il continuait ainsi, au bruit de l'orage qui grondait sur sa tête, à travailler pour sa patrie à des lois de bienfaisance et d'avenir, lorsque, le 3 octobre, sur la proposition du sanguinaire Amar, qui s'était approprié le rôle de délateur public, la Convention, après avoir préalablement défendu à toute personne présente de sortir de la salle ou des tribunes, et s'être ainsi transformée en geôle, rendit un décret d'accusation contre quarante-six de ses membres, parmi lesquels se trouvaient rappelés les Girondins, puis un décret d'arrestation contre les soixante-treize députés signataires des protestations du 6 et du 19 juin. A la demande de Thuriot, on fit l'appel des décrétés, et ceux qui siégeaient à la séance, obligés de sortir par la barre, furent sur-le-champ saisis pour être enfermés dans des maisons d'arrêt. M. Daunou était absent, mais il ne songea pas à fuir, et fut arrêté chez lui dans l'hôtel garni de la rue Saint-Honoré qu'il habitait. L'acte pour

---

[1]. M. Taillandier (p. 13-22) en a fait une analyse intéressante.

lequel il était poursuivi, n'était punissable, ni même qualifié de délit par aucune loi, mais qu'avait-on besoin de la loi pour punir, dans un temps où les actes étaient jugés moins souvent d'après la législation actuelle, que d'après une législation faite après coup, à laquelle on donnait tous les effets de la rétroactivité? dans un temps, d'ailleurs, où la loi des suspects, telle qu'elle avait été décrétée le 17 septembre par la Convention, puis interprétée par la commune de Paris, déclarait en état d'arrestation quiconque fréquentait les ci-devant nobles, les prêtres, les aristocrates et les modérés, et quiconque s'intéressait à leur sort ou n'avait rien fait pour la république? en un mot, dans un temps où la fortune et la vie de chaque citoyen étaient à la merci, non plus d'un roi despote, mais d'une multitude de tyrans démagogues, plus absolus et plus atroces mille fois que ne le fut jamais le plus mauvais monarque?

D'abord M. Daunou fut mis en prison à la Force, qu'il habita plus de neuf mois, jusqu'au 14 juillet 1794; ensuite on le transféra successivement aux Madelonnettes, aux Bénédictins anglais, à l'hôtel des Fermes, enfin à Port-Royal, alors singulièrement nommé Port-Libre. En dépeignant le régime de ces prisons dans quelques pages écrites au moment de sa délivrance, il nous révèle ce qu'il a dû lui-même y souffrir. Les prisonniers politiques, confondus avec les malfaiteurs, étaient privés de meubles, d'aliments, de secours, de la lumière du soleil et de celle des lampes, et, ce qui leur était le plus pénible, des visites et des nouvelles de leurs parents et de leurs amis, enfin de la connaissance même des événements publics. Entassés dans des cachots étroits et infects, ils manquaient de tout ce qui rend la vie supportable, et se voyaient environnés de tout ce qui la rend dégoûtante. Les transférait-on d'une prison dans une autre, c'était avec l'appareil des supplices et au milieu des insultes de la populace; et, lorsqu'ils arrivaient dans leurs nouvelles demeures, ils n'y trouvaient les premières nuits ni lit, ni paille pour se reposer. Cependant des hommes qui leur semblaient des compagnons d'infortune et dont ils étaient portés à plaindre le sort, vivaient avec eux seulement pour les espionner, et pour dénoncer leurs paroles, leurs larmes, leur silence; tandis qu'au dehors les journaux jacobins soufflaient la haine et la vengeance contre l'innocence et le malheur des prisonniers véritables. « Telles ont été les prisons de Robespierre, continue M. Daunou; ceux qui en ont habité d'autres que moi, trouveront qu'il manque des traits à ce tableau : je n'ai dit que ce que j'ai vu. Aucune loi n'avait établi cet affreux régime; les comités..... avaient en général commandé d'être barbare, ils avaient décrété la férocité en principe, et abandonné aux municipaux les formes et les procédés de cette tyrannie minutieuse. »

Ce que M. Daunou ne dit pas, mais ce que plusieurs personnages qui furent enfermés avec lui se sont plu à consigner dans leurs mémoires, c'est le courage et la tranquillité d'âme qu'il montra dans sa prison. Il l'avait transformée, à l'aide de quelques livres, en un cabinet d'étude, et sans se préoccuper de la mort suspendue sur sa tête, il se livrait, sans crainte et plein d'ardeur, à la lecture des auteurs anciens. Déjà aucun de ses moments n'était perdu pour le travail ; il pensait peut-être alors ce que nous l'avons entendu dire dans sa laborieuse vieillesse : qu'on n'a pas de temps à perdre, lorsqu'il en reste si peu à vivre. Cicéron et Tacite, compagnons de sa captivité, étaient ses auteurs de prédilection ; il ne les quittait pas un instant. Avec eux il oubliait les grilles qui le retenaient enfermé, et il se serait cru heureux, si ces grands hommes en parlant de leur patrie n'avaient ramené sous ses yeux l'image de la sienne, sanglante et défigurée.

La France, en effet, n'avait pas moins à craindre des conseils de ses représentants que des armes de ses ennemis. Le 10 octobre, peu de jours après l'arrestation des soixante-treize députés, la Convention avait proclamé le gouvernement révolutionnaire, c'est-à-dire suspendu le régime constitutionnel, et investi du pouvoir absolu douze tyrans féroces, qu'elle n'avait pas eu de peine à trouver dans son propre sein. Ils composaient ce comité d'abominable mémoire qui s'appela *de salut public*, et qui méritait de porter un tout autre nom. Avec eux le gouvernement fut réduit au désespoir : aussi toutes les mesures devaient être extrêmes pour sembler suffisantes, et tous les moyens étaient légitimes, pourvu qu'ils fussent efficaces. La délation, mise à l'ordre du jour, jetait les citoyens dans un état de guerre perpétuelle les uns avec les autres, et les réduisait souvent à l'alternative d'être délateurs ou suspects. L'appel au bon sens était une attaque à la république, et les autels érigés à la raison prouvaient seulement qu'on l'avait reléguée dans les cieux. Les vertus civiques éclataient dans les paroles, mais les vices régnaient dans les choses. Le peuple se levait au nom de la liberté et de la patrie, et se reposait dans le crime, tout fier d'un pouvoir exercé contre lui bien plus encore que par lui. Pour se détruire, les hommes et les partis s'occupaient sans relâche à se calomnier : car la calomnie, dans les convulsions sociales, est mère de la proscription. D'abord, c'était Louis XVI qui causait tout le mal; Louis XVI calomnié fut immolé; mais le mal et le mécontentement ne firent que croître. Ensuite la Montagne calomnia la Gironde, et la Gironde périt. Plus tard, la partie la moins exaltée de la Montagne fut elle-même calomniée et subit le même sort. Alors, suivant les paroles prophétiques de Vergniaud, la Révolution, comme Saturne, dévorait ses enfants. Rien n'était à couvert, rien ne fut épargné. On cherchait la noblesse, la gloire, la science, la vertu, non pour leur rendre hommage, mais pour les conduire toutes ensemble et d'un pas précipité au supplice. Ce fut quand le comité de salut public, qui envoyait si promptement à l'échafaud généraux, constituants, Girondins et Montagnards, se vit menacé dans ses membres, que pour échapper à sa ruine, il cessa d'être un instrument docile entre les mains de Robespierre, et lança enfin ses foudres contre ce monstre aux journées libératrices du 8 et du 9 thermidor. Mais, pendant deux épouvantables années, les comités qui moissonnèrent autant qu'ils ont pu, suivant l'expression de M. Daunou[1], la fleur et l'espérance de la nation, organisèrent les supplices mieux encore que la victoire. La reine Marie-Antoinette fut sacrifiée le 16 octobre 1793, dans le temps même que les commissaires de la Convention nationale commandaient dans la ville de Lyon les démolitions et les massacres. Le 29 du même mois, Barnave fut exécuté, et deux jours après, vingt-deux Girondins montèrent ensemble à l'échafaud. Madame Roland y monta de même le 9 novembre; le vertueux Bailli, le 11; le général Houchard, le 16, pendant que Carrier noyait dans les flots de la Loire les prêtres et les Vendéens sans prendre la peine de les faire juger. En 1794, Danton, Camille Desmoulins, Héraut de Séchelles et leurs amis eurent leur tour le 5 avril. Thouret succomba le 22, le même jour que le magnanime Malesherbes; Lavoisier périt le 8 mai, et deux jours après Madame Élisabeth rejoignait au ciel son auguste frère. D'autres victimes illustres et sans nombre tombaient en même temps sous le couteau révolutionnaire à Paris et dans les principales villes de la république.

Ces horreurs vers lesquelles je n'ai pu m'empêcher de reporter les regards, parce que M. Daunou en a souffert, et surtout parce qu'il les a décrites et jugées, gardons-nous bien de croire, je ne dis pas

---

1. Taillandier, p. 51.

qu'elles fussent nécessaires, mais qu'elles aient rendu un service quelconque à la France[1]. Lui-même, ce républicain pur et invariable, les a condamnées, non-seulement comme inutiles, mais de plus comme funestes à la cause de la révolution. Lorsqu'on fait honneur à la Montagne d'avoir délivré le pays des dangers qui le menaçaient, on oublie que c'est elle qui les avait créés. Un autre parti plus modéré et plus équitable aurait engendré moins d'obstacles, et n'aurait pas eu besoin, pour vaincre, d'autant d'efforts; mais, s'il l'eût fallu, il eût déployé la même énergie; et les Constituants, ainsi que les Girondins, ont prouvé par leur mort qu'ils ne le cédaient pas en courage à leurs adversaires, sur lesquels ils l'emportaient de beaucoup par le talent. Eh quoi! ce que la violence et l'iniquité ont fait pour sauver la patrie, est-il permis de supposer que la sagesse, la vertu, le patriotisme n'auraient pu le faire? Non, les ennemis du dehors, sans aucun doute, eussent été pareillement repoussés. Il faut convenir, du reste, que c'étaient les moins dangereux, parce que les armes étaient courtoises de part et d'autre; tandis qu'à l'intérieur, le parti exalté, quoique faible par le nombre, triomphait de tout parce qu'il ne respectait rien. Dans les assemblées politiques, une poignée d'audacieux, appuyée à la porte sur une troupe de furibonds, est presque toujours sûre de forcer la majorité et de l'entraîner dans le mal, à moins qu'à l'audace du crime on ne sache

---

1. Taillandier, p. 52 et 53.

opposer, comme jadis Scipion Nasica et Cicéron, l'audace de la vertu.

M. Daunou a donc eu raison de flétrir à la tribune et dans ses écrits le régime et les hommes de la terreur. Il est peu de gouvernements qui aient fait plus de mal en moins d'années, et moins de bien avec autant de ressources. Malgré les cinq milliards en fonds de terre mis à sa disposition, il n'a su avoir ni finances, ni commerce, ni industrie; je ne parle pas de sa justice et de sa police, auxquelles rien de comparable n'exista jamais dans l'inquisition. Quant à la législation, si l'on excepte la loi des poids et mesures, dont le projet appartient d'ailleurs à l'Assemblée constituante, il n'a laissé de remarquables que des lois de démence, de colère et de proscription : telles, par exemple, que les lois relatives aux suspects, aux émigrés, aux prêtres, au *maximum*, aux accapareurs, et beaucoup d'autres, toutes dignes des temps barbares. Les calamités nées de ses fautes étaient nécessairement effroyables; néanmoins il lui suffisait pour se disculper devant la nation de les imputer effrontément aux menées de ses adversaires.

Mais un tort non moins grand peut-être que M. Daunou avait à lui reprocher, c'est d'avoir fait prendre en aversion aux peuples la liberté et la république; de leur avoir donné à croire qu'elles avaient besoin, pour s'établir, de se fonder sur le mépris de tous les droits de l'homme, et non sur le respect de sa personne, de ses biens, de son talent, de son industrie, sans lequel il ne peut y avoir de félicité sociale; enfin d'avoir légué à tous les régimes suivants l'exemple funeste de violer, au nom de la liberté, les constitutions politiques aussi bien que les garanties individuelles. Non, tant que dans l'ordre social les gouvernants seront faits pour le peuple et non le peuple pour les gouvernants; tant que dans l'ordre moral le bien et le mal ne seront pas confondus, les noms de Marat, Danton et Robespierre, chers seulement à la tyrannie, ne figureront dans l'histoire que pour en souiller les pages, et ne passeront à la postérité que notés d'infamie, et couverts des malédictions de tous ceux qui chériront, comme M. Daunou, leur patrie et la liberté.

M. Daunou, dans sa prison, voyait enlever inopinément d'auprès de lui des infortunés, que l'on traduisait, sans aucune notification préalable, au tribunal révolutionnaire, pour être non pas interrogés, mais insultés par leurs juges, et, le moment d'après, conduits à la mort avec une foule de complices supposés qu'ils n'avaient jamais vus[1]. Il était donc à Port-Libre, et s'attendait à chaque instant à subir le même sort avec les autres prisonniers, lorsqu'un petit billet, transmis dans un pain à l'un d'eux, Mercier, l'auteur du *Tableau de Paris*, leur apprit soudain l'heureuse nouvelle que Robespierre était renversé. Aussitôt la joie et l'espoir reluirent dans leur prison. Ils se croyaient délivrés; mais ils se trompaient, la liberté ne leur fut pas immédiatement rendue : il leur fallut la réclamer avec force pour l'obtenir, et M. Daunou rédigea, au nom des

---

1. Daunou dans Taillandier, p. 52.

soixante-treize députés détenus, une requête adressée tant à la Convention qu'à tous leurs concitoyens. Ils y justifiaient la protestation qui les avait fait proscrire, et réfutaient l'accusation de fédéralisme ou de royalisme indignement lancée contre eux. Ensuite, se portant accusateurs à leur tour, ils reprochaient au régime de la terreur, qu'ils qualifient hardiment de contre-révolutionnaire, d'avoir fait rétrograder la révolution, à travers des torrents de sang, bien avant 1789, et d'avoir voulu, après la destruction de l'ancienne tyrannie, en fonder une nouvelle sur les tumultes et le mensonge. Enfin ils demandaient qu'on brisât leurs fers[1].

Les auteurs du 9 thermidor n'en étaient pas moins partisans déclarés des proscriptions du 31 mai; ils avaient même célébré le dernier jour de l'an II, en transférant avec pompe au Panthéon les restes de l'atroce Marat. Aussi accueillirent-ils d'abord assez froidement leur pétition, se contentant d'ordonner, le 13 octobre, qu'elle serait l'objet d'un rapport particulier. Le 20 et le 22 du même mois, plusieurs députés réclamèrent soit le rapport promis, soit la délivrance de leurs collègues; et le 23, les détenus obtinrent l'autorisation d'être transférés chez eux pour y rétablir leur santé. Ce fut seulement le 8 décembre, sur le rapport de Merlin de Douai, et d'après la motion faite la veille par Pierre Guérin, qu'on décréta leur rappel dans le sein de la Convention. Ce décret fut couvert d'applaudissements, et, dès le

---

1. Daunou dans Taillandier, p. 55-57.

lendemain, le vieillard Dussaulx à leur tête, ils reprirent leurs anciennes places dans l'Assemblée, en déclarant au milieu de l'émotion et de l'enthousiasme général, qu'ils avaient oublié leurs malheurs et déposé tous leurs ressentiments.

La détention de M. Daunou dans les maisons d'arrêt avait duré deux ans et vingt jours ; savoir environ vingt-deux mois avant le 9 thermidor (27 juillet 1794) et quatre-vingt-huit jours après.

Malgré sa modestie et sa vie retirée, ses collègues avaient su bientôt apprécier son talent et son caractère ; aussi, dès qu'il fut rendu à ses fonctions, s'empressèrent-ils de lui témoigner l'estime et la confiance qu'il leur avait inspirée. Alors commença, pour lui, le rôle important dans lequel il parut sur la scène publique, et, pour le pays, l'une des phases les plus belles et les plus heureuses de sa régénération.

Il est souvent nécessaire de dépasser le but pour pouvoir s'y maintenir ; mais la terreur, au lieu de l'atteindre, avait marché dans le sens inverse, et égaré le char de la révolution au milieu des précipices. La tâche de M. Daunou et des républicains modérés fut de le ramener dans la bonne voie, et de l'empêcher de verser soit à gauche dans l'anarchie, soit à droite dans la royauté. Le parti royaliste, toujours puissant en France, s'était plutôt renforcé qu'affaibli sous la sanglante tyrannie des Montagnards, malgré les persécutions ou, pour mieux dire, à cause des persécutions qu'il avait souffertes. La réaction produite par la chute de Robespierre était très-vive à Paris et dans tous les départements, et quoiqu'elle se fît d'abord faiblement sentir dans la Convention, elle y pénétrait chaque jour, et l'Assemblée avait beau s'en défendre, elle suivait le mouvement malgré elle, mais d'aussi loin que possible. Obligée de revenir sur le passé de plusieurs de ses membres les plus démocrates, elle inquiéta leur parti et le souleva bientôt contre elle. Alors les faubourgs Saint-Antoine et Saint-Marceau s'insurgèrent et l'assaillirent. Ils furent même un instant maîtres de la salle des séances, et voulaient faire un nouveau 2 juin, lorsque les sections conduites par de courageux députés de la majorité les chassèrent et sauvèrent la Convention. La société des Jacobins fût enfin dissoute, et leur salle fermée; les faubourgs furent réduits et désarmés; cinquante-neuf représentants, qui s'étaient déclarés en faveur de l'insurrection, furent ou déportés ou arrêtés; six autres plus compromis, condamnés par une commission militaire, subirent la peine de mort.

Après ces événements, qui devaient être décisifs, et qui rendirent célèbres la journée du 12 germinal et celles des 1er, 2 et 4 prairial an III, l'Assemblée, débarrassée des Jacobins, revint aux vrais principes de gouvernement; le système de la modération prévalut, et la majorité fut aussi ferme qu'unie à le défendre. C'est de cette époque surtout, le 23 mai 1795, que date le second âge de la Convention nationale, qui fut un temps, non-seulement de réparation, mais encore de création et de progrès pour la société. Plus la voix de la sagesse et de la justice se faisait écouter, plus celle de M. Daunou gagnait d'empire, et plus son autorité devenait imposante.

Il avait été nommé l'un des secrétaires de la Convention, le 1er nivôse an III (21 décembre 1794), c'est-à-dire douze jours après son rappel; et c'était lui qui préparait le compte rendu des séances pour la feuille que son collègue Mercier publiait sous le titre d'*Annales patriotiques et littéraires*. Il avait aussi repris son ancienne place dans le comité d'Instruction publique et rédigeait de fréquents rapports au nom de ce comité. Je citerai celui du 8 pluviôse (27 janvier 1795), concernant l'imprimerie nationale et l'envoi des actes législatifs; celui du 22 germinal (11 avril), sur les réclamations des comédiens français transférés de la rue de la Loi (rue Richelieu) au faubourg Saint-Germain (à l'Odéon); celui du jour suivant, pour l'impression et la distribution de trois mille exemplaires, aux frais de l'État, de l'ouvrage posthume de Condorcet sur les progrès de l'esprit humain; celui du 27 du même mois (16 avril), relatif aux gratifications à distribuer tant aux savants qu'aux artistes qui faisaient le plus d'honneur à la patrie par leurs travaux. Une somme de 103 500 francs fut, conformément aux conclusions du rapporteur, ajoutée aux 258 000 déjà consacrés à cet objet et partagée entre quarante-huit nouveaux gratifiés [1]. Le 2 et le 7 floréal (21 et

---

[1]. Ils sont divisés en trois classes, selon que la gratification s'élève à 3000, 2000 ou 1500 francs. On distingue dans la première : l'abbé Barthélemy, Brunck, Parmentier, Paucton, l'acteur Préville, Sédaine, le peintre Vien, le

26 avril), il fit également approuver par l'Assemblée, d'abord un nouveau mode pour l'admission des suppléants à la Convention ; ensuite la suppression de l'école normale, dont les cours, dit-il, avaient plus offert un enseignement direct des sciences, qu'une exposition des méthodes à suivre dans l'enseignement. C'était par ces travaux utiles qu'il préludait aux actes de législation les plus importants dont il allait être chargé.

On était sorti depuis longtemps de la constitution monarchique de 1791, et l'on n'était jamais entré dans l'impraticable constitution républicaine de 1793 ; de sorte que la France, placée hors de tout régime constitutionnel, n'avait pas encore d'autre gouvernement que le gouvernement révolutionnaire. Mais le 9 thermidor ayant désorganisé le despotisme, l'autorité manquait de centre, et le pouvoir exécutif s'était disséminé dans une foule de commissions. Les inconvénients d'un pareil système, qui menaçaient l'État de ruine, étaient surtout frappants avant que le parti modéré eût renversé la *crête* de la Montagne, et fût resté maître absolu de la Convention.

Dès le 4 floréal (23 avril), une commission de onze membres fut chargée de préparer les lois organiques de la constitution de 1793, et le 15 du même mois (4 mai), M. Daunou, membre et rapporteur de

---

grammairien de Wailly. Dans la seconde : Gail, Millin, Silvestre de Sacy, Schweighæuser. Dans la troisième : le bibliographe Lièble, Robert de Vaugondy, l'organiste Séjan, le peintre Vanloo.

cette commission[1], fit un rapport sur les moyens de donner plus d'intensité au gouvernement. D'après ce rapport, le pouvoir exécutif devait être provisoirement exercé par les comités de salut public et de sûreté générale, malgré tous les dangers que pouvait offrir une semblable mesure. « Mais, dit le rapporteur, tel est le malheur attaché aux institutions de ce genre, qu'après qu'il a été dangereux de les créer, il devient quelquefois imprudent de les abolir, et que l'on a souvent besoin d'elles pour réparer le mal qu'elles ont fait. » Et plus loin : « Quand tout ce qui a été comprimé sans mesure est prêt à réagir aussi sans limite,.... il n'en faut pas douter, c'est bien plus contre la licence des factions que contre les excès du pouvoir que vous avez à vous prémunir. » Il annonce au surplus la prochaine présentation de la constitution qui doit mettre fin à ce provisoire fâcheux mais nécessaire.

Bientôt en effet la commission des Onze, convaincue de l'impossibilité de tirer parti de la constitution de 1793, dut s'occuper, au lieu de perdre son temps à l'améliorer, d'en composer une autre à la place. Après deux mois de travail, elle présenta, le 5 messidor (23 juin 1795), le projet de la nouvelle

---

[1]. La commission des Onze se composait, dans l'origine, des députés Cambacérès, Merlin de Douai, Sieyes, Thibaudeau, La Réveillère-Lépeaux, Lesage (d'Eure-et-Loir), Boissy d'Anglas, Creuzé-Latouche, Louvet (du Loiret), Berlier et Daunou. Les trois premiers furent remplacés, le 17 floréal (6 mai), par Lanjuinais, Durand de Maillane et Baudin (des Ardennes).

constitution dite de l'an III, dont M. Daunou avait été nommé le rapporteur, et qui fut accueillie par les plus vifs applaudissements. La discussion dura cinquante jours, depuis le 16 messidor (4 juillet) jusqu'au 5 fructidor (22 août), et fut soutenue par lui avec beaucoup de zèle et de succès. Sans désir de paraître, mais sans crainte de se montrer dans l'occasion, il sut toujours parler à propos, et commander l'attention de son auditoire, autant par la clarté et la simplicité que par la sincérité et le bon sens de son langage. Il aurait peut-être exercé moins d'influence sur la multitude, qui n'entend guère l'orateur que quand il crie ; mais il faisait impression sur une assemblée mûrie par l'expérience, et devenue enfin moins sensible à la voix de la passion qu'à celle de la sagesse. Ses discours écrits sont toutefois de beaucoup supérieurs à ses improvisations, et forment même souvent des morceaux de littérature très-remarquables. Si l'art y paraît quelquefois, ils n'en portent pas moins l'empreinte constante de la conviction et de l'amour du bien public.

Cette sage constitution de l'an III, qui donna naissance au gouvernement du Directoire, fut en grande partie l'ouvrage de M. Daunou. Le pouvoir législatif était réparti entre deux conseils, celui des Cinq-Cents et celui des Anciens, l'Assemblée nationale, unique jusque-là, restant ainsi divisée désormais en deux corps distincts. Le conseil des Cinq-Cents, dont les membres devaient être âgés de trente ans accomplis, avait seul l'initiative des lois ; celui des Anciens, moitié moins nombreux, c'est-à-dire composé de deux cent cinquante membres âgés de quarante ans au moins, en votait l'adoption ou le rejet. Le pouvoir exécutif s'exerçait hors des conseils, par une commission de cinq membres, appelée *Directoire*. Les cinq directeurs avaient, chacun à leur tour, la présidence, la signature et les sceaux, pendant trois mois. Ils étaient élus pour cinq ans par le conseil des Anciens, sur une liste de cinquante candidats, que lui présentait l'autre conseil; ils se renouvelaient tous les ans par cinquième, et nommaient directement les ministres, les généraux et les autres fonctionnaires de l'État. Enfin les membres des conseils étaient élus par les assemblées électorales, et celles-ci par les assemblées primaires. Il y avait par conséquent deux degrés d'élection; mais tous les Français âgés de 21 ans faisaient partie des assemblées primaires, lorsqu'ils payaient une contribution directe de la valeur de trois journées de travail.

Certes il était bien difficile de faire une constitution plus raisonnable avec les idées qui régnaient alors, et dans les circonstances où l'État se trouvait placé. Les diverses parties en paraissaient d'ailleurs combinées avec une habileté remarquable, et se prêtaient les unes aux autres un solide appui. On y trouvait réunies toutes les garanties nécessaires pour la liberté individuelle, et toutes les précautions désirables tant contre les écarts du peuple que contre les entreprises du pouvoir. Bref, elle aurait pu convenir à la France si la France avait été républicaine, et le pays capable de se charger lui-même de son gouvernement. Par malheur cette constitution était beaucoup trop en avance sur le pays, et l'on devait être persuadé, après six années d'expérience, que plus le pouvoir serait dans les mains du peuple, plus le peuple serait mal gouverné.

Néanmoins la constitution aurait sans doute eu plus de durée, si le Directoire avait été plus uni. Mais l'accord, déjà difficile à subsister entre cinq gouvernants qui se seraient choisis eux-mêmes, ne pouvait se maintenir longtemps entre les cinq directeurs que les chances seules du scrutin avaient associés. Aussi fut-il constamment partagé en deux partis, l'un de deux membres et l'autre de trois, et tenu dans un état continuel de faiblesse par cette division intestine. Les législateurs, préoccupés de la crainte d'un roi ou d'un tyran, s'ils investissaient un seul citoyen du pouvoir exécutif, ne surent pas éviter un autre écueil non moins redoutable. Ils auraient dû prévoir que les premiers magistrats de la république, réduits chacun à la cinquième part de l'autorité suprême, ne resteraient pas les premiers personnages de l'État; que de grands capitaines, sortis des guerres interminables et gigantesques dans lesquelles la nation était engagée, s'élèveraient au-dessus d'eux, et les domineraient, sinon par les armes de leurs soldats triomphants, au moins par la gloire, plus puissante que les lois; qu'ayant de leur côté le peuple, toujours entraîné non par le bien mais par l'éclat, ils détruiraient aisément le Directoire en se mettant d'intelligence avec l'une des deux factions qui le divisaient, et que la république serait tôt ou tard renversée avec la constitution. Ce fût en effet ce qui arriva quatre ans après au 18 brumaire. M. Daunou, pressentant le danger et frappé des inconvénients de disperser le pouvoir exécutif en trop de mains, avait voulu le concentrer dans celles de deux consuls biennaux ; mais ses avis, quelque autorité qu'ils eussent d'ailleurs, ne furent pas alors écoutés.

Pendant la discussion même de la loi constitutionnelle, il reçut de ses collègues, le 16 thermidor (3 août), comme un témoignage éclatant de leur estime, l'honneur de les présider durant la seconde quinzaine du mois, et n'en continua pas moins, tout en dirigeant les débats, de remplir assidûment son rôle de rapporteur. Le 23 thermidor, il prononça, en qualité de président de la Convention, le discours pour l'anniversaire de la journée du 10 août. Après avoir dit que les fêtes nationales excitent aux grandes actions, en faisant revivre les grands souvenirs, il expose l'état actuel de la France, qu'il fait précéder d'une esquisse rapide des temps antérieurs. Tout en s'élevant avec force contre le régime monarchique, qu'il représente comme le honteux système de la grandeur d'un seul et de la nullité de tous, il se plaint que, pour préparer la chute du trône, on se soit beaucoup trop élancé au delà des limites de la liberté. Ensuite il porte un jugement sévère sur Robespierre et sur le décemvirat, et les accable de ses malédictions les plus flétrissantes. Puis il fait entendre ces éloquentes paroles, qui rappellent les plus grands orateurs de la révolution : « Comme si le sort de la France, dit-il, eût été d'éprouver en même temps l'influence de ces deux principes inventés par des sectes religieuses ; tandis que le génie du crime démoralisait les âmes, creusait les tombeaux, y entassait une génération vivante, éteignait dans des flots de sang les talents et les vertus ; le génie de la liberté et de la victoire répandait sur tous les points de nos frontières des bataillons de héros, repoussait les soldats des rois jusqu'au pied des trônes ébranlés, et cachait en quelque sorte, derrière un voile de gloire, les calamités intérieures de la patrie[1]. » C'est encore dans le même discours que se trouve ce passage vraiment digne des temps antiques : « Puisse-t-elle, citoyens, dit-il en finissant, puisse-t-elle cette fête de la liberté, être aussi le prélude de la pacification générale de l'Europe et de la concorde de tous les Français ! Que les flambeaux de la vengeance viennent s'y éteindre, et que l'impartiale et douce équité, poursuivant le crime et pardonnant à l'erreur, enchaîne à jamais les passions farouches.... Ce n'est pas le seul serment d'être justes, c'est encore celui d'être humains et frères que nous devons prononcer aujourd'hui, pour décorer, pour conserver éternellement à la république le palais qui a vu s'écrouler le trône de

---

1. Au commencement de 1818, M. de Chateaubriand, en parlant contre la loi de recrutement discutée à la Chambre des Pairs, dit : « Que serions-nous aujourd'hui, messieurs, sans le courage de notre armée ? Elle a étendu le voile de sa gloire sur le tableau hideux de la révolution. » C'est la même pensée et la même image, peut-être un peu affaiblie.

soixante rois, qui a vu tomber de cette tribune un monstre plus horrible qu'eux, qui ne verra désormais d'autre toute-puissance que celle de la vertu, d'autre sceptre que celui des lois. »

Ce discours, quoique applaudi de toutes les parties de la salle, ne fut pas confirmé dans tous les points par les événements.

Lorsque l'acte constitutionnel fut achevé, la Convention, moins scrupuleuse, mais plus prudente que les constituants, qui s'étaient bien mal à propos interdit l'entrée de l'Assemblée législative, ordonna[1] que les deux tiers de ses membres fussent réélus à la législature suivante. Mais afin de légitimer cet acte de pouvoir, elle le soumit, en même temps que la constitution, à l'approbation des assemblées primaires. M. Daunou, qui jugeait la mesure indispensable pour arrêter la réaction et déconcerter les menées tant des Jacobins que des royalistes, s'en montra l'un des plus chauds partisans, et se vit exposé, pour cette raison, à des attaques très-vives de la part des journaux. Il n'en fut pas moins nommé dans le même temps[2] membre du comité de salut public avec Cambacérès, La Réveillère-Lépeaux et Berlier.

Quoique la Convention nationale dût arriver avant deux mois au terme de ses travaux et de sa mission, il lui restait encore d'importantes lois à rendre et de rudes épreuves à surmonter. M. Daunou ne lui fit

---

1. Décrets du 5 et du 13 fructidor, 22 et 30 août 1795.
2. Le 15 fructidor, 1ᵉʳ septembre 1795.

défaut en aucune manière. Chargé de présenter un mode définitif de scrutin pour les assemblées primaires, il proposa, entre autres mesures, d'ouvrir, trois mois avant les élections, un registre sur lequel chaque candidat viendrait se désigner lui-même au suffrage de ses concitoyens, et s'inscrire pour les fonctions municipales, judiciaires ou autres, qui devenaient l'objet de son ambition.

« Il est dans les mœurs monarchiques, disait son rapport[1], de briguer en secret les places, et de faire profession de n'en désirer aucune. Il doit être dans les mœurs républicaines d'offrir avec franchise à la patrie les services que l'on se croit capable de lui rendre, et d'abhorrer l'art des intrigues ténébreuses. » Son projet de décret fut ensuite adopté par l'Assemblée[2].

Les jours suivants, au milieu de questions de moindre importance qu'il fit décider par la Convention, telles que l'institution d'un jury des prises dans les quatre grands ports de la république, et l'interprétation du décret rendu contre les rebelles de Toulon, il dut prêter l'attention la plus sérieuse aux mouvements séditieux qui menaçaient la capitale et qui aboutirent à la grande insurrection du 13 vendémiaire[3].

Dans le rapport sur la situation de Paris, qu'il présenta le 21 fructidor (7 septembre), il fut le premier à dénoncer, au nom des comités réunis de

1. Du 16 fructidor (2 septembre).
2. Le 25 fructidor (11 septembre).
3. 5 octobre 1795.

salut public et de sûreté générale, la tentative faite par la section Lepelletier d'instituer, pour les quarante-huit sections de Paris, un comité central d'opposition au gouvernement, et obtint un décret déclarant coupables d'attentat contre la souveraineté du peuple tous les citoyens qui feraient partie d'un tel comité. Le 4 vendémiaire, quelques rassemblements armés s'étant formés dans les sections, il rédigea, dans la vue d'éclairer et de calmer les citoyens égarés, une adresse aux habitants de Paris, qui fut publiée, mais qui resta sans effet. Huit jours après, il fit décréter la dissolution immédiate des assemblées primaires dont les opérations étaient terminées, et la défense aux assemblées électorales de se réunir avant l'époque fixée par la Constitution.

« Vous avez dû jusqu'à ce jour, dit-il à ses collègues, rester en deçà de votre autorité légitime plutôt que d'en excéder les limites, et il valait mieux dans cette circonstance difficile ne pas faire assez pour le maintien de vos lois que de paraître même offenser les droits de cité dont vous veniez de recréer l'exercice.... Mais le moment est arrivé de réprimer les attentats; l'indulgence n'a plus d'excuse, elle ne serait que faiblesse. »

Il était temps en effet que la Convention recourût à des mesures énergiques et qu'elle employât d'autres armes que des proclamations et des décrets. Elle avait à livrer bataille, non plus aux Jacobins, terrassés depuis plus de quatre mois avec les insurgés des faubourgs Saint-Antoine et Saint-Marceau, mais au parti contraire, composé des classes moyennes ou riches, qui s'insurgeait à son tour, sous des chefs royalistes, pour réprimer et non pour précipiter la révolution.

Les comités de salut public et de sûreté générale, afin de donner plus d'unité et de force à l'action du gouvernement, concentrèrent leurs pouvoirs dans une commission composée de cinq de leurs membres, et M. Daunou fut désigné pour faire partie de cette commission. L'Assemblée s'entoura de soldats, nomma Barras général en chef, et se tint en permanence. Bonaparte, dont les dispositions promptes et savantes devaient sauver l'enceinte législative, reçut le titre de général en second [1], et huit cents fusils, gibernes et sabres furent envoyés aux représentants pour les armer et les mettre en état de payer de leurs personnes dans le cas où les sections parviendraient à pénétrer jusqu'au milieu d'eux.

La Convention triompha complétement le 13 vendémiaire, et n'usa guère de sa victoire que pour pardonner aux vaincus. M. Daunou, à qui revient une grande part de l'honneur d'une conduite aussi sage que généreuse, repoussa tout projet de vengeance, et empêcha même les poursuites contre les insurgés les plus compromis. Ce fut grâce à son intervention que M. Lacretelle jeune, par exemple, l'un des chefs royalistes, resta dans Paris sans être inquiété.

---

[1]. Bonaparte n'est pas même mentionné dans les rapports faits à la Convention sur les événements du 13 vendémiaire : ce fut seulement dans la séance du 18 que son nom, devenu bientôt si glorieux, fut prononcé avec éloge par Barras dans l'Assemblée.

Les représentants du peuple, malgré l'émotion très-vive qui les animait et les incriminations trop fréquentes auxquelles ils se livrèrent les uns à l'égard des autres au sujet des derniers événements, trouvèrent encore le moyen de promulguer quelques lois utiles pendant le peu de jours qui leur restèrent jusqu'à leur dissolution. L'une des plus remarquables fut la loi pour l'organisation de l'instruction publique, dont M. Daunou, au nom de la commission des Onze et du comité d'instruction publique réunis, présenta le projet dans la séance du 27 vendémiaire (19 octobre).

D'après ce projet, rédigé en partie sur les anciens plans de Talleyrand, de Condorcet et d'autres législateurs, il était institué une ou plusieurs écoles primaires par canton, une école centrale par département pour un enseignement plus élevé, et des écoles spéciales, suivant le besoin, pour l'instruction supérieure. L'Institut, dont le germe avait été déposé dans la dernière constitution [1], était divisé en trois classes; des encouragements étaient réservés aux sciences, aux lettres et aux arts; enfin des fêtes nationales étaient fondées dans toute l'étendue de la république. C'est au sujet de cette dernière institution que le savant rapporteur, inspiré sans doute par les souvenirs enchanteurs du siècle de Périclès, s'écriait : « Mais le plus vaste moyen d'instruction publique est dans l'établissement des fêtes nationales.... Recevez donc au sein de la France ces bril-

---

1. Titre X, art. 298.

lantes solennités qui offraient jadis aux communes assemblées de la Grèce le ravissant spectacle de tous les plaisirs, de tous les talents et de toutes les gloires. J'ignore s'il est dans les annales du monde des tableaux plus pleins de vie et de sentiments, plus faits pour donner aux hommes la conscience de leurs forces et du pouvoir de leurs facultés, plus capables d'imprimer au génie des sensations profondes, de l'entraîner à des pensées grandes et augustes, que ces jeux antiques, qui ont attaché aux noms de quelques bourgades des souvenirs immortels. » Plusieurs autres parties du rapport mériteraient également d'être citées. Le sujet était de ceux que M. Daunou avait le plus médités, puisqu'il s'en occupait sérieusement déjà quelques années avant son entrée dans la carrière politique. Plus tard, il eut encore des occasions d'y revenir, sans jamais changer de principes. Dans son projet, adopté par la Convention, il professait, comme il le fit toute sa vie, la liberté de l'enseignement, c'est-à-dire la liberté de l'éducation domestique, la liberté des établissements particuliers d'instruction et la liberté des méthodes instructives.

Ses derniers travaux à la Convention nationale, dissoute le 4 brumaire (26 octobre 1795), furent un règlement pour la formation et l'installation du Corps législatif, et plusieurs communications, qu'en sa qualité de membre du comité de salut public chargé de la direction de la marine, il fit à l'Assemblée pour lui annoncer les avantages remportés sur mer par le contre-amiral de Richery et par les capitaines Moultson et Robin. Quant à ces dernières attributions, ses collègues pensèrent, s'il fallait en croire sa modestie, qu'attendu qu'il était né à Boulogne-sur-Mer, il y avait lieu de le placer à la marine. Au moins est-il certain, disait-il, qu'il n'y avait pas de meilleure raison à donner d'un pareil choix. Comme si l'esprit intelligent et le bon sens dont il était doué ne le rendaient pas apte à toutes les affaires.

Le Corps législatif, clos le 4 brumaire (26 octobre), rouvrit le même jour, après le renouvellement du tiers, pour se former en deux conseils; et M. Daunou, que vingt-sept départements avaient en même temps élu à la députation, vint prendre place au conseil des Cinq-Cents. Deux jours après, ses collègues, non moins empressés que les électeurs de lui donner leurs suffrages, l'élevèrent aux honneurs de la présidence.

Les deux conseils, étant constitués, procédèrent à la nomination des cinq membres du Directoire. D'après la loi, les directeurs devaient être âgés de quarante ans: on exigea de plus qu'ils eussent voté la mort de Louis XVI. M Daunou, toujours constant dans ses principes et dans sa conduite, s'était élevé contre cette condition surérogatoire, qu'il ne regardait pas comme une garantie nécessaire à la révolution. Son âge, qui n'allait guère au delà de trente-quatre ans, le mettait d'ailleurs, comme son caractère, à l'abri de tout soupçon d'ambition personnelle. Les cinq directeurs nommés furent: La Reveillère-Lépeaux, Letourneur, Rewbell, Sieyes et Barras. Au refus de Sieyes, Carnot fut choisi à sa place.

Il n'y avait parmi eux aucun homme d'État, et l'on prévit de suite qu'ils ne donneraient pas au pouvoir beaucoup de force et de considération. Néanmoins la cause qu'ils défendaient leur valut, de la part des républicains modérés, un appui qui n'aurait pas été accordé aussi facilement à leur mérite propre. M. Daunou, après avoir soutenu le gouvernement de la Convention réformé par la journée du 9 thermidor, prêta d'autant plus volontiers son concours au gouvernement du Directoire, qu'il avait contribué plus que personne à l'organiser. Ce fut même peut-être de tous les régimes sous lesquels il vécut, celui qu'il trouva le plus de son goût; et je ne serais pas éloigné de croire qu'il y est resté fidèle jusqu'à la mort.

Il marqua son passage au conseil des Cinq-Cents par une foule de travaux divers, ayant souvent moins d'éclat que d'utilité. Je mentionnerai dans cette classe ses rapports ou ses opinions sur la création d'une bibliothèque à l'usage des deux conseils[1]; sur les archives nationales, dont il était un des commissaires[2]; sur le tribunal de cassation[3]; sur les membres du bureau central du canton de Paris prévenus d'avoir illégalement lancé des mandats d'amener contre vingt-sept représentants[4]; sur le renouvellement du

---

1. 3 pluviôse an IV (23 janvier 1796).
2. 19 ventose an IV (9 mars 1796); 2 brumaire an V (23 octobre 1796), et 20 ventôse an V (10 mars 1797).
3. 7 pluviôse et 21 prairial an IV (27 janvier et 9 juin 1796), et 2 ventôse an V (20 février 1797).
4. 12 messidor an IV (30 juin 1796).

Corps législatif[1]; sur l'établissement à Nancy du chef-lieu du département de la Meurthe[2]; sur les assemblées primaires, les assemblées électorales et les députés à élire[3]; sur l'aliénation des presbytères[4]; enfin le rapport sur les écoles spéciales, qu'il fit au nom d'une commission mixte, tirée du conseil des Cinq-Cents et de l'Institut[5]. Mais son discours pour la loi d'amnistie et ses rapports sur les lois de la presse méritent une mention particulière.

La Convention, le jour même qu'elle s'était dissoute[6], avait publié une loi d'amnistie pour tous les délits politiques de la révolution, excepté pour

---

1. 29 brumaire an v (19 novembre 1796).
2. 22 frimaire an v (12 décembre 1796).
3. 29 nivôse, 4 et 26 pluviôse, 5 et 18 ventôse et 10 germinal an v (18 et 23 janvier, 14, 23 février, 8 et 30 mars 1797).
4. 15 nivôse an v (4 janvier 1797).
5. Ce rapport fut imprimé par arrêté du conseil des Cinq-Cents du 25 floréal an v (14 mai 1797). Dans la séance du 17 germinal an vi (6 avril 1798), Baraillon critiqua vivement le projet de M. Daunou relatif à l'institution des écoles de médecine; il attaqua même l'auteur, alors en mission en Italie, et tout le parti nommé plus tard des idéologues. « Quant au projet de Daunou, dit-il, je conviens qu'il est plus avantageux pour Paris, où l'on veut tout centraliser au détriment du reste de la république. Il est meilleur pour le maintien des abus, pour ces professeurs qui en profitent sans rien faire, pour cette foule d'employés dont on paye l'oisiveté. On reconnaît facilement la main à laquelle on doit ce projet. Il est dû à des métaphysiciens, à des naturalistes, à des physiciens, à des chimistes, etc., tous excellents académiciens sans doute, mais dont on peut douter du mérite dans l'art de guérir. »
6. Le 4 brumaire.

les délits relatifs à l'insurrection du 13 vendémiaire. Les membres du conseil des Cinq-Cents revinrent sur cette loi, les uns proposant de la rendre générale et sans exception, les autres de la restreindre, plusieurs même de la rapporter. M. Daunou déclara, dans la séance du 11 fructidor (28 août 1796), qu'il ne voulait pas d'une amnistie incomplète ou énigmatique. Ce n'est pas être délivré, disait-il, de toute oppression que de haïr encore. D'ailleurs une révolution ne pouvait s'accomplir sans un enthousiasme bien voisin du fanatisme. C'était aux écarts de ce sentiment louable que le pardon devait être accordé. Un autre motif moral d'user de clémence, naissait de la difficulté de porter sur des délits révolutionnaires des jugements qui ne fussent pas sous quelques rapports révolutionnaires eux-mêmes. L'Assemblée ordonna l'impression de ce discours aussi généreux que sage; elle adjoignit l'auteur à la commission nommée pour le projet proposé, mais ajourna sa délibération.

La loi sur la presse donna lieu à des difficultés plus grandes encore; mais les questions les plus difficiles avaient toujours cet avantage pour M. Daunou, de mettre dans un plus grand jour la richesse de son talent et la loyauté de son caractère.

La presse, selon l'usage qu'on en fait, peut être considérée comme la plus précieuse ou comme la plus funeste des libertés publiques; comme celle qui peut ou conquérir toutes les autres, ou toutes les compromettre. Alors elle exerçait une influence très-fâcheuse pour le gouvernement. Les journaux royalistes et les journaux anarchiques se réunissaient pour le renverser, et se servaient contre lui des armes ordinaires, le dénigrement et la calomnie[1]. Les hommes qui le soutenaient, quelque recommandables que fussent leurs titres à la considération publique, se voyaient chaque jour le sujet de leurs attaques, de leurs menaces et de leurs injures. Les journaux des républicains constitutionnels étaient de beaucoup les moins nombreux et restaient insuffisants à défendre le pouvoir. Après que les tentatives de quelques députés pour réprimer les abus de la presse eurent été infructueuses, le Directoire se crut dans la nécessité de demander lui-même au conseil des Cinq-Cents des lois répressives pour le même objet. Des commissaires furent nommés, et le 5 frimaire (25 novembre) M. Daunou, l'un d'eux, présenta en leur nom un projet de loi précédé d'un rapport infiniment remarquable, qui peint énergiquement ce qui se passait dans la presse en 1796.

« L'honneur des citoyens, dit-il, exposé sans défense aux inévitables traits de la calomnie; les premières autorités nationales, non pas éclairées par une juste et libre censure, mais accablées chaque jour des plus audacieux outrages; les lois elles-mêmes,

---

[1]. Parmi les journaux royalistes on distinguait : *la Quotidienne, le Précurseur, l'Eclair, le Véridique, le Postillon, le Gardien de la Constitution, les Actes des Apôtres, le Messager, la Feuille du Jour, Paris pendant l'année* 1795; et parmi les journaux démagogiques : *le Père Duchesne, l'Ami de la Patrie, l'Ami des Lois, l'Ami du Peuple, le Tribun du Peuple, l'Eclaireur du Peuple, l'Orateur plébéien, le Journal des hommes libres, la Sentinelle.*

non pas discutées avec décence et franchise, mais insultées, blasphémées avec le frénétique accent de la sédition; le dépravateur sentiment de la vengeance allumé, entretenu, exalté dans toutes les âmes; l'anarchie provoquant sans détour la révolte et les brigandages révolutionnaires; une autre anarchie s'exhalant en imprécations contre la république, et redemandant à grands cris la royauté et les priviléges; toutes deux s'accordant à propager les doctrines les plus prochainement éversives de l'ordre social, et préparant surtout par de trop efficaces moyens la ruine du gouvernement représentatif : tels sont les affligeants désordres, dont le progrès, de plus en plus rapide, excite aujourd'hui les alarmes des amis de la constitution. — Citoyens, poursuit-il, si vous ne voulez pas considérer combien la diffamation impunie a découragé partout d'hommes éminemment utiles, combien elle en a condamné à la retraite, à l'obscurité, à la misanthropie oisive, daignez au moins tenir quelque compte de ceux dont elle a préparé la proscription et l'assassinat. Ce sont des calomniateurs qui ont dressé l'échafaud des Bailly, des Vergniaud, de tant d'autres martyrs illustres de la liberté; c'est en des libelles trop absurdes, disait-on, pour mériter l'attention la plus légère, qu'il fallait mépriser, et dont un législateur devait ignorer jusqu'à l'existence; c'est dans ces libelles que depuis on a puisé, copié littéralement des actes d'accusation et des jugements homicides. La fable du fédéralisme était grossière, insensée, stupide; cette fable a égorgé vingt mille Français, ruiné leurs familles, plongé la patrie dans un déluge de sang et d'horreurs. » Plus loin, faisant réflexion aux dispositions morales qu'engendre dans les écrivains l'habitude de la médisance et de la calomnie : « On s'accoutume, dit-il, à n'apercevoir dans ceux qu'on outrage chaque jour, que des hommes irrévocablement sacrifiés : on ne croit plus exister avec eux dans le même cercle de relations humaines; on les a relégués hors de toutes les lois de la nature. Que dis-je? On a besoin d'espérer leur perte pour sa propre sécurité.... Et vous souffririez, législateurs, qu'une profession si pervertissante fût encouragée par la protection ou le silence des lois; qu'elle y fût, comme elle a commencé de l'être, l'ordinaire occupation des plus jeunes écrivains, le complément de leur éducation littéraire et l'apprentissage de leur vie politique ! Et vous verriez sans effroi croître et s'élever, pour le service des factions et pour le déchirement de la patrie, des générations d'hommes publics dépravés de si bonne heure par ces habitudes de malveillance, de perfidie et de cruauté ! » Puis il s'élève contre ces feuilles éphémères, dont la multititude, loin d'être un symptôme des progrès de l'esprit humain, y serait plutôt un obstacle, par cela seul qu'elle ravit à de plus utiles travaux un plus grand nombre de talents; il se plaint de ces libelles qui se disent politiques et ne sont que révolutionnaires, et demande quelle influence peuvent avoir tous ces produits de la presse, sinon d'électriser les passions insociales, de préparer les mouvements séditieux, de provoquer des explosions désastreuses.

Cependant, comme les peines portées dans le projet de loi contre les délits des écrivains politiques étaient extrêmement douces, le rapporteur, pour les justifier, dit que les journalistes sont la plupart des jeunes gens, et qu'on ne peut guère croire qu'ils calomnient par cupidité. « Mais, ajoute-t-il, les habitudes d'irritation et de fanatisme qu'on leur fait prendre ; mais les idées exaltées de courage, d'habileté, de puissance qu'on leur fait attacher à leur profession ; mais l'émulation funeste que l'on excite entre eux ; mais la peur d'être appelés faibles s'ils ne sont pas sans retenue ; mais le besoin de remplir chaque jour leur tâche, même dans la disette des événements, dans la sécheresse de la pensée, dans la fatigue et l'épuisement de l'imagination ; mais enfin cette triste nécessité d'écrire avec vitesse, écueil à la fois de l'honnêteté et du talent : voilà plus de circonstances qu'il n'en faut pour inviter à considérer beaucoup moins l'atrocité de la calomnie, que le malheur de ceux qu'on lui a donnés pour organes. »

Ce rapport, vraiment admirable de style, non moins que de fermeté, de noblesse, de raison, de patriotisme, produisit une vive impression sur l'assemblée, et obtint, comme il le méritait, une très-grande célébrité. Le rapporteur avait habilement mis de son côté le bon sens, la morale, l'utilité publique, l'intérêt de la révolution et celui de la patrie ; mais il avait contre lui la presse industrielle, qui ne manqua pas de crier qu'on attentait à sa liberté, et la presse l'emporta. Les deux premières parties du projet, l'une défendant d'annoncer dans les rues aucun journal autrement que par son titre, et l'autre ordonnant la création d'un journal officiel, furent seules approuvées par le conseil des Cinq-Cents. La troisième partie, qui parut aux uns insuffisante à réprimer les excès de la presse, aux autres oppressive de la liberté, fut renvoyée à la commission. Ensuite le représentant Chassey ayant proposé un projet sur la même matière, le conseil, à la demande de M. Daunou, ordonna l'impression de ce nouveau projet et l'adjonction de l'auteur aux commissaires déjà nommés.

La discussion fut demandée et reprise à l'occasion d'un passage des *Actes des apôtres*, journal royaliste, dans lequel Bonaparte, outragé d'une manière révoltante, était mis en parallèle avec Sanson, l'exécuteur des hautes œuvres : c'était le 18 pluviôse (6 février 1797), et, cinq jours après, on publiait aux flambeaux, dans tout Paris, la glorieuse prise de Mantoue, qui couronnait si dignement les merveilleuses campagnes de l'armée d'Italie. Mais, à la suite de débats très-vifs, les différents projets furent encore renvoyés à la commission. Puis un quatrième, dont M. Siméon était l'auteur, fut inutilement discuté; le conseil n'en sut adopter aucun, et tous finirent par tomber dans l'oubli.

M. Daunou, après avoir été nommé, le 1er germinal an v (21 mars), l'un des quatre secrétaires du conseil des Cinq-Cents, fut désigné par le sort dans le premier tiers des anciens membres de la Convention dont les fonctions devaient expirer au mois de prairial. Il sortit donc à cette époque du

Corps législatif, et comme sa modération avait déplu à ses commettants, il resta près d'un an sans être réélu. Il n'avait brigué les suffrages de personne, et rien au monde n'était capable de faire céder ses convictions à des considérations personnelles; mais quelle qu'ait été la cause de son exclusion, on peut être assuré qu'il ne s'écarta point de la ligne politique qu'il avait suivie; et que, si les électeurs de son département le reportèrent plus tard à la députation, ce furent eux qui revinrent à lui, et non lui qui changea.

Retiré un moment de la scène publique, il put se livrer sans partage à l'étude des lettres. Dès le mois de novembre 1795, il avait été appelé à l'Institut, qui lui devait en partie sa création et que le zèle persévérant de M. Lakanal était parvenu à faire organiser. Il y prit sa place dans la classe des sciences morales et politiques, et fut un des douze commissaires chargés par le corps de rédiger un règlement commun aux trois classes. Le 15 germinal an IV (4 avril 1796), l'Institut réuni tint dans la salle des antiques du Louvre sa première séance solennelle, à laquelle assistèrent les cinq directeurs en grand costume, les ministres, les ambassadeurs étrangers et l'élite de la société parisienne. Après le discours d'ouverture prononcé par Letourneur, président du Directoire, et la réponse de Dussaulx, président de l'Institut, M. Daunou, au nom de ses confrères, expliqua le genre de travail attribué à chaque classe, et définit la mission du corps tout entier, dont il se plut à proclamer l'indépendance. « Ceux qui ont le droit, dit-il, de lui demander des travaux n'auraient pas le pouvoir de lui commander des opinions ; et comme il ne possède aucun moyen de s'ériger en rival de l'autorité, il ne deviendrait pas non plus l'esclave ou l'instrument d'une tyrannie. » Il parcourt ensuite les différentes parties de son sujet; mais, après avoir parlé en académicien, il conclut en bon patriote. « Aujourd'hui, citoyens, s'écrie-t-il, la paix la plus pressante à consommer est la paix intérieure de la République. Ah! s'il est une influence digne des arts et conforme à leur caractère, c'est de ramener au sein de l'État la concorde et la douce fraternité; de détourner l'attention nationale vers les méditations des sciences, vers les chefs-d'œuvre du génie; de substituer aux rivalités des partis l'émulation des talents, et à tant d'inquiétudes aveugles et meurtrières la civique activité des industries réparatrices [1].... »

Dans deux autres circonstances, le dernier jour

---

[1]. Après le discours de M. Daunou, il fut rendu compte par M. Lacépède des travaux de la première classe de l'Institut; par M. Lebreton, de ceux de la seconde, et par M. Fontanes, de ceux de la troisième. Ensuite Colin d'Harleville lut une allégorie en vers sur la formation de l'Institut national, et Fourcroy, Cabanis, Lacépède et Prony firent des lectures sur différents sujets scientifiques. Puis Monvel lut pour Andrieux des vers sur le procès du Sénat de Capoue; Lebreton, une notice sur la vie de Raynal; Grégoire, un mémoire sur les lettres; Cuvier, un mémoire sur les différentes races d'éléphants; Dussaulx, la relation d'un voyage aux Pyrénées; Lebrun, une ode sur l'enthousiasme. Enfin la séance fut terminée par les expériences de Fourcroy sur les explosions du muriate suroxygéné de potasse.

de l'an v (21 septembre 1797) et le 10 vendémiaire an vi (1er octobre 1797) M. Daunou, eut encore une mission publique à remplir. Dans la première, à l'occasion de l'anniversaire de la fondation de la République, il rendit compte, à la tête d'une députation de l'Institut au conseil des Cinq-Cents, des travaux des trois classes pendant l'année qui finissait. Dans la seconde, qui se présenta quinze jours plus tard, il prononça au nom du même corps le panégyrique de Hoche à la fête funèbre célébrée au milieu du Champ de Mars à la mémoire de ce jeune et illustre général. Dans ces discours, qui se distinguent l'un et l'autre par des beautés de style, comme par la chaleur des sentiments républicains, l'orateur se livre avec un égal emportement à son animosité contre les royalistes et contre les hommes de la Terreur, et les accuse non-seulement des malheurs de la France, mais encore de la dépravation de la littérature[1].

M. Daunou, en sortant du Corps législatif, fut nommé par le Directoire, le 17 floréal an v (6 mai 1797), administrateur en chef de la bibliothèque du

---

1. Mme de Staël écrivit à M. Daunou au sujet de l'éloge funèbre de Hoche, la lettre suivante : « Quoique je n'aie pas l'honneur de vous connaître personnellement, *Monsieur*, je crois qu'il m'est permis de vous transmettre un hommage de plus. J'ai admiré dans votre éloge du général Hoche et le talent et le caractère de l'écrivain ; ce discours m'a paru plus qu'un écrit, j'ai cru y démêler une action courageuse, et c'est au sentiment qui l'a inspirée que j'ai besoin de m'unir. Vous devez être au-dessus de toutes les louanges, mais une profonde estime n'est jamais un hommage importun. Necker Stael de Holstein. » Taillandier, p. 93.

Panthéon, à la place de l'abbé Lemonnier, qui venait de mourir. Aussitôt il résigna la chaire de grammaire générale qu'il occupait, depuis le 6 ventôse an IV (25 février 1796), aux écoles centrales du département de la Seine[1]. Il eût été difficile de lui conférer des fonctions plus conformes à ses goûts studieux que celles de bibliothécaire; car non-seulement il aimait les livres pour les lire, mais c'était encore pour lui un travail plein de charmes, que d'en faire le catalogue et de les ranger.

Pendant l'année qu'il passa hors des affaires publiques, il concourut à la rédaction de plusieurs journaux, tels que le *Journal des Savants*[2], que plusieurs membres de l'Institut essayaient de rétablir; *la Clef du cabinet des souverains, le Conservateur,* et *la Sentinelle,* publiée par Louvet. C'est dans *le Conservateur* qu'il a consigné son opposition énergique aux proscriptions du 18 fructidor. Lorsque les élections de l'an V eurent donné la prépondérance au parti favorable à la royauté dans le Corps législatif, la majorité du Directoire, prévoyant que les élections suivantes amèneraient la chute du gouvernement, s'unit à la minorité des conseils pour violer la Constitution et maintenir la République. Soutenue par l'armée, elle frappa ses adversaires d'un grand coup d'État. Les deux directeurs Carnot et Barthélemy, cinquante-deux représentants, plusieurs administrateurs et généraux, avec un très-grand nombre

---

1. Taillandier, p. 85.
2. Ses articles sont signés Y. *Ib.*, p. 86.

de journalistes, furent arrêtés par son ordre et condamnés à la déportation. M. Daunou qui détestait les moyens violents et qui voulait avec la République le règne absolu de la Constitution et l'observation des lois, même à l'égard des partis vaincus, blâma sévèrement la conduite du Directoire, et s'indigna surtout contre la proposition faite au conseil des Cinq-Cents de bannir arbitrairement tous les anciens nobles. « Les projets du grand, du petit et du moyen ostracisme, dit-il, de l'organisation de l'arbitraire et de la déportation successive de quinze ou vingt classes de Français, à commencer, ajoute-t-il ironiquement, par les nobles, et à finir par les inventeurs mêmes de ce genre de proscription ; tous ces projets n'étant pas très-appuyés, excitant au contraire une indignation à peu près universelle, nous croyons devoir supprimer ou ajourner les réflexions que nous avions annoncées. Nous ne comprenons pas encore comment des hommes qui ont donné tant de preuves de sagesse, de modération et d'un patriotisme éclairé, ont pu concevoir et proposer de pareilles idées. Il nous serait difficile de les discuter avec la tranquillité convenable. Nous sentons trop vivement combien ce système est horrible, pour pouvoir démontrer froidement qu'il est injuste et impolitique. »

Ce langage était celui d'un ami sévère qui s'afflige et veut corriger, et non celui d'un mécontent qui dénigre et ne songe qu'à détruire. Le Directoire, au lieu de témoigner contre lui du ressentiment, le chargea conjointement avec Monge et Florent-Guyot d'une mission aussi importante qu'honorable : ce fut d'aller à Rome organiser la République après les événements du 8 nivôse occasionnés par le meurtre du général Duphot. Les trois commissaires, nommés le 12 pluviôse an VI (31 janvier 1798), partirent cinq jours après munis d'une autorité souveraine, et emmenèrent avec eux pour secrétaire le citoyen Saint-Martin, l'auteur d'une édition des *Établissements de saint Louis*.

Aussitôt qu'ils furent arrivés, ils informèrent sur les faits du 8 nivôse, puis organisèrent la république romaine sur le modèle de la république française. M. Daunou, en rédigeant les lois fondamentales de ce nouvel État, eut soin de rattacher aux institutions modernes les noms imposants de la liberté antique. Les assemblées primaires s'appelèrent les comices, et les assemblées communales les tribus; le conseil des Anciens fut décoré du nom de Sénat; un tribunat prit la place du conseil des Cinq-Cents, et les cinq directeurs se transformèrent en autant de consuls. La plupart de ces dénominations, rapportées plus tard des rives du Tibre sur celles de la Seine, trouvèrent accès dans la Constitution de l'an VIII[1].

Malgré le zèle et les lumières de la commission, ces institutions improvisées ne surent procurer aux Romains ni l'ordre ni la liberté; et cette république mensongère, au lieu de recevoir ses consuls du libre choix du peuple, dut souvent se féliciter de les voir nommés et destitués par les agents du gouvernement

---

1. La commission rendit compte de ses actes au Directoire par une lettre du 22 ventôse (12 mai 1798). *Moniteur*, an VI, n° 193.

français. Néanmoins de grandes améliorations furent introduites dans l'administration du pays; et tandis que les autres républiques, enfantées de même par les armes françaises, avaient beaucoup à souffrir de la cupidité et de la corruption des généraux et des magistrats, la commission réprimant à Rome les malversations et les autres abus, mit de l'ordre dans les finances et marqua tous ses actes au coin de la probité[1].

Pendant son séjour à Rome, M. Daunou fut heureux d'empêcher la vente de la bibliothèque particulière du pape Pie VI, et d'enrichir des livres et des manuscrits les plus précieux qu'elle possédait, non-seulement la bibliothèque du Panthéon, dont il était l'administrateur, mais encore la Bibliothèque nationale, d'après les indications qui lui furent transmises par M. Van Praët.

Je ne dois pas oublier de dire que, tout sévère qu'il était dans ses principes, il eut, durant sa mission, l'occasion de se montrer, ce qu'il fut toute sa vie, indulgent et bon à l'égard des personnes mêmes qui ne les partageaient pas, et qu'il aima mieux désobéir formellement au Directoire que de poursuivre les émigrés français réfugiés dans les États romains.

Ayant été nommé de nouveau député, le 24 germinal (13 avril 1798), par le collége électoral du Pas-de-Calais et dans le même temps par celui du Gard, il revint d'Italie, après avoir visité Naples, et rentra au conseil des Cinq-Cents, où il opta pour

---

1. Thiers, *Histoire de la Révolution.*

la députation de son département. Il reprit aussi à la bibliothèque du Panthéon ses douces et modestes fonctions, qu'il conserva jusqu'à la fin de 1804.

Il était à peine rentré au Corps législatif, que ses collègues lui donnaient, le 2 fructidor, une marque éclatante d'estime en l'élevant à la présidence. Ils témoignaient particulièrement, en lui décernant cet honneur, qu'ils ne lui savaient pas mauvais gré de son opposition au coup d'État de l'année précédente. D'un autre côté, toutefois, ils le mettaient dans une situation un peu délicate. La fête du 18 fructidor approchait, et M. Daunou, qui s'était déclaré contre les événements pour lesquels on l'avait instituée, allait se trouver chargé, comme président, de prononcer un discours en mémoire des actes mêmes qu'il avait flétris. Mais il se tira fort habilement de ce pas difficile, sans rétracter ni déguiser son opinion. Il célébra dans le 18 fructidor la chute du parti royaliste et non les mesures qui l'avaient procurée : « Mesures audacieuses, dit-il, qui sauvent les États ou les écrasent, qui raniment les constitutions ou les renversent, et qui, employées contre des périls imminents, sont encore elles-mêmes de grands périls. »

Quinze jours après [1], Bitaubé vint à la barre du conseil des Cinq-Cents rendre compte des travaux de l'Institut pendant l'an VI. M. Daunou, dont la présidence n'était pas expirée, lui répondit par un discours dans lequel on retrouve, plus peut-être

---

1. Le deuxième complémentaire, 18 septembre 1798.

qu'en aucun autre des siens, des traces du langage mis en usage depuis plusieurs années [1]. Il faut en convenir, ce langage emphatique et déclamatoire, beaucoup plus riche de grands mots que de grandes pensées, et beaucoup plus propre à surprendre le peuple qu'à l'éclairer, constitue trop souvent le genre oratoire de la révolution, et n'est peut-être pas encore assez proscrit de la tribune et des journaux des gouvernements représentatifs, où il n'offense pas moins les institutions que le bon goût.

Le surlendemain, M. Daunou félicita les députés du tribunal de cassation qui s'étaient aussi rendus à la barre pour faire l'exposé de leurs travaux. Enfin, le 1er vendémiaire an VII (22 septembre 1798), il prononça le discours d'usage en mémoire de la fondation de la République. Il commence par exalter le gouvernement républicain comme le meilleur pour la France, non-seulement en théorie, mais encore d'après l'expérience décisive de six années, pendant lesquelles ce gouvernement a mis une nation affaiblie, ruinée, divisée par la guerre civile, en état de tenir tête à la ligue des rois et de résister à des épreuves terribles, auxquelles aurait succombé la plus solide monarchie. Il fait ensuite un brillant tableau de l'état actuel de la France, et, après avoir déclaré l'urgence de perfectionner le système de l'éducation nationale, objet constant de ses pensées :

1. C'est dans ce discours qu'on rencontre, à la suite de pensées très-justes et très-bien exprimées, cette assertion un peu exclusive, devenue fameuse, qu'*il n'y a de génie que dans une âme républicaine.*

« Puisse, dit-il en finissant, puisse ce jour fortuné, sûr présage de nos triomphes nouveaux, si les rois en exigent, laisser dans les cœurs de tous les Français de profonds sentiments de vénération, d'amour et de dévouement pour la République ! »

M. Daunou prit d'ailleurs assez rarement la parole pendant cette législature. Nous le voyons seulement monter à la tribune pour offrir et recommander à l'Assemblée les œuvres de Tacite, traduites par Dotteville, et l'*Abrégé de l'histoire de la Grèce*, publié par le libraire Bernard [1]. Un autre jour, pour combattre la proposition faite par Jourdan et dirigée contre le Directoire, de déclarer la patrie en danger et de prendre des mesures de salut public [2]; et enfin pour présenter deux projets relatifs aux dépenses du ministère des relations extérieures [3]. Il avait été nommé, le 13 vendémiaire an VII (4 octobre 1798), membre du conseil d'instruction publique qui venait d'être créé par le ministre de l'intérieur François de Neufchâteau.

La révolution du 18 brumaire, en livrant la Constitution de l'an III et le gouvernement aux mains glorieuses du général Bonaparte, détruisit la carrière politique de M. Daunou. Personne dans le Corps législatif ne jouissait de plus de considération par les qualités réunies de la capacité, de la probité

---

1. Le 29 brumaire et le 19 ventôse an VII (19 novembre 1798 et 9 mars 1799).
2. Le 27 fructidor (13 septembre).
3. Le premier jour complémentaire et le 8 vendémiaire suivant (17 et 30 septembre 1799).

et de la fermeté de caractère ; entouré de l'estime de tous ses collègues et respecté de tous les partis, il n'avait d'obstacle à vaincre pour parvenir aux plus hautes charges de l'État, que son âge et sa modestie. Mais du moment que le premier magistrat de la République sortait du sein de l'armée, et qu'au lieu d'être porté au pouvoir par le jeu des institutions, on devait y arriver par des actes de complaisance ou d'usurpation, M. Daunou, qui ne voulait être le serviteur de personne, quoiqu'il fût l'esclave des lois, n'avait plus rien à prétendre dans les hauts emplois du gouvernement.

Déjà tous les efforts étaient restés inutiles pour l'engager dans le parti qui voulait renverser le Directoire : l'exemple de ses amis et les instances les plus vives de Sieyes furent sur lui sans effet. Il résista de même à Bonaparte, qui l'avait recherché dès son retour de ses campagnes d'Italie[1], et dont l'ascendant devenait irrésistible. Il était, au fond, très-peu séduit par la gloire des armes : la guerre lui semblait la plus déplorable des calamités sociales, et les plus grands guerriers, si l'on en juge surtout par le portrait qu'il a tracé d'Alexandre[2], méritaient à ses yeux beaucoup moins l'admiration que les malédictions des peuples. Il se trouvait donc dans une disposition d'esprit très-peu favorable aux changements qui se préparaient.

Néanmoins il se rendit à Saint-Cloud avec ses

---

1. Thiers, *Histoire de la Révolution*, t. IX, p. 352.
2. Voy. la seconde partie.

collègues, et fut témoin de cette scène tumultueuse où la représentation nationale, déjà plus de fois outragée que naguère la majesté royale, succomba, non sous les vociférations d'une populace en démence, mais sous les coups réfléchis de l'épée la plus intelligente et la plus illustre. La douleur et l'indignation qu'il ressentit de cet attentat furent si profondes, que, longtemps après, lorsqu'il vint à parler du 18 brumaire dans son cours au Collége de France, les termes dont il se servit prouvèrent qu'elles n'étaient pas encore calmées [1].

Le soir même de cette journée célèbre, à laquelle du reste il fut applaudi d'un bout de la France à l'autre, le conseil des Anciens s'étant assemblé, celui des Cinq-Cents, quoique très-peu nombreux, suivit son exemple, et l'on procéda dans la nuit à la formation d'un gouvernement provisoire. Les ex-directeurs Sieyes et Roger-Ducos reçurent provisoirement, ainsi que Bonaparte, le titre de consuls avec le pouvoir dont le Directoire était investi; le Corps législatif ayant été ajourné au 1er ventôse, les deux conseils furent remplacés et représentés par deux commissions législatives tirées de leur propre sein et composées chacune de vingt-cinq membres; enfin soixante et un députés, proscrits par leurs collègues, furent expulsés de la représentation nationale.

M. Daunou, au lieu d'aller à cette séance du soir, était revenu à Paris; et ce fut seulement par une lettre de Lucien Bonaparte, président du conseil des

---

1. Voy. son *Cours*, t. I, p. 254 à 256.

Cinq-Cents, qu'il apprit le lendemain sa nomination à la commission législative de ce conseil. Il ne pouvait abandonner la cause de la République, ni par conséquent refuser la nouvelle mission qu'il avait reçue de ses amis pendant son absence et que personne ne songeait d'ailleurs à lui contester. Il l'accepta et fut même porté, le 11 frimaire, à la présidence.

Les deux commissions législatives succédant à toutes les attributions des corps dont elles avaient pris la place, s'assemblèrent comme eux, l'une aux Tuileries et l'autre au palais Bourbon; discutèrent, firent les lois, et publièrent tous les jours dans les journaux le compte rendu de leurs séances, quoique le public ne fût point admis à leurs débats. Elles se divisèrent aussi l'une et l'autre en sections, et M. Daunou fut, dans la commission des Cinq-Cents, nommé de la section qui devait préparer les lois organiques du nouveau gouvernement.

Cette section se réunit à celle qui lui correspondait dans la commission législative des Anciens, et toutes les deux se mirent ensemble au travail. Le plan de la Constitution leur ayant été fourni par Sieyes, fut par elles examiné d'une manière approfondie, puis modifié et amélioré à l'aide d'amendements dont la rédaction était confiée à M. Daunou. Le projet définitif étant arrêté, Bonaparte, qui voulait l'approprier à ses vues, prit l'avance sur les commissions législatives, auxquelles on aurait dû régulièrement le soumettre. Le 11 frimaire, il manda les deux sections chez lui au palais du Luxembourg, où il s'était installé; reçut communication de leur projet, et se mit à le discuter avec elles. Puis s'arrogeant le principal rôle législatif, il ne se fit pas difficulté de convoquer aussi dans ses salons les deux commissions elles-mêmes, qui s'y rendirent complaisamment, malgré quelque répugnance excitée par le sentiment de leur propre dignité. Si le métaphysicien Sieyes s'était flatté de l'emporter en matière de constitution sur le général, son collègue, celui-ci le désabusa bientôt, en montrant qu'il était un aussi grand maître dans l'art d'organiser les empires que dans celui de les renverser.

La révision de l'acte constitutionnel se fit donc au Luxembourg par les deux commissions législatives et les trois consuls provisoires, sous la présidence usurpée de Bonaparte. Les conceptions de Sieyes ne furent pas moins sacrifiées que la cause nationale aux intérêts de la dictature à venir. Peu de voix s'élevèrent avec celle de M. Daunou pour la défense des vrais principes de la liberté. Les articles étaient lus, discutés, amendés et mis ensuite en délibération; mais Bonaparte exerçait déjà un tel empire sur les esprits, que son avis ou plutôt sa volonté finissait presque toujours par prévaloir. M. Daunou, désigné dès le premier jour par lui pour remplir les fonctions de secrétaire, se voyait trop souvent contraint d'écrire ce qu'il était bien loin d'approuver; de sorte que, suivant le témoignage d'un historien digne de foi[1], après avoir rédigé d'une main les décisions du

---

1. M. Thibaudeau, *le Consulat et l'Empire*, t. I, p. 103.

plus grand nombre, il en votait imperturbablement le rejet de l'autre main. Après chaque séance, prolongée d'ordinaire fort avant dans la nuit, il regagnait, triste et plein d'inquiétude sur les destinées de son pays, sa modeste demeure à la bibliothèque du Panthéon.

Quand la Constitution fut achevée, il fallut procéder à la nomination des consuls définitifs, puis à la composition des premiers corps de l'État. Les trois consuls avaient été désignés d'avance, et M. Daunou devait être le troisième : c'était une chose convenue entre Bonaparte, Sieyes et les principaux acteurs de cette grande scène politique. Mais il avait ruiné lui-même ses affaires par son opiniâtreté à défendre la liberté expirante; et comme il promettait d'ailleurs d'être très-peu favorable aux projets de cour qu'on formait déjà, on changea d'avis, et l'on s'entendit pour nommer un autre consul à sa place. Quelques amis néanmoins lui restèrent fidèles. Enfin le scrutin eut lieu, pour la forme seulement. Lorsqu'on s'apprêtait à le dépouiller, Bonaparte se leva tout à coup, et, soit impatience, soit prudence, soit crainte de quelque mécompte, dit qu'il valait mieux s'en rapporter au suffrage unique de Sieyes. Puis, sans attendre de réponse, il saisit l'urne, et jette les bulletins au feu sans les lire. Après ce coup de théâtre, Sieyes désigna pour premier consul Bonaparte, pour second Cambacérès, pour troisième Lebrun; et leur nomination fut aussitôt insérée dans l'acte constitutionnel, que les trois consuls provisoires et les cinquante membres des commissions législatives souscrivirent et décrétèrent dans la nuit du 22 au 23 frimaire an VIII (13 et 14 décembre 1799).

Il restait à composer le Sénat conservateur, le Tribunat, le Corps législatif et le Conseil d'État, fondés par la Constitution. M. Daunou ne pouvait être sénateur, parce qu'il n'avait pas quarante ans; il fut nommé par les consuls, le 4 nivôse (25 décembre), conseiller d'État avec le traitement de 25 000 francs. Mais ne croyant pas cette place assez indépendante, il la refusa; tandis qu'il accepta du Sénat conservateur les fonctions de tribun, qui valaient 10 000 francs de moins, et n'étaient conférées que pour cinq ans. Il n'hésita jamais, dans l'occasion, de donner de pareilles preuves et de la fermeté de ses principes et de son désintéressement.

Dès sa première séance[1], le Tribunat rendit hommage à la belle conduite de M. Daunou, en le portant à la présidence. Sur 78 voix il en eut 76, c'est-à-dire qu'il obtint l'unanimité moins une voix; car on sait que, dans aucune espèce de scrutin, il ne put jamais se résigner à se donner son propre suffrage, même lorsqu'il s'agissait de lutter contre un rival d'une délicatesse moins scrupuleuse : c'était en vain qu'alors on lui représentait l'intérêt de son parti et de sa cause; rien n'était capable d'ébranler sa résolution. Ce que je rapporte sans intention de blâme, quoique de nos jours, dans les assemblées politiques et autres, son exemple ne soit peut-être pas généralement suivi.

La nomination de M. Daunou ne devait pas être

---

1. Le 11 nivôse (1er janvier 1800).

très-agréable au gouvernement; mais tout en faisant de grands sacrifices pour complaire au premier consul, on était bien loin de lui sacrifier tout; et si l'on courait au-devant de lui, c'était sans abandonner les plus fermes défenseurs de la République. Il faut reconnaître aussi que son ambition et son génie l'élevaient lui-même au-dessus des simples questions individuelles, et que, sans haine comme sans affection pour personne, il se servait indifféremment de tout le monde, amis ou ennemis, pour arriver à l'accomplissement de ses desseins. De plus il eut toujours, on le sait, une grande inclination pour le mérite, et ne rompit jamais volontiers avec les hommes de cœur ou de talent qui pouvaient être utiles au pays, et qu'il savait si bien découvrir et employer. Il ne témoigna donc aucun mécontentement de l'honneur fait à M. Daunou, quoiqu'il dût s'attendre, après cet acte significatif, à trouver chez les tribuns moins de docilité que dans les autres corps de l'État.

Le premier travail de M. Daunou, après être sorti de la présidence, fut un rapport sur la loi relative à la division territoriale. Cette loi très-importante, à laquelle nous devons nos préfectures, subit un examen sévère de la part du rapporteur. Il en releva les imperfections avec cette critique calme et profonde, qu'il rendait si puissante, et dont il a laissé tant de beaux modèles; puis il proposa l'adoption du projet, parce qu'il aurait été dangereux, disait-il, d'en attendre trop longtemps le perfectionnement[1]

1. Séance du 23 pluviôse (12 février 1800).

Un autre jour[1], il fut chargé de préparer un projet de résolution en réponse au message des consuls sur la victoire de Marengo. Son exorde, qui consiste dans une longue et majestueuse période, présente un tableau magnifique de la brillante campagne avec laquelle Bonaparte paya, pour ainsi dire, à la France son avénement au consulat. Célébrant ensuite avec une chaleureuse éloquence la mort glorieuse de ce jeune général, qui regrettait en expirant de n'avoir pas assez fait pour vivre dans la postérité : « O Desaix, s'écrie l'orateur, quand la mémoire de tes autres exploits pourrait périr, est-ce donc que la journée de Marengo n'est pas immortelle comme celles de Leuctres, de Mantinée, de Fleurus, de Lodi et d'Arcole? Et quel récit de cette journée pourra-t-on jamais faire, où ton nom ne soit offert à la vénération des siècles? » A côté de ces louanges très-sincères et très-méritées, l'éloge du héros principal paraît peut-être trop mesuré, si mesuré même qu'il dut sembler insuffisant à l'enthousiasme public. Néanmoins le discours tout entier, travaillé comme un morceau académique, produisit un grand effet dans l'assemblée, et n'aurait pas eu sans doute moins de succès dans une séance de l'Institut.

Les principes que M. Daunou avait défendus au conseil des Cinq-Cents, ainsi qu'à la Convention, il les défendit de même au Tribunat. Seulement au lieu d'être, comme auparavant, l'adversaire des démocrates et l'allié du pouvoir, il se trouva, par l'esprit

---

[1]. Le 3 messidor (22 juin).

de la dernière révolution, en contradiction avec le pouvoir et d'accord avec le parti de la liberté. Souvent, en effet, ce sont les temps et non les hommes qu'il faudrait accuser de changement; et tel qui défend un gouvernement libéral, combattra, sans dévier de sa ligne politique, un gouvernement d'un genre opposé.

Aussitôt que M. Daunou crut voir poindre le despote dans Bonaparte, il devint son adversaire et résista opiniâtrément à toutes les entreprises contre les libertés publiques. Son opposition, d'abord circonspecte et timide, se prononça davantage à mesure que les tentatives d'arbitraire lui parurent plus menaçantes. Elle éclata dans toute sa force, lorsqu'après l'explosion de la machine infernale du 3 nivôse, qui mit en danger la vie du premier consul, le gouvernement proposa l'institution de tribunaux spéciaux contre le brigandage, les conspirations et les attroupements séditieux. Le projet de loi fut vivement attaqué dans le Tribunat. Benjamin Constant prit à tâche d'en critiquer les détails, et M. Daunou, se chargeant de l'attaquer au cœur, démontra qu'il était foncièrement inconstitutionnel, prédit qu'il serait funeste, et fit les plus grands efforts pour qu'il fût repoussé[1]. Néanmoins le projet passa, à la vérité péniblement et à la majorité de quarante-neuf voix contre quarante et une. Son discours plein de force et d'éloquence, que l'assemblée n'avait pu entendre sans une profonde émotion,

---

1. Séance du 7 pluviôse an ix (27 janvier 1801).

fut mutilé par la police dans le journal officiel ; mais il le fit imprimer dans son entier, et se plaignit en outre dans une note des altérations qu'il avait subies. Son courage dans cette circonstance est d'autant plus digne d'éloge, qu'à cette époque, en luttant contre l'autorité, même avec tout le bon droit possible, on était loin d'être soutenu par l'opinion populaire.

Le premier consul ne se montra pas irrité contre M. Daunou ; au contraire, il lui fit quelque temps après de nouvelles avances. A la suite d'un dîner aux Tuileries, auquel il l'avait invité, il l'attira dans une embrasure de fenêtre, et le pressa vivement d'accepter au conseil d'État la place qu'il avait jadis refusée. M. Daunou, qui ne voyait aucun motif de revenir sur sa première résolution, et qui ne voulait pas s'exposer à l'embarras d'aller soutenir au Corps législatif des projets de loi peu d'accord avec ses propres opinions, répondit par un second refus. Bonaparte, sans se rebuter, lui offrit la place de directeur général de l'instruction publique. Mais cette offre n'ayant pas eu plus de succès, il perdit patience, et se montra fort offensé. Il finit même d'une manière peu polie, par exprimer à M. Daunou l'éloignement qu'il avait pour lui. M. Daunou n'était pas sur ce point en reste avec le premier consul, et ne fuyait pas l'occasion de lui faire la même confidence. Mais ne croyant pas nécessaire de s'exprimer dans les mêmes termes, il prit un autre tour qui rendit aussi bien sa pensée, car il se borna, pour toute réponse, à protester de son amour inaltérable pour sa patrie, et n'ajouta aucun autre témoignage.

Une scène de ce genre n'était pas propre à rapprocher deux hommes de vues si opposées. Leur mésintelligence fut bientôt portée à l'extrême par un autre événement. D'après la constitution de l'an VIII, lorsqu'une place de sénateur devenait vacante, le sénat lui-même y nommait sur une liste de trois candidats, présentés l'un par le Corps législatif, l'autre par le Tribunat, le troisième par le premier consul. Or, M. Daunou ayant atteint sa quarantième année, ses amis formèrent le projet de le faire entrer dans ce corps. Une première tentative au Tribunat ne fut pas heureuse, tout en lui procurant un nombre imposant de suffrages[1]. Mais une seconde place de sénateur vaqua bientôt, et cette fois il eut plus de bonheur. Il l'emporta sur son concurrent le général Lamartillière, d'abord au Corps législatif[2], et deux jours après au Tribunat, en réunissant ainsi deux candidatures. Le premier consul, qui s'était déclaré chaudement en faveur du général Lamartillière, le choisit pour troisième candidat, et se promit bien de lui faire avoir la préférence. Il est vrai qu'il se trouvait particulièrement intéressé au succès.

Au rapport d'un historien très-exact, qui fut lui-même acteur dans ces débats[3], la double élection

1. Le 8 frimaire an X (29 novembre 1801).
2. Le 9 nivôse an X (30 décembre 1801).
3. Stanislas de Girardin, *Journal et Souvenirs*, t. III, p. 243 et suivantes.

de M. Daunou avait eu lieu non-seulement dans un esprit d'opposition au pouvoir, mais encore dans une intention directement hostile au premier consul. Elle constituait même, au jugement de Cambacérès, un véritable acte d'insurrection, et devait être considérée comme une déclaration de guerre contre le chef de la République. « En effet, disait-il, pouvait-on oublier qu'après le 18 brumaire, Daunou s'était constamment opposé aux principes de la Constitution; que, chargé de la rédiger, il avait profité de cette occasion pour en faire une rédaction malicieuse et hostile; que, nommé conseiller d'État par Bonaparte, il n'avait pas accepté; qu'enfin dans la dernière session du Tribunat, il avait déclaré ne vouloir plus y revenir, sous le prétexte qu'il y avait tyrannie dans le gouvernement? » Ces reproches, il en faut convenir, étant assez bien fondés, la nomination de M. Daunou au Sénat conservateur pouvait avoir de graves conséquences pour le pouvoir établi.

Le premier consul prit, non sans raison, la chose à cœur. Il vit le danger, et sentit qu'il était placé dans l'alternative ou de restreindre les grands projets de son ambition, ou de maîtriser au plus tôt les corps constitués. Comme il avait pour lui le peuple et l'armée, il n'hésita pas un moment sur le choix. Il manda les sénateurs chez lui[1], et les avertit qu'il regarderait la nomination de M. Daunou au Sénat comme une insulte personnelle, ajoutant d'un ton

---

1. Le 12 nivôse (2 janvier 1802).

fort sérieux qu'ils savaient bien que jamais il n'en avait souffert aucune.

Ce langage n'était pas équivoque; aussi le Sénat, qui ne voulait pas d'un nouveau 18 brumaire, auquel Bonaparte aurait bien été capable de recourir au besoin, se le tint pour dit, et nomma Lamartillière à l'unanimité moins deux voix. Cet exemple assez remarquable de lâche complaisance ne suffisait pas, et le premier consul n'aimait point les demi-mesures. Comme le foyer de la résistance à ses prétentions despotiques était dans le Tribunat, il résolut sur-le-champ d'épurer ce corps à sa manière. Dans ce but, au lieu de laisser désigner au sort le cinquième des membres à renouveler chaque année, il obtint du Sénat, à qui le droit de nommer les tribuns était réservé par la Constitution, qu'il serait procédé à ce renouvellement par la voie du scrutin. Par ce moyen il fit éliminer tous les membres qui le gênaient le plus, et remporta *la victoire sur les restes encore vivaces des pouvoirs civils* [1].

Ce fut en vain que les sénateurs voulurent maintenir M. Daunou au Tribunat, son exclusion fut exigée impérieusement, et personne ne trouvera plus étrange qu'ils aient obéi. Il y eut néanmoins vingt-trois voix indociles qui résistèrent. Il y en aurait eu davantage si M. Daunou, en s'abstenant de siéger avec ses collègues depuis la fameuse loi des tribunaux spéciaux, et surtout en déclarant qu'il ne pa-

---

1. Daunou, *Notice sur Parent-Réal*, p. 9 et 10.

raîtrait plus tant que durerait la tyrannie, n'avait rendu lui-même sa réélection extrêmement difficile. Il sortit donc du Tribunat, dans le mois de janvier 1802, avec Chénier, Ginguené, Benjamin Constant, Parent-Réal et d'autres amis de la liberté publique. Il ne rentra dans les assemblées législatives que plus de dix-sept ans après, sous la Restauration[1].

Cet exil des affaires publiques et le triomphe d'un système qu'il regardait comme funeste à son pays, durent le navrer d'une douleur bien profonde, s'ils furent cause de la maladie grave qu'il fit à cette époque. Mais si la disgrâce qu'il encourut priva l'État des services d'un éminent citoyen, elle tourna du moins au profit de la république des lettres, dans laquelle il s'établit définitivement. Cette seconde patrie, qui n'est pas non plus à l'abri des orages, où règnent aussi les dissensions, les rivalités et les haines, où les partis se font également la guerre pour la renommée et l'empire, resta pour lui le sanctuaire de la paix et du bonheur. S'il éprouva encore des contrariétés et des disgrâces, ce fut à l'occasion de ses fonctions et non de ses écrits.

---

[1]. Lorsque Mme de Staël, d'accord avec M. de Girardin sur la principale cause de la réformation du Tribunat, ajoute (dans ses *Dix années d'exil*) que M. Daunou était un républicain probe et éclairé, mais certes nullement à craindre, elle veut sans doute dire seulement qu'il n'était pas homme à se mettre à la tête d'une insurrection ou d'une conspiration ; car elle ne pouvait méconnaître combien sa fermeté à défendre les libertés publiques, et son opiniâtre résistance à l'arbitraire, auraient suscité d'embarras soit au premier consul soit à l'Empereur.

L'arrêté consulaire[1] qui supprima la classe des sciences morales et politiques, dont il faisait partie, lui causa peut-être quelques regrets. Bonaparte, regardant cette classe comme un séminaire d'idéologues, et n'ayant pas de goût pour le genre des travaux qu'elle pouvait produire, la fondit dans la nouvelle division qu'il fit de l'Institut en quatre classes, chacune répondant à l'une des anciennes académies. Mais M. Daunou, ne se trouvant pas moins bien à sa place dans la classe d'histoire et de littérature; qui reçut en 1814 le nom d'Académie des Inscriptions et Belles-Lettres, dut facilement prendre son parti sur cette réorganisation.

La destitution dont il fut menacé dans les commencements de l'Empire, l'aurait sans doute affecté plus péniblement. Le botaniste Ventenat, intendant général des jardins de l'impératrice Joséphine et l'un des bibliothécaires du Panthéon, fut désigné pour la place d'administrateur perpétuel de cette bibliothèque. Dès que M. Daunou fut informé de ce projet, il voulut prendre les devants et donner sa démission. Mais un de ses amis le retint, et le pressa d'écrire à l'Empereur. Il fit même la lettre, et le força, pour ainsi dire, de la signer. La lettre ayant été remise par Davout, l'Empereur signifia sur-le-champ au ministre de l'intérieur Champagny son intention de maintenir M. Daunou, auquel en outre il répondit par la lettre suivante :

« Monsieur Daunou, membre de l'Institut, j'ai été

---

[1]. Du 3 pluviôse an XI (23 janvier 1803).

fort aise de trouver une occasion de vous donner une preuve de l'estime que je vous porte, et que m'a offerte votre lettre du 23 brumaire. Je désire vivement que des circonstances se présentent qui me mettent à même d'utiliser vos talents dans une place, plus éminente, pour le bien de l'État et de mon service. Sur ce, je prie Dieu qu'il vous ait en sa sainte garde. »

« Paris, ce 9 frimaire an XIII.

« NAPOLÉON. »

Cette lettre qui prouve à la fois et le cas particulier que l'Empereur faisait de M. Daunou, et son empressement à fermer les yeux sur le passé pour ne plus voir que le mérite, fut bientôt suivie d'un acte plus démonstratif encore. La place d'archiviste étant devenue vacante[1] par la mort de Camus, ce fut à M. Daunou que Napoléon la donna[2] quoiqu'il eût été vivement sollicité en faveur d'autres concurrents par de très-puissants personnages[3]. Vingt-cinq jours après, Ventenat obtint celle d'administrateur perpétuel de la bibliothèque du Panthéon. S'il était malaisé de trouver pour la garde des archives un

---

1. Le 2 novembre.
2. Par décret du 24 frimaire an XIII (15 décembre 1804.)
3. M. Daunou fut informé de sa nomination par la lettre suivante : «Vous êtes nommé archiviste à la place de Camus. Il convient, mon cher Daunou, que vous écriviez une lettre de remercîments à l'Empereur. Il a fait cette nomination d'une manière très-aimable pour vous. Il y avait des concurrents puissamment appuyés. L'architrésorier prétend que cette place lui avait été promise pour Garnier [depuis sénateur et pair de France]. Je vous embrasse. FOUCHÉ. »

homme qui convînt mieux à la place, il n'était pas plus facile de trouver une place qui convînt mieux à l'homme.

Du moment que M. Daunou se vit à la tête des archives, il eut autant de soin de les mettre en ordre que de les accroître par de nouvelles richesses. En 1807, il en opéra la translation du palais Bourbon, où s'assemblait le Corps législatif, à l'hôtel Soubise, où elles durent rester définitivement. Napoléon après les avoir visitées, en 1806, dans l'ancien local, revint les voir quatre ans après. Il arriva, suivant sa coutume, sans être annoncé, et fut sans doute content de l'arrangement et des autres travaux exécutés par le garde général, puisqu'à la fin de sa visite, qui fut longue et minutieuse, il le pressa de nouveau, mais encore inutilement, d'entrer au conseil d'État. Quelques jours après, M. Daunou reçut la croix d'honneur qu'il avait déjà refusée, d'abord à la création de l'ordre, et plus tard dans une autre circonstance; mais il se crut obligé cette fois de l'accepter, malgré la répugnance qu'il avait pour cette institution. Il fut ensuite bien surpris d'apprendre, le 14 avril 1810, qu'il était nommé, par décret de la veille, censeur impérial avec MM. Charles Lacretelle, Sauvo, Esmenard, Lemontey et quatre autres. Il écrivit sur-le-champ trois lettres pour déclarer en même temps son refus à M. Portalis, directeur de l'imprimerie et de la librairie, à Fouché et au ministre de l'intérieur. Il voulut aussi le faire annoncer dans le *Moniteur universel*, sans pouvoir y parvenir, quoique ce journal eût donné la nouvelle de sa nomination. C'est pourquoi plusieurs biographes, induits en erreur par son silence, ont laissé croire qu'il avait eu la faiblesse d'exercer des fonctions aussi peu d'accord avec ses principes.

L'Empereur ayant résolu de faire venir à Paris les archives pontificales, envoya, dans le mois d'août 1811, M. Daunou à Rome pour présider à cette translation. En même temps il lui recommanda de ne pas oublier une certaine pièce qu'il était fort jaloux de tenir entre ses mains : c'était la fameuse bulle d'excommunication, du 10 juin 1809, fulminée contre lui par le pape Pie VII. Elle fut en effet rapportée, et mise ensuite sous ses yeux un jour qu'il visita de nouveau l'hôtel Soubise. Les archives du Piémont, de l'Allemagne, de la Hollande et de l'Espagne furent aussi transportées à Paris, et devaient être arrangées, à la suite des archives françaises, d'après le plan de classification générale dressé par M. Daunou[1].

Ses fonctions d'archiviste ne l'empêchèrent pas de travailler à plusieurs ouvrages importants, qui lui furent demandés par le gouvernement impérial, tels que l'*Essai historique sur la puissance temporelle des papes*, et d'autres, dont nous reparlerons plus tard. Si l'homme politique était négligé, on se servait toujours avec empressement de l'homme de lettres. L'Empereur n'aurait pas demandé mieux que de se l'attacher par des bienfaits; mais il n'était pas assez

---

1. Ce plan, qui porte la date du 15 août 1811, a été imprimé en une feuille in-4° sous le titre de *Tableau systématique des archives de l'Empire*.

puissant pour le séduire. Le seul moyen de le gagner était peut-être de marquer une tendance à revenir à des principes conformes à ceux de la constitution de l'an III, mais on ne songeait guère à lui donner cette satisfaction. Quant aux faveurs personnelles, il n'est pas présumable qu'il en eût accepté, lui qui ne voulut jamais consentir à l'augmentation de son modique traitement.

Lorsque Napoléon succomba sous les efforts de l'Europe coalisée, M. Daunou lui garda une impitoyable rancune. Dix ans après, il allait jusqu'à dire de lui : « On voyait trop que ce parvenu n'aurait assez ni de probité ni de lumières, pour mettre de lui-même un terme à ses usurpations au dedans, ni à ses conquêtes au dehors ; et qu'abandonné à son aveugle audace, il allait courir de succès en succès à sa perte[1]. » M. Daunou ne fut donc pas aussi affligé que les bonapartistes du rétablissement de la maison royale. La question dynastique l'intéressait beaucoup moins que celle des institutions. Il considéra la chute du régime impérial comme une délivrance et un désastre[2], et ne voulant épouser les passions d'aucun parti, il se tint renfermé dans ses archives et n'y fut pas d'abord inquiété. Il eut néanmoins la douleur de se voir enlever toutes les richesses que la conquête avait amenées en sa garde. Au reste les

---

1. *Notice sur Ginguené*, p. 17. On trouve néanmoins une phrase à la louange de l'Empereur, dans son édition des œuvres complètes de Boileau, t. I, *Discours préliminaire*, p. 54.

2. *Notice sur Parent-Réal*, p. 12 et 13.

souverains étrangers, en rentrant dans la possession des pièces qui leur appartenaient, n'eurent qu'à se féliciter du soin qu'il avait pris d'en faire le classement, et l'empereur d'Autriche lui donna même à ce sujet un témoignage particulier de satisfaction[1].

Loin d'avoir rien à craindre des dispositions du nouveau gouvernement à son égard, il reçut de quelques personnes influentes à la cour des marques singulières de confiance et d'estime. A la sollicitation de M. Beugnot, son ancien compagnon de captivité pendant la Terreur, aujourd'hui directeur général de la police, il écrivit un mémoire sur une question qui n'était pas sans intérêt pour la famille royale. Il s'agissait de savoir si des scrupules de religion s'opposaient au mariage du duc de Berry avec la sœur de l'empereur de Russie. M. Daunou crut les avoir tous écartés, en démontrant que la différence du rit grec avec le rit latin ne touchait pas au fond du dogme, et ne pouvait en aucun cas former un obstacle sérieux à l'alliance projetée[2]. Néanmoins cette alliance n'eut pas lieu, à cause de Mme la duchesse d'Angoulême, qui, n'étant pas convaincue, ne put y donner son approbation.

Après les Cent-Jours, qu'il traversa sans remplir

1. Il fit présent à M. Daunou d'une tabatière d'or.
2. Ce fut à l'occasion de ce mémoire que M. Beugnot écrivit à l'auteur le billet suivant, qu'on ne me blâmera pas d'avoir reproduit : « J'ai lu avec plaisir et avec fruit, monsieur et ancien camarade, votre excellent morceau. J'aurais bien voulu le recevoir de votre main, mais vous avez une vieille répugnance pour les manoirs ministériels. Pour moi qui professe toujours le même respect des hommes qui vous res-

de fonctions politiques, il reçut encore de grandes marques de considération de la part de plusieurs ministres du roi. Consulté sur l'ordonnance d'amnistie qui fut ensuite rendue le 24 juillet 1815, il répondit par un mémoire confidentiel, dans lequel il insistait, comme jadis au conseil des Cinq-Cents, sur la nécessité de la faire aussi large que possible, et sur le danger des exceptions, qui n'ont guère d'autre résultat que de restreindre ou même de détruire les bienfaits de la mesure. Ensuite il lui fut demandé par M. Barbé-Marbois[1] un mémoire sur le sacre des rois de France. Enfin, lorsqu'il s'agit de conclure un nouveau concordat avec la cour de Rome, on eut besoin des conseils d'un homme éclairé, aussi bien instruit des principes de l'Église gallicane que des droits du souverain pontife, et l'on s'empressa de recourir à lui.

Mais cette espèce de crédit dont il jouissait dans le parti modéré du gouvernement, ne put le mettre à l'abri de la persécution. Le parti exalté, dont l'aveuglement croissait à proportion de l'influence, était devenu de plus en plus exclusif. Il ne tint compte ni de la conduite de M. Daunou dans le procès de Louis XVI, ni de sa probité, ni de son

---

semblent, et qui trouve si rarement à l'appliquer, j'irai vous voir, vous remercier. Je vous demanderai pardon d'être quasi-ministre, et j'obtiendrai de vous que ce titre si fugitif ne me fasse rien perdre de votre ancienne bienveillance, je n'ose dire de votre ancienne amitié.

« Agréez, etc.   BEUGNOT.

« Paris, le 6 juillet 1814. »

1. Entré le 26 septembre au ministère de la justice.

savoir si parfaitement approprié aux fonctions paisibles qu'il avait à remplir : il voulut à toute force sa destitution. M. Decazes eut beau répondre d'abord qu'« ôter Daunou des archives, ce serait descen- « dre Apollon du Belvédère, de la barbarie toute « pure ; » vainement MM. Barbé-Marbois et Beugnot firent-ils tous leurs efforts en sa faveur; cet acte odieux ne put être empêché. Le 25 décembre 1815, M. de Vaublanc, ministre de l'intérieur, reconnaissant mal la protection que l'ancien émigré avait reçue de l'ancien commissaire dans les États romains, eut le malheur de lui écrire : « J'ai hésité longtemps, monsieur, à proposer au roi de vous donner un successeur aux archives ; mais diverses considérations me font un devoir de ne pas différer davantage. Pour peu que vous réfléchissiez sur le passé, et spécialement sur le temps qui s'est écoulé depuis le 20 mars, vous reconnaîtrez vous-même qu'il est des personnes dont les services ne conviennent plus à un certain ordre de choses et d'emplois.... » Deux mois plus tard, le 26 février 1816, le même ministre ne lui rappela l'ancienne obligation qu'il lui avait que pour lui donner avis de son remplacement.

M. Daunou fut peu surpris de sa disgrâce. Après la loi d'amnistie du 12 janvier précédent, il s'attendait à pis encore, car il songeait à quitter la France. « Plus de sécurité en rien, écrivait-il à M. Roux-Laborie, puisque aucun engagement n'est respecté. Voilà le premier pas, il est énorme ; les autres doivent moins coûter. De classe en classe, de nuance en nuance, tout doit y passer, jusqu'à Vaublanc lui-même. N'est-il pas venu, et bien vite, un temps où Bailly, La Fayette, Condorcet..., Camille Desmoulins, Danton, n'étaient plus assez purs? L'autre pureté deviendra tout aussi rare. Je me recommande toujours à vous, continue-t-il, pour un passe-port pour Bruxelles[1]. »

Les archives, ainsi destituées du chef le plus digne de les administrer, restèrent séparées de lui pendant plus de quatorze ans; après quoi il ne fallut rien moins qu'une révolution pour le replacer dans son ancien poste.

Cependant l'esprit de modération et de sagesse qui devait provoquer l'ordonnance du 5 septembre 1816, et mettre un frein à la réaction royaliste, dans l'impossibilité de réparer les torts du gouvernement envers M. Daunou, chercha les moyens de les atténuer. Dans le mois de juillet de la même année, le *Journal des Savants* ayant été rétabli par les soins de M. Barbé-Marbois et du chancelier Dambray[2], il en fut nommé le principal rédacteur, et ses articles devinrent aussitôt, par l'étendue et la variété des connaissances, comme par la pureté du goût, la solidité du jugement, l'élégance et la politesse du langage qui les caractérisent, des modèles admirables d'urbanité et de haute critique littéraire.

L'année suivante, une nouvelle occasion s'offrit aux ministres de rapprocher encore M. Daunou du

1. Taillandier, p. 145.
2. Le premier numéro porte la date du mois de septembre 1816.

gouvernement. La chaire d'histoire et de morale au Collége de France devint disponible dans le mois de novembre par la mort de Clavier [1]. Le Collége et l'Académie des Inscriptions, usant de leurs prérogatives, présentèrent chacun leur candidat au roi pour remplir la place vacante. Le Collége choisit M. Daunou, qui avait prononcé, au nom de l'Académie, un discours sur la tombe de son confrère, et l'Académie désigna M. Raoul Rochette. M. Daunou ne fit certes aucune démarche pour l'emporter sur son jeune concurrent, mais ses anciens amis ne l'oublièrent pas dans cette circonstance, et M. Beugnot, en particulier, le recommanda vivement à M. Lainé, ministre de l'intérieur. « Je compte M. Daunou, lui répondit le ministre, parmi nos meilleurs esprits et nos plus habiles écrivains. Il est du nombre des hommes précieux que le gouvernement ne peut trop rapprocher de lui. Pour de tels talents il faudrait, au besoin, oublier quelques différences d'opinions politiques; mais je sais que celles de M. Daunou ont toujours été honorables. » Ces témoignages furent aussi stériles qu'ils étaient mérités, et la question de la candidature resta plus d'un an indécise. Ce fut seulement le 13 janvier 1819, lorsque M. Decazes eut pris la place de M. Lainé, que le roi nomma M. Daunou. Le nouveau professeur ayant été installé par ses collègues le 2 février suivant, annonça pour la rentrée de Pâques l'ouverture de son cours [2]. Elle

---

1. Clavier mourut le 18 novembre 1817.
2. Dans le *Moniteur* du 17 janvier, on lit, après la nou-

eut lieu en effet le 13 avril, en présence d'un nombreux auditoire, qu'une foule de personnages célèbres s'empressèrent de grossir. Ce cours, poursuivi pendant quinze années avec autant d'assiduité que de talent, est sans aucun doute un des meilleurs qu'on ait jamais professés au Collége de France, outre qu'il en est sorti l'une des compositions historiques les plus recommandables de notre siècle par la richesse de l'érudition réunie à la beauté du style.

M. Daunou n'avait pas encore paru à sa chaire, que, rappelé dans la carrière politique après un intervalle de tant d'années, il fut élu député, le 26 mars, par le département du Finisterre. Les ministres auraient voulu le nommer président du collége de Brest, mais il préféra la recommandation de MM. Lanjuinais, Kératry, Guilhem et autres membres de l'opposition, au patronage du gouvernement. Après avoir prêté serment le 13 avril, il s'empressa de prendre part aux travaux de la Chambre, sans toutefois négliger ses devoirs de professeur; et comme les mi-

---

velle de la nomination de M. Daunou, les réflexions suivantes : « On n'eût pu qu'applaudir à la nomination de son compétiteur; mais nous devons reconnaître que celle de M. Daunou a produit une sensation générale également honorable pour le candidat et pour l'autorité. On a vu dans cette nomination la récompense d'anciens et importants travaux, un hommage rendu à une vaste et profonde érudition, et un souvenir donné sous la monarchie constitutionnelle à l'un des hommes qui ont le plus contribué en 1795 à faire essayer en France le véritable système représentatif, en faisant adopter cette division des deux Chambres si vainement tentée en 1791, et si malheureusement rejetée par l'Assemblée constituante à l'époque de la révision. »

nistres n'étaient pas disposés à gratifier la nation des garanties individuelles qu'il avait réclamées l'année précédente, dans un écrit fort célèbre, il choisit sa place dans les rangs de l'opposition.

La grande affaire de la liquidation avec les souverains alliés et de l'évacuation du royaume par les troupes étrangères avait été réglée au congrès d'Aix-la-Chapelle par le duc de Richelieu, dont la considération personnelle n'eut pas moins d'ascendant que le nom de la France sur cette assemblée de potentats et de premiers ministres; désormais le gouvernement pouvait porter sa principale attention sur les questions de politique intérieure. La proposition faite par le pair de France Barthélemy, de réformer la loi électorale, qui menaçait de donner prochainement aux libéraux la majorité dans la seconde Chambre, avait été débattue et décidée négativement par les députés, vers les commencements de la session, avant le rappel de M. Daunou aux fonctions législatives. Mais il siégeait à la chambre lorsque les trois lois relatives à la presse furent mises en discussion; et le 1er mai il fit son début à la tribune, en réprouvant dans un discours fort mesuré les articles qui lui paraissaient des entraves à la publicité des opinions, et particulièrement le cautionnement exigé des journaux. Ensuite, le 25 juin, dans la séance où la commission des pétitions proposa le rejet de celles qui demandaient le rappel des bannis, il fut du nombre des dix-huit députés qui votèrent contre l'ordre du jour. Enfin, dans le mois de juillet, il appuya la pétition des étudiants en faveur de M. Bavoux, chargé du cours de procédure à l'École de droit, qui venait d'être suspendu de ses fonctions par ordre de l'autorité.

Dans la session suivante, l'assassinat du duc de Berry apporta bientôt un puissant renfort au parti royaliste. M. Daunou, après avoir été nommé[1] de la commission chargée de rédiger une adresse au roi sur cette catastrophe, eut à combattre les différents projets de loi qui ne tardèrent pas à la suivre. Le 2 mars, il parla en faveur des pétitions qui demandaient le maintien de la Charte et du système électoral. Le 10 du même mois et les jours suivants, il s'opposa d'abord à la suspension de la liberté individuelle, ensuite au rétablissement de la censure. De même, dans les mois d'avril, de mai et de juin, dont le dernier fut signalé à Paris par des troubles et des émeutes, il monta fréquemment à la tribune, pour défendre l'ancienne loi des élections et repousser la nouvelle, qu'il avait déjà examinée en qualité de commissaire. Mais ses efforts, comme ceux de ses collègues de la gauche, ne furent couronnés d'aucun succès.

La Chambre ayant été dissoute, se recomposa d'après la nouvelle loi des élections fondée sur le double vote. L'opposition libérale considérablement affaiblie, puisqu'elle ne compta pas quarante voix, conserva néanmoins ses membres les plus renommés. M. Daunou lui fut renvoyé par le département du Finisterre; mais il ne prit aucune part aux débats

---

1. Le 14 février 1820.

publics de la session, qui dura depuis le 19 décembre 1820 jusqu'au 31 juillet 1821. Alors les hommes du côté droit se rendaient de plus en plus maîtres de la direction du gouvernement. Il rompit le silence à la session qui suivit, pour proposer et soutenir en vain des amendements aux projets de loi sur la répression des délits de la presse et sur la police des journaux[1]. Les Chambres ayant été closes le 1er mai, furent convoquées dès le 4 juin suivant, dans le but de rétablir la régularité dans le vote du budget. Pendant cette orageuse et courte session, qui finit le 17 août de la même année, M. Daunou ne prit la parole que pour demander le retranchement d'une somme considérable sur les fonds du ministère des affaires étrangères[2]. Il ne fut pas renommé à la Chambre de 1823, qu'agita la déclaration de guerre à l'Espagne et plus encore, l'expulsion de Manuel, et se vit ainsi déchargé de ses fonctions législatives, par l'échec qu'éprouvèrent aux élections la plupart des députés de l'opposition libérale.

Ce ne fut que six ans après, aux élections générales d'avril 1828, qu'il réunit de nouveau les suffrages des électeurs dans le collége d'arrondissement de Brest. Le succès obtenu par la gauche renversa M. de Villèle pour élever M. de Martignac. Bientôt après son installation, le ministère se sentit dans l'impossibilité de marcher avec la Chambre sans heurter la cour, et de faire un mouvement avec la

---

1. Séances du 29 et du 31 janvier, du 4 et du 12 févr. 1822.
2. Séance du 24 juillet.

cour sans être arrêté par la Chambre. Toutefois la gauche, dans la joie de son récent triomphe et dans la confiance de sa force actuelle, ne se montra pas trop exigeante envers le pouvoir : elle se contenta de se précautionner contre les entreprises qui lui semblaient encore à craindre dans la suite. La loi destinée à prévenir les fraudes électorales, et deux autres lois tendant timidement à restreindre les priviléges abusifs des écoles ecclésiastiques suffirent la première année pour la satisfaire. Mais ensuite il fallut bien lui présenter deux lois plus importantes. La première avait pour objet l'organisation du régime municipal; la seconde, qui fut habilement défendue par M. Daunou avec les amendements proposés par la commission[1], était relative à l'organisation des conseils d'arrondissement et de département. Un dissentiment avec le ministère sur l'ordre à suivre dans la discussion fit retirer l'une et l'autre. M. Daunou, que le neuvième bureau avait déjà nommé commissaire pour l'adresse, à l'ouverture de la session, fut encore nommé commissaire et rapporteur de quelques projets de loi d'un intérêt local[2].

Cependant la cour, ne pouvant faire plus longtemps violence à ses penchants, à ses principes, à ses convictions, prit le parti de ne suivre que ses propres idées, et de ne se servir du concours des autres pouvoirs, que pour les associer à ses vues et non pour s'associer aux leurs. Elle se débarrassa

---

1. Séances du 31 mars et du 8 avril 1829.
2. Séances du 9 et du 23 mai.

brusquement de ministres qu'elle n'avait jamais eu la pensée de conserver, et les remplaça par d'autres, qui tiraient leur principale force de sa confiance et de ses affections. *Plus de concessions!* fut la devise de M. de Polignac; ce fut aussi celle de la Chambre élective, qui l'inscrivit dans son adresse, mais en l'entendant d'une autre manière. Le roi se hâta de proroger puis de dissoudre la Chambre, qui ne revint pas moins menaçante, les 221 votants de l'adresse ayant presque tous été réélus comme M. Daunou. Alors, ce qu'un gouvernement plus fort et mieux préparé n'eût pas osé peut-être, Charles X le tenta résolûment. Ses ordonnances du 25 juillet sont encore présentes à la mémoire de chacun de nous. La nouvelle Chambre s'annonçait hostile; il en prononça pareillement la dissolution : c'était dans ses prérogatives royales. Mais ce qu'il fit en même temps manquait au moins de légalité. Les journaux étaient contraires au pouvoir; afin de n'avoir plus à les craindre, il suspendit la liberté de la presse périodique. Les colléges électoraux soutenaient l'opposition; il les réforma et promulgua une loi électorale toute nouvelle, dans le but d'avoir la majorité dans les élections. Vainement pour tous ces actes il s'autorisait de la constitution; on ne vit en général dans un tel exercice de son autorité que la destruction de la Charte par la Charte même. Enfin ce coup d'État, qui n'était peut-être pas moins difficile qu'un 18 fructidor ou qu'un 18 brumaire, fut frappé tranquillement du fond d'un cabinet, au milieu d'une cour oisive. Je n'ai pas besoin d'en rappeler les suites.

Dès le 26 juillet M. Daunou était parmi les quatorze députés réunis chez M. de La Borde à huit heures du soir, et se prononçait énergiquement pour la résistance au pouvoir et pour la transformation de la Chambre en Assemblée nationale. Le lendemain, il signait la protestation contre les ordonnances ; le 31, il approuvait la proclamation faite au nom de la Chambre pour annoncer au peuple français la nomination du duc d'Orléans à la lieutenance générale du royaume. Quelques jours après, il insistait pour la rédaction du programme de l'Hôtel de Ville. Il serait superflu d'ajouter qu'il fut l'un des plus chauds partisans de la révolution de juillet, si ce n'était une occasion de dire que peut-être l'ardeur révolutionnaire du constitutionnel de l'an III avait son principe moins dans une haine implacable contre la royauté et la dynastie, que dans une aversion extrême, invincible, pour le pouvoir sacerdotal, et surtout dans l'impression faite sur lui par des ordonnances qui lui parurent une violation scandaleuse de la foi publique.

La nouvelle royauté était à peine inaugurée, que M. Daunou, sans avoir rien fait pour elle ni contre elle, se vit, sur la présentation du ministre de l'intérieur M. Guizot, rétabli, aux Archives du royaume, dans son ancienne place, qu'il n'avait pas redemandée et que la mort de M. de La Rue venait de laisser vacante[1]. Aussitôt il se démit de la chaire d'histoire et de morale qu'il occupait depuis plus de onze ans

---

1. La nomination de M. Daunou est du 13 août 1830.

au Collége de France. A la Chambre, il avait été nommé membre de plusieurs commissions et président de celle qui devait examiner la demande d'accusation contre le dernier ministère. Ramené devant ses commettants par sa réintégration dans ses fonctions d'archiviste, il obtint de nouveau leurs suffrages dans le mois d'octobre, et fut encore appelé par ses collègues à diverses commissions importantes[1]. Les discours qu'il prononça le 31 janvier et le 26 février 1831, sur l'organisation du régime municipal, et sur l'amendement de la Chambre des pairs relatif au nombre de voix nécessaire pour la condamnation dans les jurys, se distinguent par une étude approfondie de ces questions et par des renseignements historiques très-intéressants, que personne mieux que lui ne pouvait fournir à ses collègues.

Aux élections générales du mois de juillet de la même année, ayant été porté simultanément à la députation par le collége de Brest et par celui du huitième arrondissement de Paris, il opta pour le premier, et prit encore une grande part aux travaux et même aux débats de la Chambre pendant la première session. Je rappellerai seulement le discours qu'il prononça sur la pairie le 1er octobre 1831, et le rapport qu'il fit le 23 décembre suivant sur le projet de loi relatif à l'instruction primaire. Après avoir com-

---

1. Telles que les commissions relatives aux pensions à accorder à titre de récompenses nationales (séance du 10 novembre); aux cours d'assises et au jury (3 décembre); à l'instruction publique (3 février 1831); au conseil d'État (8 février).

battu l'hérédité de la pairie, il demandait que les pairs fussent nommés à vie par le roi sur des listes de trois candidats présentées par des colléges électoraux particuliers. Des réminiscences de la constitution de l'an III sont faciles à saisir en plusieurs passages, et fournissent une nouvelle preuve de la constance de ses opinions [1]. Quant aux écoles primaires, il les voulait indépendantes de l'Université avec la liberté entière de l'enseignement, qui devait être surveillé et non dirigé par le pouvoir. Ce fut aussi dans cette année que le roi le nomma officier de la Légion d'honneur.

Depuis, il ne reparut pas à la tribune; et, lorsque la Chambre fut renouvelée en 1834, ne se croyant plus capable, à cause de son âge et de l'approche des infirmités, de remplir tous les devoirs de député, il résolut de renoncer au titre et remercia les électeurs de Brest, qui se faisaient un honneur de lui conserver la candidature. Toutes les tentatives pour le rappeler à des fonctions qu'il avait définitivement abdiquées furent désormais inutiles. En 1837, les électeurs du huitième arrondissement de Paris le pressèrent donc en vain de changer de résolution. Sollicité de nouveau par eux, en 1839, il resta pa-

[1]. En 1818, il s'était déclaré pour une pairie héréditaire (*Garantie individuelle*, p. 202), mais il raisonnait dans le système de la légitimité, et supposait l'existence non d'une Chambre des pairs seulement, mais d'une pairie véritable. En 1831, il considérait, en quelque sorte, la Chambre des pairs comme un milieu entre le conseil des Anciens de la constitution de l'an III, et la pairie de la charte de Louis XVIII.

reillement inébranlable, et leur répondit par la lettre suivante :

« Messieurs, je suis très-reconnaissant de la bienveillance dont vous continuez de m'honorer, mais je ne dois ni demander ni accepter des fonctions qu'il ne me serait plus possible de remplir avec l'assiduité qu'elles exigent. Vos suffrages auront, à tous égards, un plus heureux résultat, s'ils se portent sur mon confrère à l'Institut, M. David, célèbre artiste, excellent citoyen, à l'élection duquel applaudirait la France entière. Il vous appartient par ses sentiments patriotiques, par la loyauté de son caractère, et par les rapports de son art avec les industries qui distinguent si honorablement le huitième arrondissement de la capitale. A tous ces titres, ce choix sera digne de vous ; en joignant mon suffrage aux vôtres, je répondrai, autant qu'il est encore en mon pouvoir, à la confiance dont vous avez bien voulu m'offrir un nouveau témoignage. Je suis, etc., votre dévoué concitoyen,   Daunou. »

Dans un autre ordre de fonctions, il avait été nommé, en juillet 1834, membre de l'un des comités institués par M. Guizot au ministère de l'instruction publique pour la publication des documents inédits de l'histoire de France; et dans le mois de janvier 1838, le conseil municipal de la ville de Soissons l'avait choisi pour l'un des juges du prix de douze mille francs à décerner à la meilleure histoire de cette ville. Enfin, le 16 mars de la même année, il fut élu secrétaire perpétuel de l'Académie des Inscriptions en remplacement de feu M. de Sacy, ce qui lui fit aussitôt résigner la direction du *Journal des Savants*. Depuis le commencement de 1829, il était membre de la commission des impressions gratuites à l'imprimerie royale[1].

S'il accepta, en novembre 1839, des mains de M. Villemain, ministre de l'instruction publique, la dignité de pair de France, ce fut moins parce qu'il était personnellement flatté de cet honneur, que par la crainte de déposséder l'Académie des Inscriptions et Belles-Lettres d'une marque de distinction qu'il supposait accordée au secrétaire perpétuel, et que M. de Sacy avait reçue[2]. Mais quoiqu'il ait assisté quelquefois aux discussions de la Chambre des pairs, sa carrière législative s'est, à vrai dire, terminée en 1834. Il se retira de la scène politique tel qu'il y était entré, avec les mêmes principes et le même drapeau, après avoir donné l'exemple d'un patriotisme et d'une probité à toute épreuve, et contraint ses adversaires mêmes à convenir que nul n'avait traité les affaires de son pays avec plus de conscience et de dignité.

Il me reste, avant de parler de ses travaux purement littéraires, à présenter quelques extraits de ses écrits, qui achèveront de faire connaître ses doctrines politiques, constamment confir-

---

[1]. En décembre 1830, il fut nommé par le garde des sceaux membre de la commission chargée d'examiner d'importantes questions relatives à l'existence et aux travaux de l'imprimerie royale.

[2]. Mais M. de Sacy était déjà pair de France lorsqu'il fut nommé secrétaire perpétuel.

mées par ses actions, je pourrais dire par ses habitudes.

Quoiqu'il professât les opinions les plus libérales, et qu'il fût toujours attaché au parti populaire, il ne faudrait pas s'imaginer qu'il fît consister le souverain bien pour une nation dans la jouissance de la liberté publique; loin de là il préférait de beaucoup à cette liberté les institutions propres à garantir à chaque citoyen la sûreté de sa personne et de ses propriétés. « Dans les républiques, dit-il, on s'était beaucoup plus occupé de la part que chacun aurait aux délibérations et résolutions politiques, que de la sûreté des personnes et des propriétés, que du libre exercice de l'industrie et de l'indépendance des opinions. Tout y était sacrifié à des intérêts généraux, qu'on envisageait comme distincts de tous les intérêts particuliers, et qui fort souvent, en effet, se conciliaient fort mal avec eux. On aspirait à une sorte de grandeur nationale compatible avec le malaise domestique de la plupart des citoyens[1]. » Et ailleurs : « Les Italiens du moyen âge n'avaient à peu près aucune idée des garanties individuelles, dans lesquelles la véritable liberté consiste. A peine avaient-ils songé à pourvoir à la sûreté des personnes et des propriétés : bien moins encore aspiraient-ils à la liberté de l'industrie, des opinions et des consciences. L'exercice des droits de cité, la part que chaque citoyen devait avoir aux élections et délibérations publiques, voilà presque

---

1. *Garanties individuelles*, 1819, p. 132 et 133.

l'unique sens qu'ils attachaient au mot liberté; et s'il fallait indiquer la cause la plus générale de tous leurs désastres avant et après 1492, nous serions fort enclins à la trouver dans cette erreur[1]. » Il ne porte pas un jugement plus favorable sur le gouvernement athénien, lorsqu'il dit : « Comment approuver ou excuser un système politique où l'on condamne Socrate, où l'on exile Aristide, Thucydide et Xénophon; où l'on rappelle Alcibiade; où les résolutions les plus sérieuses se prennent et se révoquent avec une égale légèreté; où il suffit de flatter les passions de la multitude pour diriger les délibérations; où l'intrigue et la corruption s'introduisent jusque dans les rangs les moins élevés; où toutes les ambitions hardies et toutes les volontés opiniâtres sont sûres de l'emporter sur les vertus modestes et sur les conseils de la sagesse[2]? »

S'il ne nomme que le gouvernement d'Athènes, il ne frappe pas moins de sa réprobation tous ceux qui peuvent y ressembler. Il va même jusqu'à faire bon marché de la liberté politique, en prétendant qu' « une société où l'on parviendrait à mettre les gouvernés à l'abri de toute oppression, serait déjà si heureuse, qu'on pourrait bien abandonner aux gouvernants le soin de la rendre de plus en plus prospère[3]. » Mais il ne se dissimule pas que les garanties individuelles ne suffisent point aux ambitieux,

---

1. *Journal des Savants*, 1818, p. 176.
2. *Cours d'histoire*, t. I, p. 331.
3. *Garanties individuelles*, p. 4.

et qu'il leur faut non des sûretés, mais des emplois, des honneurs, du pouvoir [1].

C'est surtout dans un ouvrage publié en 1818, sous le titre d'*Essai sur les garanties individuelles* [2], que dans la maturité de l'âge et le calme des passions politiques, il a exposé le système des institutions que son expérience jugeait les plus favorables au bonheur des peuples. Ramenant les conditions d'un bon gouvernement à la jouissance assurée aux citoyens d'un petit nombre de garanties principales, il demande pour eux : d'abord le jury, institué dans une entière indépendance du pouvoir et chargé de porter son jugement sur tous les crimes, plus l'inamovibilité et l'indépendance des juges; ensuite le vote de l'impôt et la promulgation des lois dans une assemblée de représentants librement, régulièrement et périodiquement élus *par tous* les véritables actionnaires de la société; puis la liberté de l'industrie et celle des opinions, enfin la liberté de conscience.

Dans tout son ouvrage, il montre une très-grande défiance envers le pouvoir; mais on ne doit pas s'en étonner : cette défiance lui était particulièrement commandée par son sujet. Du reste, les précautions qu'il conseille sont très-sages, très-légitimes et nullement superflues; tout le monde aussi, je crois, les

---

1. *Garanties individuelles*, p. 7 et 8.
2. L'*Essai sur les garanties individuelles* a d'abord été publié en 1818 dans le *Censeur européen*. Il en a paru une nouvelle édition en 1819 et une autre en 1822. Il a été traduit en espagnol et en grec moderne.

trouvera suffisantes. Il est assurément regrettable, qu'après avoir indiqué les garanties à prendre par la société contre le pouvoir, il n'ait pas indiqué celles qui devaient être prises par le pouvoir contre les factions, ou, pour parler plus juste, par la société contre des parties d'elle-même. C'est en effet seulement par la combinaison de ces deux systèmes de garanties que la sûreté des personnes et des propriétés peut être complétement obtenue. Il ne pouvait d'ailleurs se montrer hostile à la puissance publique dont il donne cette définition : « Elle empêche, dit-il, que nous ne soyons sans cesse exposés aux agressions et aux violences d'autrui ; elle tend à préserver de tout attentat particulier nos personnes, nos biens, notre industrie, l'exercice raisonnable de nos facultés. Que ceux qui veulent commettre ou qui ont commis ces attentats, se plaignent de cette puissance tutélaire et protectrice : elle est leur ennemie, ils sont naturellement en guerre avec elle [1]. » Il la voulait même forte et respectée. « Il faut, dit-il encore dans le même ouvrage, que chacun soit maître chez soi, et que le gouvernement le soit dans l'État. Hors le cas de la violation des garanties, tout provocateur ardent de réformes politiques, de modifications aux lois qui concernent les élections publiques et qui règlent l'exercice des droits de cité ; de changements dans la nature, la distribution et les dépositaires du pouvoir, est, à coup sûr, un ambitieux, ou l'organe, le complice ou l'instrument passif de quelque

---

1. *Garanties individuelles*, p. 2.

faction. Si ses concitoyens ont l'imprudence de le seconder, il va les ramener, à travers les désordres et les désastres, à la servitude [1]. » Un peu plus loin il s'exprime ainsi en parlant d'une certaine espèce d'opposition : « Des hommes publics ou privés, résolus d'avance à contredire en tout point le pouvoir, sont infailliblement ou les ennemis de la tranquillité de l'État, ou des ambitieux ligués contre les ministres auxquels ils sont impatients de succéder, ou de misérables intrigants qui mendient des emplois par des menaces et demandent des grâces à main armée [2]. »

C'était en 1818 qu'il écrivait cela. Ailleurs les prérogatives de la Chambre élective sont, sur plusieurs points, resserrées en des limites qui pourraient aujourd'hui paraître un peu étroites. « Dans une monarchie, ce sont ses termes, il est à désirer que cette Chambre se montre fort peu jalouse d'exercer aucune initiative, et qu'elle n'accueille qu'avec infiniment de réserve les propositions nées dans son sein. Si au lieu d'approuver et de rejeter les projets que le gouvernement lui présente, elle se plaisait à les modifier ; si elle délibérait sur des amendements, sur des articles additionnels que n'aurait point expressément adoptés le pouvoir au nom duquel ces projets lui sont apportés, on ne devrait attendre d'elle que de bien mauvaises lois et de bien médiocres services en ce qui concerne les garanties, objet

---

1. *Garanties individuelles*, p. 194.
2. *Ibid.*, p. 196.

essentiel de son institution. Il s'ensuivrait surtout un désordre extrême, ajoute-t-il, au sujet des représentants, si chacun d'eux venait à se considérer comme un solliciteur d'affaires locales ou personnelles [1]. » Personne, on peut l'affirmer, n'est moins tombé que lui dans cette faute, et n'a réprouvé davantage le gouvernement du pays par la satisfaction des intérêts individuels de localité ou de parti.

En résumé, les maximes politiques de M. Daunou, quoique favorables au système républicain, ne sont pas exclusives d'un autre système, dans lequel la liberté civile et la liberté religieuse seraient garanties; et, quoique extrêmement libérales, elles paraissent parfaitement compatibles avec le pouvoir nécessaire pour le maintien de l'ordre public. Elles n'ont, à mes yeux du moins, rien d'abstrait, rien d'impraticable, et sont le produit de l'expérience bien plus que de la spéculation. Il est d'ailleurs évident que l'auteur les a puisées toutes dans sa conviction intime, dans son amour pour son pays, dans l'unique pensée d'être utile à la société.

Quelque jugement qu'on porte de ses opinions, on ne pourra s'empêcher de convenir que cet homme de bien, que ce vertueux citoyen les proclamait à la tribune et les répandait par la presse, non pour se ménager dans les affaires publiques une influence plus dangereuse que salutaire, non pour acquérir la célébrité et la popularité au péril de sa cause, et

---

1. *Garanties individuelles*, p. 190 et 191.

souvent aux dépens de sa patrie, mais pour faire triompher ce que, d'après les lumières de son esprit, dans la pureté de son cœur et la sainteté de ses vœux, il croyait vrai, utile et juste.

Mais s'il n'a laissé en politique, au jugement de tous les partis, que des maximes et des actes honorables, nous allons voir qu'il n'a laissé pareillement en littérature que de saines doctrines et d'excellents modèles.

SECONDE PARTIE.

M. Daunou fut attiré dans la carrière des lettres par les concours académiques. Nous avons dit que son mémoire sur les limites de l'autorité paternelle obtint, en janvier 1788, le premier accessit à l'Académie royale de Berlin; mais longtemps auparavant, en 1783, l'Académie royale de Nîmes avait proposé pour sujet de prix cette question : *Quelle a été l'influence de Boileau sur la littérature française?* et le discours qu'elle avait couronné, dans sa séance solennelle du 5 mai 1786, était celui de M. Daunou. Ainsi le jeune oratorien fit avec honneur son début dans la littérature, en se plaçant sous le patronage d'un grand maître dont il devait observer fidèlement les préceptes. Déjà l'une des qualités principales de ses écrits était le goût, qui, suivant lui, exige la connaissance du vrai, et consiste dans le sentiment du beau [1]. Un esprit juste, une âme sensible, dit-il, voilà le goût [2]; appliqué à l'examen des ouvrages d'autrui, c'est la critique [3]; et du jugement appliqué à la littérature naît la pureté du langage, la justesse des expressions, la sagesse du style. Mais il y a encore d'autres qualités que le jugement ne suppose

---

1. *Influence de Boileau*, p. 8.
2. Page 22.
3. Page 30.

pas, comme l'imagination et le savoir. La réunion de ces trois qualités forme à ses yeux le caractère du bon écrivain. « Lui ravir, dit-il, en parlant de Boileau, le nom de poëte, parce qu'il a toujours conservé le ton propre au genre qu'il traitait, c'est s'imaginer que l'art consiste à blesser les convenances et à sortir de la nature. Expressions pittoresques, images sensibles, harmonie dans le style, noblesse dans la pensée, force et rapidité dans le raisonnement, mœurs aimables, sentiments vrais, voilà l'essence de la poésie, et voilà celle de Despréaux [1]. »

L'auteur, en rappelant ce qu'était la littérature avant Boileau et ce qu'elle fut après, rend sensible la révolution qu'elle éprouva de son temps, et démontre que cette révolution, contemporaine des ouvrages du grand satirique, en fut, au moins en partie, la conséquence, ses écrits et ses conseils ayant contribué aux progrès de la langue, de la versification et du goût.

Ce discours facilement et purement écrit, d'un style animé, élégant, orné même, se recommande encore par la clarté et la noblesse de la pensée, comme par la justesse et le choix de l'expression. Lorsqu'il l'eut publié, en 1787, il s'engagea dans la polémique sur Boileau, que le concours ouvert par l'Académie royale de Nîmes avait excitée, et prit, dans le *Journal encyclopédique*, tantôt la défense de ses propres opinions, tantôt le parti de l'Académie

---

1. *Influence de Boileau*, p. 14.

et de la congrégation de l'Oratoire, qui elles-mêmes avaient été mises en cause[1].

Ensuite il s'essaya dans la poésie, et le même journal donna, en 1788 et 1789, trois pièces de vers dont il est l'auteur. La première, ayant pour titre *Les heureux effets de l'indulgence*, est un petit conte écrit d'une manière plus ingénieuse que poétique. La seconde consiste dans une traduction libre de la fin du septième chant de la *Lusiade*[2]. La troisième, intitulée *Épître à Fléchier*[3], a plus d'étendue et plus de mérite que les deux autres. L'auteur, après avoir placé l'éloge du roi et du ministre Necker à côté de celui du pieux et éloquent évêque de Nîmes, s'exprime ainsi vers la fin de son poëme :

Tu chérirais, Fléchier, notre philosophie,
Non celle qui, dit-on, des autels ennemie,
Tristement se tourmente, aveugle en sa fureur,
A briser les soutiens du solide bonheur,
Et contre l'Éternel, contre ses lois suprêmes,
Rajeunit vainement de surannés blasphèmes ;
Mais celle que l'on voit, plus digne de son nom,
Écouter sans orgueil la timide raison,
Douter avec sagesse, hardiment circonscrire
Du fatal préjugé le trop puissant empire,
Dévoiler à nos yeux l'aimable vérité,
Et venger des humains l'antique liberté.
La liberté, Fléchier, qu'elle eut pour toi de charmes!...

Ces petits poëmes, tous dans le goût philosophique, décèlent en effet le philosophe encore plus que

1. Voy. le *Journal encyclopédique*, 1787, t. VI, p. 151 ; 1788, t. III, p. 135, et t. VI, p. 483.
2. *Journal encyclopédique*, 1788, t. IV, p. 297 ; et t. VI, p. 478.
3. *Ibid.*, 1789, t. IV, p. 290.

le poëte. Bientôt apparaît le partisan de la révolution, et l'homme de lettres se transforme en publiciste. Mais déjà nous pouvons reconnaître dans les articles qu'il publiait en 1790 et 1791 la manière qui distingua plus tard le principal rédacteur du *Journal des Savants* et l'auteur de la *Notice sur Chénier*. « Je n'entreprends point, dit-il, dans ses Réflexions sur un chapitre du *Contrat social*, une déclamation contre un philosophe célèbre, mais l'examen de son opinion sur un sujet important. Le *Contrat social* est du nombre de ces imposantes productions de l'esprit humain qui sont destinées à opérer dans les idées et dans les choses les plus étonnantes révolutions. De tels ouvrages ont des droits à la reconnaissance et au respect des peuples, et ce n'est qu'avec une religieuse timidité qu'il peut être permis d'en observer les taches[1]. »

Dans ses *Réflexions sur la Constitution française*, il sait déjà unir l'audace à la réserve : attentif à mesurer ses droits de même que ses devoirs, il se montre résolu de faire un libre usage des premiers, comme de se maintenir dans l'observation religieuse des seconds. Il commence en ces termes : « Lorsqu'un citoyen croit découvrir des taches dans la loi, il faut qu'il sache douter de ses opinions, et qu'il ne sache pas douter de l'obligation d'obéir. Mais la loi n'enchaîne pas la pensée; et si elle punit la calom-

---

1. *De la Religion publique*, ou *Réflexions sur un chapitre du Contrat social*, dans le *Journal encyclopédique*, 1790, t. I, p. 456.

nie et la sédition, elle permet, elle protége la libre communication des vues politiques[1]. »

Bientôt un sujet de prix proposé par l'abbé Raynal, et mis au concours par l'Académie de Lyon, séduisit M. Daunou, et le rappela dans la lice académique, au moment où il était près de soutenir, à la Convention nationale, une lutte moins heureuse, quoique plus glorieuse encore. *Quelles vérités et quels sentiments importe-t-il le plus d'inculquer aux hommes pour leur bonheur?* Tel était le sujet à traiter. Or, cette question toute philosophique avait intéressé pareillement un jeune officier d'artillerie, et suscité à M. Daunou un concurrent qui, à la vérité, ne paraissait pas alors fort à craindre, mais qui devint peu d'années après un antagoniste redoutable, dans un genre de combat beaucoup plus dangereux. Ce concurrent était Napoléon Bonaparte. Il n'eut pas de bonheur dans cette arène littéraire; car, malgré ce que racontent les compagnons d'exil de l'empereur à Sainte-Hélène, il est certain que ce fut M. Daunou qui remporta le prix[2]; et, suivant la remarque spirituelle de M. Dumas, dans son histoire de l'Acadé-

---

1. *Journal encyclopédique*, 1790, juillet, p. 101. Il avait publié, dans les numéros du 1ᵉʳ et du 15 mars de la même année, une lettre sur les avantages que la littérature française doit retirer de la liberté publique. Dans ses *Réflexions sur la Constitution française*, il s'est proposé de prouver que la souveraineté réside dans la nation; que l'exercice des droits politiques doit s'étendre à tous les citoyens; que le *veto* royal doit être tout au plus suspensif.

2. En juillet 1793.

mie de Lyon[1], « Bonaparte s'est attribué un assez grand nombre d'autres couronnes : il faut laisser celle-ci à M. Daunou[2]. »

Les événements graves et les circonstances difficiles au milieu desquels M. Daunou se trouva jeté, le détournèrent pendant plusieurs années de la littérature. Il n'y fut ramené qu'après avoir pris place à l'Institut, dans la classe des sciences morales et politiques. Outre quelques discours solennels dont on le chargea, il composa sur les travaux de sa classe un assez grand nombre de notices ou de rapports, qui furent lus aux séances publiques[3]. Dans une de ces notices, il parle en ces termes de l'école de Zénon : « Il suffit presque de savoir que Sénèque était stoïcien, pour prendre une haute idée de sa morale. Cette secte dure et sublime est du petit nombre de celles qui n'ont jamais paru méprisables : son nom rappelle de grands souvenirs; et ceux qui la jugent trop austère ne s'éloignent d'elle qu'avec respect[4]. » Plus loin il rend compte d'un mémoire de Mercier sur l'histoire ancienne, dans lequel la certitude historique, en ce qui concerne l'antiquité, est absolument rejetée, et tout travail d'après les

1. Tome I, p. 144.
2. L'impression du mémoire couronné a été empêchée par les événements de la révolution ; mais le manuscrit subsiste, et l'on doit désirer qu'il ne tarde pas à être mis sous presse.
3. Voy. *Documents biographiques sur M. Daunou*, par M. Taillandier, p. 124 et 203; et la note de M. Daunou au bas de la page 21 de sa *Notice sur Ginguené*.
4. Notice lue dans la séance publique du 15 germinal an x (5 avril 1802), p. 4.

historiens anciens sapé hardiment par la base. Quoiqu'il fût loin de partager cette opinion, il l'expose sans la combattre; seulement il se contente d'ajouter avec intention : « Le mémoire que nous venons d'analyser n'a point empêché la classe de s'occuper, durant ce trimestre, de recherches historiques : tous les mémoires dont il nous reste à rendre compte appartiennent surtout à l'histoire[1]. »

Il fit aussi un rapport sur les ouvrages d'histoire pour les prix décennaux; un autre sur la continuation du Recueil des historiens de France, et, comme secrétaire perpétuel de l'Académie des Inscriptions et Belles-Lettres, deux rapports par an sur les travaux des commissions de cette Académie. Enfin il rédigea cinq mémoires pour la collection des Mémoires de l'Institut. Le premier a pour objet les élections au scrutin, et fut lu vers le milieu de l'an VIII (1800). Obtenir de bons choix, et vérifier avec précision le vœu réel des électeurs, telle est la double fin qu'on se propose dans tout système d'élection. L'auteur, s'attachant seulement au second point, recherche : 1° les conditions qu'un mode de scrutin doit remplir; 2° les modes de scrutin employés ou proposés jusqu'à ce jour; 3° les rectifications dont ces modes paraissent susceptibles. Ce sujet, très-étendu et très-compliqué, est examiné sous toutes ses faces et dans toutes ses parties; le calcul vient souvent à l'aide ou à l'appui du raisonnement, et néanmoins la conclu-

---

1. Notice lue dans la séance publique du 15 germinal an X (5 avril 1802), p. 16.

sion que l'auteur tire avec le plus d'assurance de toutes ses recherches, c'est que la simple expression du vœu général est une chose très-difficile à vérifier.

M. Daunou lut ensuite à l'Institut, le 22 brumaire an ix (13 novembre 1800), un mémoire sur la classification des livres enseignée dans plusieurs écoles[1], et, le 2 floréal an x (22 avril 1802), son *Analyse savante et fidèle des opinions diverses sur l'origine de l'imprimerie*. Dans le début de ce dernier ouvrage il s'exprime de la manière suivante : « Nous sommes trop près encore des premiers jours de l'imprimerie pour mesurer son influence; nous en sommes déjà trop loin pour connaître avec certitude les circonstances de son origine. Il est difficile de prévoir ses derniers bienfaits et de discerner ses premières tentatives[2]. » Il se livre ensuite à la discussion très-attentive et très-minutieuse des principaux écrits relatifs à son sujet, et conclut en disant que l'imprimerie tabellaire, ou l'art d'imprimer avec des caractères gravés sur planche, connu en Chine dès le xe siècle, paraît avoir été appliqué par les Européens, au moins dès le commencement du xve, à l'impression des cartes et des images; qu'avant 1440, Gutenberg de Mayence conçut à Strasbourg l'idée des types mobiles, mais que cette idée ne donna lieu, dans Strasbourg et ensuite dans Mayence, qu'à des essais pénibles, dispendieux et

---

1. Mémoires de l'Institut, *Sciences morales et politiques*, t. V, p. 11.

2. *Académie des sciences morales et politiques*, t. IV, p. 448.

improductifs, tant que les lettres ne furent que sculptées sur le bois ou sur le métal; que tout livre imprimé avant 1457 l'a été ou par des planches de bois ou par des caractères de fonte tels que les nôtres, caractères inventés vraisemblablement par Gutenberg ou par Faust, perfectionnés sans nul doute par Schœffer, et employés pour la première fois par Schœffer, Faust et Gutenberg à l'impression de la Bible sans date (dite aux quarante-deux lignes), de six cent trente-sept ou six cent quarante feuillets[1]. Mais ce sont là, comme l'auteur a soin d'en avertir, de simples conjectures et non des faits démontrés.

Dans un quatrième mémoire qu'il écrivit en 1812, et qu'on n'a imprimé qu'après sa mort, il examine si les anciens philosophes ont considéré le Destin comme une force aveugle ou comme une puissance intelligente, et finit par se prononcer pour la dernière opinion. Son cinquième mémoire, composé environ un an plus tard et resté inédit, a pour but de prouver, contre l'assertion de son confrère M. Petit-Radel, que le nom de *Roxolani* désigne un ancien peuple voisin du Palus-Méotide (mer d'Azof), et n'a jamais été appliqué aux Russes; d'où il conclut qu'on ne doit pas s'en servir pour désigner ces derniers, si l'on ne veut accréditer une fausse étymologie et une erreur grave en histoire.

Je ne parlerai du discours qu'il prononça le 2 mai

---

1. Deux exemplaires de cette Bible sont à la Bibliothèque du roi, et un troisième à celle de l'Institut. *Ibid.*

1833, dans la séance publique des cinq Académies, sur le rétablissement de l'Académie des sciences morales et politiques, dont il fut nommé membre, que pour rappeler que, dès l'année 1819, il s'était formé à Paris une société des sciences morales et politiques, divisée en sections, et qu'il avait été placé dans la section législative avec MM. de Broglie, Lanjuinais, Guizot, Benjamin Constant, Grégoire et Étienne[1]. Longtemps auparavant, dans le mois de floréal an IX, il avait été à l'Institut nommé un des quatre commissaires de sa classe, chargés de composer, avec les huit commissaires des deux autres classes, le dictionnaire de la langue française. La commission générale des douze membres, qui devait être présidée par le président même de l'Institut en exercice, choisit pour vice-président M. Daunou. Malheureusement la nouvelle organisation que l'Institut tarda peu à subir ne permit point à la commission du dictionnaire, exclusivement prise désormais dans l'Académie française, de conserver un collaborateur si utile et si profondément versé dans la grammaire et la littérature de notre langue[2].

En 1828, à la mort de l'ancien bénédictin D. Brial, il fut nommé, ainsi que M. Naudet, par l'Académie des inscriptions et belles-lettres, pour continuer le Recueil des historiens de France. Cinq ans après, le tome XIX de ce grand ouvrage fut livré au public; le tome XX parut en 1840.

1. *Moniteur universel*, 1819, 25 avril, p. 500.
2. *Moniteur universel*, an IX, 26 floréal, p. 985; et procès-verbaux de l'Institut du mois de floréal.

Mais ses travaux académiques les plus remarquables sont, à mon avis, ses morceaux d'histoire littéraire. En 1807, la classe d'histoire et de littérature, à la demande du gouvernement, reprit la publication de l'*Histoire littéraire de la France*, et nomma pour ce travail quatre commissaires, qui furent MM. Ginguené, de Sainte-Croix, Brial et Pastoret, auxquels elle adjoignit son secrétaire perpétuel. M. de Sainte-Croix étant mort peu de temps après sa nomination, elle le remplaça par M. Daunou[1].

Les articles de M. Daunou sont si nombreux que je ne puis même en donner ici la nomenclature. Plusieurs sont remarquables par l'étendue, tous le sont par le mérite. En me bornant à ceux qui présentent le plus d'intérêt, je citerai, pour le xiie siècle, les articles de S. Bernard, Pierre le Vénérable, Othon de Frisingue, Étienne de Fougères, Maurice de Sully; et, pour le xiiie, d'abord son discours sur l'état des lettres pendant ce siècle, ensuite les articles de Geoffroy de Villehardouin, Simon de Montfort, Philippe Auguste, l'abbé de Cîteaux Arnaud, plus tard archevêque de Narbonne, Guillaume le Breton, Louis VIII, Jacques de Vitri, Alexandre de Halès, Guillaume d'Auvergne, Vincent de Beauvais, Estienne Boilesve, Guillaume de Rubruquis, Louis IX, Guillaume de Puy-Laurent, S. Thomas d'Aquin, Albert le Grand et Roger Bacon.

Tout le monde, après avoir lu ces articles, avouera facilement que l'ouvrage commencé par D. Rivet,

---

1. Académie des Inscriptions, *Histoire*, t. I, p. 25.

loin d'avoir rien perdu, a beaucoup gagné entre les mains de M. Daunou. Quoiqu'il ne partage pas toutes les opinions de ses religieux prédécesseurs, il leur rend toujours, avec un affectueux empressement, la justice due à leur science comme à leur modestie, et ne s'écarte jamais de la route qu'ils ont tracée. Au caractère sévère de la composition, au ton simple et réservé de l'auteur, à sa méthode, à sa conscience, à l'exactitude des faits et des citations, les lecteurs pourraient se croire encore avec les bénédictins; des qualités supérieures de style, avec une teinte plus philosophique, les avertissent seules de la présence d'un plus habile écrivain, qui sait mettre dans l'érudition tout ce qu'elle peut réclamer de la littérature. Lorsqu'il apprécie le mérite de ses personnages ou de leurs écrits, évitant les lieux communs de l'éloge ou de la critique, il ne dit rien que de précis et de juste, et ne parle pas avec moins de talent que d'équité. Par exemple, a-t-il à porter un jugement sur S. Bernard, il s'exprime en ces termes : « Un cœur tendre et un esprit curieux égaraient Abailard; son adversaire était prémuni contre ces deux genres de séductions : contre le premier, par une vie austère; et contre le second, par une adhésion ferme aux idées généralement reçues, par une invincible horreur de toute opinion nouvelle et même de recherches qui pouvaient conduire à quelque innovation[1]. » Mais il se plaît à déclarer que Bernard avait le cœur noble et pur; qu'il n'a rien

---

1. *Histoire littéraire*, t. XIII, p. 139.

dit qu'il ne crût vrai, ni rien fait qu'il ne crût juste[1]; qu'il a désiré passionnément le bonheur des peuples, alors même qu'il les égarait[2] en prêchant la croisade. « C'est dans ses épîtres, dit-il, qu'on voit immédiatement, et pour ainsi dire en face, l'apôtre et le réformateur de la profession religieuse, le défenseur des croyances universellement reçues, l'ami des papes et leur conseiller quelquefois sévère ; plus souvent le censeur des rois, et presque leur juge ; partout un moine humble et puissant, un lévite ardent et désintéressé, un personnage actif et courageux, un grand homme, dont les opinions ne sont pas toujours saines ni les démarches toujours prudentes, mais dont les mœurs fortes et pures ne sont jamais que des vertus[3]. »

Son discours sur l'état des lettres a mérité surtout de grands éloges. Le savoir, en effet, la critique, le style, tout s'y réunit, pour en faire un ouvrage digne d'être admiré des érudits comme des littérateurs. La manière dont il parle des anciennes compositions en langue vulgaire montre en particulier avec quel tact et quelle finesse il traitait les questions de littérature, et notamment celles qui se rapportent au langage. L'ancienne langue française, dit-il, « exprime en vers plus de détails, mais elle n'en sait relever aucun ; elle affaiblit toujours ce qu'ils pourraient avoir de dignité ; elle ne laisse guère voir que ce qu'ils ont de trivial. Chez elle, ce qui est grand se

1. *Hist. litt.*, t. XIII, p. 143.
2. Page 235.
3. Pages 177 et 178.

déprime, et ce qui est simple devient bas; voilà l'une des causes de l'ennui profond qu'on éprouve en lisant les longs poëmes de cet âge, par exemple, le roman de la Rose : l'expression y est toujours au-dessous de la pensée, quoique la pensée elle-même ne soit pas très-élevée[1]. » Le passage relatif à l'histoire du style ne mérite pas moins d'être rapporté. « Le style, dit M. Daunou, prend en chaque siècle, le caractère des études dominantes. On le voit timide et presque servile lorsque, après de longues ténèbres et aux premiers jours où se renouvelle une instruction saine et classique, l'imitation des anciens modèles semble être encore l'unique talent et la seule perfection possible. Il se hérisse de citations et de science, aux époques où l'érudition récemment éclose, d'autant plus fastueuse qu'elle est moins riche, obtient de l'ignorance qu'elle étonne de superstitieux hommages. Il se montre au contraire léger, précieux, maniéré, si c'est à la subtilité des pensées et aux expressions équivoques ou ambitieuses que les noms de talent et d'esprit s'attachent. Il devient figuré, passionné, emphatique, quand la poésie et les arts d'imagination, par la hardiesse de leurs premiers élans, séduisent et entraînent le plus grand nombre des lecteurs et des auteurs. Dans un âge plus heureux et plus mûr, la politesse des mœurs publiques et le génie des grands écrivains lui rendent ses grâces naturelles, son énergique simplicité, ses couleurs antiques[2]. »

1. Tome XVI, p. 157 et 158.
2. *Ibid.*, p. 162 et 163.

Parlant toujours avec dignité, avec élévation des grandes choses et des hommes éminents par leur caractère, par leurs actions ou par leurs écrits, il varie habilement son style, suivant son sujet, non sans faire usage de cette ironie fine et maligne dont il était d'ailleurs si sobre, quoiqu'il en fût toujours si riche. Ainsi, à propos d'un ouvrage de Richard de Saint-Victor, M. Daunou, pour le caractériser, se contente de dire : « L'auteur avoue qu'il a eu besoin de beaucoup de loisir pour le composer, et il ne disconvient pas qu'il en faut beaucoup aussi pour le lire[1]. » Dans un autre endroit, où il est question de Basile, prieur de la grande Chartreuse, qui composa un Éloge de la vie solitaire, nous lisons : « Parmi les propriétés que l'auteur attribue à la cellule, nous remarquerons celle de rendre tout à la fois l'homme rond et carré[2]. » Et c'est la seule chose remarquable que M. Daunou signale dans cet ouvrage. Ailleurs, au sujet de Gautier de Mortagne, qui, après avoir avancé une certaine opinion sur l'humanité prise par le Verbe, s'en dédit plus tard pour en soutenir une autre, il place cette réflexion, qui peut sembler naturelle, mais qui ne manque pas de malignité : « La rétractation que fait ici le savant auteur nous montre bien qu'on ne doit parler de la double nature et de la personne unique qu'en choisissant et pesant chaque mot avec l'attention la plus scrupuleuse[3]. » Quelquefois même les traits qu'il

1. Tome XIII, p. 478.
2. *Ibid.*, p. 580.
3. *Ibid.*, p. 513.

lance sont peut-être un peu acérés. Baudoin II, évêque de Noyon, dans une lettre au pape Alexandre III, se sert d'un passage d'Horace pour peindre la douleur que lui causent les tribulations de l'église de Cantorbéry; puis il continue avec un ton peu d'accord avec la charité chrétienne : « Qu'il plaise donc à Votre Sainteté d'écraser l'évêque de Londres et les autres malfaiteurs; » ce que M. Daunou accompagne de cette réflexion passablement amère : « Ces expressions et ce sentiment ne sont pas d'Horace, et l'on voit que Baudouin reprend ici le style ecclésiastique [1]. » Mais des exemples d'une telle acrimonie sont très-rares dans M. Daunou, qui garde ordinairement la plus sage mesure.

Les services que l'*Histoire littéraire de la France* a reçus pendant plus de vingt ans de sa collaboration, sont véritablement inappréciables : c'était lui qui présidait et donnait l'impulsion à tout le travail, qui, en quelque sorte, en était l'âme, et qui mettait l'ordre et l'unité nécessaires dans la rédaction. Il est donc permis de dire que ce fut un jour malheureux pour cet ouvrage que celui où il cessa de se rendre dans le sein de la commission chargée de la tâche difficile de le continuer.

Les articles qu'il a composés pour les derniers volumes de la *Biographie universelle* et pour d'autres recueils de ce genre, sont également fort nombreux, puisqu'on en compte environ quatre-vingts [2], et ne

1. Tome XIII, p. 573.
2. Voyez-en la liste dans *Taillandier*, p. 200, 206 et 207.

sont pas écrits avec moins de savoir et de goût. Les plus importants et les meilleurs, à mon avis, sont ceux de Périclès, Polybe, Porphyre, Quintilien, Tacite, Térence et Thucydide. Mais on trouverait dans la plupart, si l'on voulait les passer tous en revue, des pensées ou des formes de style dignes d'être signalées. Dans celui de Périclès, nous lisons que ce grand homme « se montra un peu moins complaisant pour le peuple, et n'en travailla que plus efficacement au repos et au bonheur de sa patrie. » Au sujet des deux lettres écrites à Héloïse par Pierre le Vénérable, après avoir dit qu'une affectueuse et obligeante politesse les caractérise, « Mabillon, continue-t-il, voit même de l'excès dans les éloges dont Abailard et Héloïse y sont comblés; comme si l'on pouvait trop honorer et consoler l'infortune, quand elle n'a été méritée que par des erreurs ou par des faiblesses [1]. » On peut juger du cas qu'il faisait de Tacite par les paroles suivantes : « Son caractère, son génie, et, à vrai dire, tout ce qu'il y a de mémorable dans sa vie, il faut le chercher dans ses ouvrages : c'est là qu'il continue de vivre pour les délices des hommes sages, pour l'effroi des pervers et pour l'instruction de la plus lointaine postérité [2]. » Dans sa Notice sur Zoïle, il prêche en ces termes la liberté des opinions en littérature : « Méconnaître le génie d'Homère n'est assurément point un cas pendable : c'est un travers qui s'est

---

1. *Biographie universelle*, article de Pierre le Vénérable.
2. *Ibid.*, t. XLIV, p. 382.

plus d'une fois renouvelé dans le cours des âges, et qui ne peut devenir dangereux que lorsqu'il excite de la colère, au lieu de l'indulgent mépris dont il est digne. On recommande, on accrédite les fausses théories littéraires, quand on les poursuit comme des délits ou des crimes : il faut permettre l'erreur pour être sûr que la vérité ne sera jamais proscrite. Si Zoïle critiquait Homère à la cour de Ptolémée Philadelphe, il usait d'une liberté pareille à celle qu'on doit avoir aujourd'hui d'admirer le *Roman du Rou*, ou le *Roman de la Rose;* de préférer les troubadours, les trouvères, les romantiques germains, bretons ou scandinaves, à Molière, à Corneille, à Racine, à Despréaux [1]. »

M. Daunou a rédigé, en outre, les notices de plusieurs de ses contemporains, presque tous ses amis. Les unes, savoir : celles de Rulhière, de M.-J. Chénier, Ginguené, La Harpe et Thurot, sont jointes aux éditions de leurs ouvrages; les autres, comme celles de Parent-Réal et de Laromiguière, ont été publiées, celle-ci dans le *Journal de la langue française* [2], celle-là isolément, ainsi que le discours que M. Daunou prononça, le 12 mars 1836, aux funérailles de M. Destutt de Tracy.

Dans sa Notice sur Chénier, il appelle ce poëte un homme excellent, et le meilleur des amis; aussi lui donne-t-il les témoignages de la plus tendre amitié et de la plus haute estime, en disant de lui : « Tous les sentiments honnêtes, humains, vertueux, rem-

---

1. *Biographie universelle*, article de Zoïle.
2. Janvier 1839.

plissaient son âme active. Pour l'estimer et le chérir, il suffisait de le voir de près. » Il dit ailleurs : « Habile autrefois dans l'art de la satire, il avait fini par l'être bien plus dans l'art de louer : véritable et rare progrès du talent littéraire, autant que de la bonté morale. » La manière dont il parle de son savoir n'est pas moins honorable : « Il ne prétendait point à l'érudition, continue-t-il; mais fort peu de littérateurs ont réuni, possédé un plus grand nombre de ces connaissances réelles, de ces lumières véritables et fécondes qui ne prennent que le modeste nom d'instruction, et qui manquent souvent aux érudits. » Toutefois, ne dissimulant pas les reproches que son ami pouvait avoir encourus, il les excuse, ou du moins les atténue, par l'explication qu'il en donne. « Trop souvent victime, dit M. Daunou, il n'a pu se garantir assez d'être injuste; et c'est là le plus grand tort que lui aient fait ses ennemis. » Quant au peu de goût de Chénier pour un certain genre de littérature que l'on exaltait sans doute beaucoup trop, il l'explique dans les termes suivants : « En admirant les traits de génie qui éclatent dans les monstrueuses productions de Shakspeare, Chénier ne concevait pas qu'on pût mettre sérieusement en parallèle avec le théâtre classique des Grecs et des Français, un prétendu genre romantique, ignoble symptôme de la décrépitude de l'art théâtral, quand il n'en est plus le premier essai. Il lui semblait impossible que l'esprit humain rétrogradât, en effet, de Racine à Schiller, à moins qu'on ne s'avisât aussi de renoncer à la philosophie de

Locke pour celle de Kant, et de se replonger, après deux siècles de progrès et de lumières, dans les plus épaisses ténèbres du moyen âge. »

Parmi les qualités précieuses que M. Daunou se plaît à faire ressortir dans l'académicien Ginguené, il en célèbre plusieurs qu'on aurait de la peine à méconnaître en lui-même. Cette *critique souvent piquante et toujours décente ;* cette *probité inflexible*, et ce *respect constant pour les plus minutieux devoirs*, sont l'apanage de l'un et de l'autre; mais, dans ce qui suit, il peint mieux encore son propre caractère. « Personne, dit-il, ne portait plus loin cette politesse exquise et véritablement française, qui n'est au fond que la plus noble et la plus élégante expression de la bienveillance. » On disait Ginguené fort susceptible; en effet, poursuit son biographe, « il ne souffrait aucun procédé équivoque, et voulait qu'on eût avec lui autant de loyauté, autant de franchise, qu'il en portait lui-même dans toutes les relations sociales. Il n'y avait là que de l'équité; mais c'était, il faut en convenir, se montrer fort exigeant ou fort en arrière des progrès que la *civilisation* venait de faire de 1800 à 1814[1]. »

On peut remarquer aussi dans la même Notice quelques mots un peu malins sur l'Académie française, et une assez forte empreinte de haine contre Napoléon. En général, elle n'est peut-être pas écrite avec autant de réserve que ses autres ouvrages, quoiqu'elle n'en soit pas moins riche de pensées

---

1. *Notice sur Ginguené*, p. XXIX.

fines et d'expressions heureuses. M. Daunou avait déjà payé un tribut d'hommages à son ami et son confrère à l'Institut, en prononçant, le 19 novembre 1816, un discours sur sa tombe.

Le discours sur La Harpe est très-étendu. L'auteur, après avoir raconté la vie de ce critique célèbre, procède à l'examen de ses écrits. Chacun d'eux, si court qu'il soit, est apprécié avec beaucoup d'attention, d'impartialité, de sagesse. Il n'est pas jusqu'à la petite chanson *O ma tendre musette* qui ne devienne l'objet de ses remarques ; il en parle même avec une sorte de plaisir, et l'on dirait que le souvenir de sa jeunesse vient encore prêter son charme à celui de cette légère et jolie composition. Il examine et pèse fort scrupuleusement les opinions et les jugements exprimés dans le *Lycée* ; il signale les beautés et les défauts du livre, et supplée quelquefois lui-même aux omissions. Par exemple : « Le discours de Bossuet sur l'Histoire universelle, dit-il, n'inspire à La Harpe qu'un fort petit nombre de réflexions communes : il ne distingue pas les trois parties de cet ouvrage ; il n'admire point l'étroite liaison des faits rassemblés dans la première, où tant d'origines, de catastrophes et de noms célèbres semblent se disposer d'eux-mêmes dans le seul ordre qui leur convienne. Il ne dit pas que la seconde partie est ce qu'on a écrit de plus éloquent en faveur de la religion chrétienne ; ni combien la troisième, où l'auteur envisage les révolutions des empires, est riche encore d'idées profondes, d'expressions fortes et de traits sublimes. » Puis, en parlant du plan d'après lequel l'histoire de toutes les nations est rapportée à celle du peuple juif. « C'est à ce plan, continue-t-il, que Bossuet doit l'unité, le coloris et la magnificence de ce tableau immortel ; nulle part, l'histoire et l'éloquence n'ont été mieux associées. Quand Bossuet compose des oraisons funèbres, l'idée de la mort le poursuit sans cesse, lui et les grandeurs qu'il célèbre : cette austère idée vient se mêler à toutes les peintures qu'il trace, et les effacer en quelque sorte au moment où il les achève : on dirait qu'il n'exalte ses idoles que pour les renverser de plus haut, qu'il ne les pare avec magnificence que pour les ensevelir[1]. »

Connaissant à fond toutes les parties du sujet qu'il traite, toutes celles qui viennent y confiner, et notamment l'histoire littéraire du XVIIIe siècle, M. Daunou répand partout l'instruction et l'agrément dans cet excellent discours, qui peut passer pour l'une de ses meilleures productions. Il est d'ailleurs bien plus le défenseur que l'accusateur de La Harpe, et finit par déclarer que son Cours de littérature est le meilleur cours de critique littéraire qui existe en aucune langue[2].

En sa qualité de secrétaire perpétuel de l'Académie des Inscriptions et Belles-Lettres, il a composé pour l'histoire de cette académie les notices de plusieurs de ses confrères, savoir : de MM. de Sacy, Vanderbourg, Van Praët et Caussin de Perceval, et commencé celle de M. Mongez, que la mort l'a empêché de finir. Il est aussi l'auteur de la notice sur D. Brial,

1. Pages CLIII et CLIV, édition de 1826.
2. Page CLXXIX.

imprimée à la tête du dix-septième volume de l'Histoire littéraire de la France. Dans celle de M. de Sacy, il professe, comme on devait s'y attendre, une vive admiration pour les travaux immenses de ce grand orientaliste, et une vénération profonde pour son caractère. Ce n'est pas seulement un hommage commandé par le devoir et dicté par l'opinion publique, c'est encore le tribut spontané de ses sentiments intimes qu'il lui paye dans ces belles pages écrites avec une urbanité et une élégance continues ; et quand il parle de *cette bonté indulgente* de M. de Sacy, dont *on a pu, à mesure qu'il avançait en âge, remarquer les progrès dans ses mœurs et jusque dans sa physionomie*[1], on sent qu'une sympathie mutuelle devait régner entre eux. Malgré la divergence de leurs opinions sur les matières les plus graves, et le contraste de leur conduite politique, ils avaient un fonds commun de lumières et de probité qui les rapprochait, et l'on n'est pas surpris de voir le chrétien royaliste jugé avec autant de justice et de dignité par le philosophe républicain. Cette belle notice, dans laquelle je ne crois pas qu'on trouve une pensée, une locution, un mot même à reprendre, peut être considérée comme le chef-d'œuvre de la notice historique et littéraire, et comme un des morceaux de notre langue écrits avec le plus de pureté.

Enfin, parmi ses autres notices académiques, qui toutes sont pleines de convenance et rédigées avec soin, il y en a une qui attache particulièrement le

1. *Notice de M. de Sacy*, dans les Mémoires de l'Académie des Inscriptions, t. XII, part. I, p. 529.

lecteur par un ton affectueux et de bienveillante estime à l'égard du savant modeste qui en est le sujet : c'est celle de l'excellent M. Van-Praët, dont les *services,* dit M. Daunou, *resteront célèbres, quoiqu'il n'ait jamais songé qu'à les rendre utiles* [1], et qui fut aussi aimable *par la parfaite bonté de son caractère, et par l'aménité de ses mœurs*, qu'il est digne d'être regretté de tous les gens de lettres, pour les secours sans nombre et sans prix qu'ils en ont reçus.

Le Journal des Savants, dont M. Daunou dirigea pendant plus de vingt-deux années la publication, offrit un champ aussi vaste que fertile à son talent supérieur pour la critique littéraire. On y compte cent quatre-vingt-quatre grands articles dont il est l'auteur, sans parler des articles de *nouvelles* placés à la fin de chaque cahier. Théologie, jurisprudence et féodalité ; métaphysique, grammaire, rhétorique, poésie, théâtre et romans ; calendrier, chronologie et histoire générale ; histoire des religions, des sectes et des croisades ; de la Grèce, de Rome et du Bas-Empire ; de France, de Norwége, de Russie, d'Allemagne et d'Italie ; d'Asie et d'Amérique ; antiquités, histoire littéraire ancienne et moderne, bibliographie et biographie : en un mot, les genres de littérature les plus variés et les plus intéressants deviennent tour à tour l'objet de son examen.

Dans sa critique fine et spirituelle, assez souvent piquante et maligne, il conserve toujours le carac-

---

1. M. Daunou avait déjà dit en 1818, dans sa notice sur Chénier : « L'auteur qui avait aspiré à se rendre utile, ne réussit qu'à devenir plus célèbre. »

tère d'un juge équitable et consciencieux, sans jamais cesser d'être bienveillant et même porté à l'indulgence. Rempli d'égards pour les auteurs, il ne se permet pas envers eux la plus légère personnalité, et s'exprime constamment de la manière la plus polie quand il parle de leurs travaux, même lorsqu'il en relève les imperfections : s'il se montre sévère, ce n'est que contre les mauvaises doctrines et les faux principes. Chez lui les éloges sont distribués avec discrétion, et la censure, si elle pouvait devenir rigoureuse, n'en serait pas moins tempérée par l'urbanité : maître de ses impressions comme de sa plume, il est calme et grave, et n'a jamais le ton d'un détracteur ou d'un enthousiaste.

Ce qu'on remarque d'abord dans ses articles, c'est qu'il a pris la peine de lire les ouvrages dont il rend compte; et ce qui n'est pas moins digne d'être signalé, c'est qu'il n'en parle pas autrement qu'il n'en pense. Souvent, à la vérité, il ne dit pas tout, mais il n'est pas nécessaire de tout dire pour se faire comprendre; il suffit de mettre les lecteurs en état de juger sainement eux-mêmes du mérite des ouvrages, et, ce devoir, M. Daunou le remplit religieusement, sans se laisser arrêter par aucune considération personnelle, et sans faire acte de complaisance ou de désobligeance pour qui que ce soit. Aussi tous ses jugements ont-ils une si grande autorité, qu'ils peuvent passer pour des oracles en matière d'érudition et de goût. Lui-même, apôtre fervent des vraies doctrines historiques et littéraires, il a, dans le Journal des Savants, contribué, autant et peut-être plus que personne en France, à étendre et fortifier leur empire.

M. Daunou a composé en outre plusieurs ouvrages à la demande du gouvernement : l'*Essai historique sur la puissance temporelle des papes* est le plus considérable et le plus célèbre. Sans avoir jamais eu la pensée de le désavouer, il ne jugea pas à propos d'y mettre son nom. Il feignit même que c'était la traduction d'un manuscrit espagnol découvert à Saragosse par des Français au mois de novembre 1809, et que l'auteur en était inconnu, ou du moins qu'on ne le connaissait pas d'une manière assez positive. Il m'est impossible de découvrir le motif d'une pareille fiction, si contraire au caractère de M. Daunou, et à laquelle, du reste, il ne s'est pas autrement mis en peine de donner une couleur de vérité. Néanmoins, en observant que le sujet n'était pas de son choix, s'il était de son goût, et que composer un livre de ce genre, c'était peut-être trop pour l'ancien oratorien et trop peu pour le philosophe, on pourra concevoir qu'il ait eu quelque scrupule de le traiter entièrement comme un enfant légitime et de l'honorer de son propre nom.

Cet ouvrage de circonstance, que l'auteur appelle modestement un *faible et trop rapide essai*, contient le résumé exact et savant tant de l'histoire personnelle des papes que des principaux actes de la cour romaine. Les preuves sont abondantes et les citations précises ; la forme est sévère, et le style peu orné, quoique toujours coulant et pur. Les faits se pressent ; au contraire, les réflexions et les jugements ont été fort épargnés. Mais, pour être rares, ils n'en sont pas moins rigoureux quelquefois. Nous y lisons ce qui suit : « Le fait le mieux démontré pour toute l'histoire moderne, est que la papauté, telle qu'elle est devenue depuis le ixe siècle, a été d'âge en âge la principale cause des malheurs de l'Europe[1]. » La conclusion suivante est de même très-dure. « Non, dit l'auteur, la puissance papale ne saurait survivre à tant de honte : son heure est venue ; et il ne reste plus aux papes qu'à redevenir, comme dans les sept premiers siècles, d'humbles pasteurs, d'édifiants apôtres : c'est une assez belle destinée[2]. » Quant au but politique du moment, il est très-clairement indiqué. Pie VII refusant de nommer aux siéges qui vaquaient alors (en 1809) dans l'Empire, on prétend démontrer qu'un évêque nommé par le prince peut recevoir du métropolitain l'institution canonique, sans qu'il soit nécessaire de recourir à l'intervention du pape. « A l'exemple de saint Louis et de Charles VII, le gouvernement français, continue M. Daunou, peut, sans nul doute, publier une pragmatique sanction, qui, conforme en tout à l'Évangile, aux maximes de l'Église gallicane, aux constitutions et aux lois civiles de l'Empire, rappelle enfin le pontificat à sa modestie primitive, et l'oblige à redevenir édifiant, ou l'empêche au moins de nuire plus longtemps à la religion chrétienne et à la tranquillité des peuples[3]. »

1. Tome I, p. 403 et 404, édition de 1818.
2. Page 386.
3. Tome II, p. 36.

Quoique la religion y soit partout respectée, l'ouvrage est, comme on le voit, extrêmement hostile à la souveraineté temporelle de l'évêque de Rome; l'extinction absolue de cette souveraineté y est demandée expressément[1]. Il est donc permis de craindre que les papes n'y obtiennent pas tous une impartiale justice. Léon X, Benoît XIV et Clément XIV sont, pour ainsi dire, les seuls qui soient loués; mais ces deux derniers le sont cordialement et sans réserve.

Je ne prendrai pas sur moi de condamner ou de défendre ce livre, dont le mérite littéraire, tout incontestable qu'il est, frappe peut-être moins que dans plusieurs autres écrits du même auteur; seulement je dirai avec confiance, qu'au milieu des circonstances où il lui fut demandé, M. Daunou crut certainement, en le composant, faire une œuvre d'utilité publique et de bon citoyen.

Ce fut encore pour satisfaire au désir du gouvernment qu'il consentit à terminer et à publier l'*Histoire de l'anarchie de Pologne*, que Rulhière avait écrite pour le ministère des relations extérieures, sans avoir eu le temps d'y mettre la dernière main. On commençait d'imprimer le manuscrit, en le falsifiant dans l'intérêt de la Russie, lorsque le gouvernement, voulant qu'il parût tel qu'il avait été composé, en confia l'édition à M. Daunou. Les onze premiers livres étaient tout prêts pour l'impression; mais il n'en était pas de même des suivants. Des par-

---

1. Tome I, p. 389, et t. II, p. 347.

ties considérables du douzième et du treizième seulement paraissaient achevées. M. Daunou, après les avoir liées entre elles, écrivit le précis des deux derniers livres à l'aide des matériaux laissés par l'auteur; puis il composa sur Rulhière une excellente notice, dont nous avons déjà parlé, et qui fut placée à la tête de l'édition. Le livre, publié en 1807, fut admis, deux ans après, au concours pour les prix décennaux, et présenté par le jury d'examen pour le prix d'histoire. Mais les classes de l'Institut ayant été chargées, par un décret impérial, de revoir le travail du jury, l'ouvrage de Rulhière essuya d'amères censures, et donna lieu à une polémique à laquelle l'éditeur prit part pour le défendre; et qui remplit un grand nombre de pages dans les Rapports sur les prix décennaux. Quant à ces prix mêmes, dont M. Daunou n'approuvait pas d'ailleurs l'institution, on sait qu'il n'en fut décerné aucun.

M. Daunou a de plus travaillé spontanément à plusieurs autres éditions. En 1809, il en publia une des Œuvres de Boileau, qui fut ensuite réimprimée plusieurs fois. Le discours préliminaire et les notes, dans lesquels il a fondu son discours couronné par l'Académie de Nîmes, donnent beaucoup de prix à cette excellente édition. Il a, en outre, composé pour celle qu'il a publiée en 1825, une vie de Boileau, divisée en douze paragraphes. On y trouve tout ce qu'on sait d'intéressant sur ce grand poëte. En parlant des études du jeune Despréaux, « Il fit, comme un autre, dit-il, ce qu'on appelait un cours de philosophie, et en rapporta le seul fruit qu'un bon esprit pût retirer d'un tel genre d'études, un profond mépris pour la scolastique. » Cette biographie, écrite avec une clarté et un goût dignes du sujet, offre d'un bout à l'autre une lecture instructive et agréable.

Parmi les autres éditions auxquelles M. Daunou a prêté l'appui de son nom et de sa plume, je citerai celle de plusieurs ouvrages de M. J. Chénier et de Voltaire; celle de la *Description de la Grèce* de Pausanias, traduite par Clavier; celle de l'*Histoire littéraire d'Italie*, par Ginguené, du Lycée de La Harpe, et des Œuvres posthumes de M. Thurot[1]. Dans l'avertissement qu'il a mis à la tête de l'*Essai sur les mœurs*, il fait une judicieuse critique de cet ouvrage, dont il vante beaucoup les qualités, sans en dissimuler toutefois les défauts. Il donne encore plus d'éloges à la *Henriade*, et porte sur le mérite, tant moral que littéraire, de ce poëme, un jugement qui me paraît bien digne d'être remarqué. Après avoir dit que « peut-être n'aurions-nous pas encore de poëme épique dans notre langue, si nous n'avions eu un Henri IV dans notre histoire, » il continue ainsi : « L'ordonnance de l'ouvrage nous semble, à tous égards, irréprochable, mieux conçue, plus sage, plus savante que celles de la plupart des compositions épiques anciennes et modernes. Une autre supériorité qu'à notre avis on ne saurait contester à la *Henriade*, est de répandre une instruction plus vaste et plus saine. » Et ailleurs : « Les plus saintes maximes de la morale civile et religieuse y

---

1. Voy. *Taillandier*, p. 214 et 215.

sont attachées au nom du meilleur des princes. La *Henriade* a gravé dans les esprits et dans les cœurs français d'ineffaçables sentiments de justice, de bonté, de tolérance, de patriotisme; et nous aurions peine à dire quel autre livre, composé depuis un siècle, a mieux secondé en France le progrès de la civilisation[1]. »

Il me reste encore, pour achever la revue des travaux littéraires de M. Daunou, à m'occuper de quelques-uns de ses ouvrages qui sont inédits. Je me bornerai à faire une simple mention, d'abord de la continuation de l'*Abrégé chronologique* du président Hénault, qui lui avait été demandée par le gouvernement, et que d'autres occupations l'empêchèrent de finir; puis d'un traité fort étendu de bibliographie, dont l'existence a été révélée par M. Taillandier; enfin, d'un ou deux opuscules sur lesquels je ne possède que de vagues renseignements. Mais j'entrerai dans quelques détails au sujet du *Cours d'histoire* que M. Daunou a rédigé pour ses leçons du Collége de France, et qui forme le plus volumineux et peut-être le plus beau de ses ouvrages. Quoique le public ne possède que le discours d'ouverture, le premier volume n'en a pas moins été imprimé presque entièrement par les soins mêmes de l'auteur. L'analyse et des extraits de quelques-uns des volumes suivants ont été publiés dans le *Journal des cours publics*[2].

1. *Voltaire* Dalibon, t. XIII (*Henriade*), avertissement, p. ɪ et v.
2. 1819-1822. *Cours d'histoire de M. Daunou*, 2 vol. in-8.

Le discours d'ouverture est empreint, comme tous les écrits de M. Daunou, de la modestie et de l'honnêteté qui le caractérisent. « Il n'appartient qu'aux Thucydide, telles sont les paroles qu'il adresse à ses jeunes auditeurs, de se destiner à suivre les traces d'Hérodote ; et s'il est un genre d'enseignement auquel je puisse me dévouer sans témérité, c'est celui qui recueille avec zèle l'instruction que les talents répandent, qui réfléchit leur lumière sans aspirer à leur éclat ; celui qui consiste en quelque sorte à étudier publiquement, à rendre compte de ce qu'on a fait pour essayer de savoir ; celui, enfin, par lequel on associe ses auditeurs à ses propres recherches, à ses doutes, à ses tentatives et, s'il y a lieu, aux connaissances que l'on croit avoir acquises[1]. » Cette défiance de soi-même dans un homme d'un si grand savoir était un bel exemple et une excellente leçon. S'il promet peu, on est persuadé qu'il donnera beaucoup plus qu'il ne promet. Il dit ensuite que la plus sainte des obligations que sa chaire lui impose, est de rechercher scrupuleusement la vérité et de l'exposer avec franchise. Puis il continue en ces termes : « J'avoue que parmi les parties que *l'histoire* embrasse dans son immense étendue, je ne choisirai pas de préférence, pour l'objet de mes leçons, celles dont l'examen pourrait sembler le plus hasardeux : mais en traitant celles qui sont ou peuvent être abandonnées à la critique, il ne me suffira point de ne me permettre aucun déguisement, je ne me pres-

---

1. Page 31.

crirai aucune réticence. Je réclame, au nom des élèves qui doivent m'écouter, la liberté de ne les tromper jamais : leur dire la vérité pure et entière est un respect dû à leur âge, un devoir et un droit du mien [1]. » La dignité et l'élévation de ce langage ne pouvaient manquer de concilier au professeur l'amour et le respect de son auditoire.

Après avoir traité dans son premier livre, intitulé *Critique historique*, de la certitude historique en général, et avoir jeté un rapide coup d'œil sur les premiers âges et sur les traditions des peuples anciens, il fait la revue des monuments qui conservent la mémoire du passé, et les reconnaît principalement dans les médailles et les inscriptions, dans les chartes et les autres pièces d'archives, dans les relations contemporaines ou voisines des événements; puis il donne des règles de critique applicables à ces diverses sources de l'histoire. Il passe ensuite aux compilations, aux abrégés, aux extraits historiques, dont les auteurs sont éloignés des temps et des lieux auxquels leurs écrits se rapportent. Dans son deuxième livre, qu'il intitule *Usages de l'histoire*, il traite des leçons de morale que l'histoire présente, des éléments naturels du corps social, des institutions politiques, de la classification des gouvernements. Il traite aussi de la géographie, de la chronologie et des différents systèmes chronologiques, de la manière d'écrire l'histoire, et des qualités d'un bon historien.

1. Pages 34 et 35.

Sorti de ces préliminaires, il propose et suit, pour l'étude de l'histoire, une méthode très-simple, qui consiste à étudier les uns après les autres les meilleurs ouvrages historiques, dans l'ordre des temps où ils ont été composés. Ainsi, commençant par Hérodote, Thucydide, Xénophon et Polybe, il continuera par Diodore de Sicile et Denys d'Halicarnasse. Ensuite il devra reprendre par César, Salluste, Tite Live, Paterculus, Strabon, Josèphe, Tacite, Plutarque. Malheureusement la résignation qu'il fit de sa chaire, dans le mois d'août 1830, en interrompant brusquement ses leçons, nous a privés d'une grande partie du cours qu'il avait entrepris, et qu'il s'était proposé de publier sous le titre général d'*Études historiques*.

Dans le travail qu'il exécute sur tous les historiens du premier ordre, sans toutefois négliger ceux de l'ordre secondaire, le savant professeur commence par tracer leur biographie; puis il rapporte les témoignages des auteurs anciens à leur égard, et les jugements des modernes sur leurs écrits, dont il a soin aussi d'indiquer les principales éditions et traductions; ensuite il se livre à l'analyse de leurs histoires, et termine par un jugement général sur le mérite de chacun d'eux. Il est rare qu'à l'appréciation de leur talent littéraire il ne joigne celle de leurs qualités morales. Ainsi, à la fin de son examen des quatre principaux historiens grecs, Hérodote, Thucydide, Xénophon et Polybe, après avoir dit qu'ils nous offrent des exemples de toutes les perfections du genre historique : « Ils resteront, continue-t-il, au rang des grands modèles et des meilleurs maîtres, et devront cette gloire, trois d'entre eux à leurs talents éminents, tous quatre à leur caractère moral, à la pureté de leurs intentions, à la noblesse de leurs sentiments civiques, à leur incorruptible sincérité. Ils étaient des hommes de bien qui écrivaient l'histoire. Il reste de leur vie politique et privée des souvenirs honorables, et leurs livres sont aussi de bonnes actions, puisqu'ils tendent à éclairer les peuples, à les rendre meilleurs et plus heureux. » De même, dans tout le cours de son enseignement, il s'attache à mêler aux leçons de l'histoire celles de la morale. Il ne se lasse pas non plus de plaider la cause de la justice, et de prendre la défense de la civilisation contre la barbarie, celle des peuples contre leurs tyrans; et lorsqu'il juge les grands personnages historiques, c'est toujours d'après le bien et non d'après le bruit qu'ils ont fait. Les conquérants, de quelque gloire qu'ils aient joui pendant leur vie et quelque admiration qu'ils excitent dans la postérité, ne doivent pas espérer de trouver grâce à son tribunal. Voici comment il parle d'Alexandre le Grand : « Ce sont, dit-il, d'horribles fléaux pour le genre humain que des conquérants tels qu'Alexandre; mais signalons comme une calamité plus funeste encore les éloges qu'on leur prodigue après leur mort, et qui, répétés d'âge en âge, corrompent incurablement la morale publique. On se plaint de l'ingratitude des nations, et en effet elles se sont montrées fort peu reconnaissantes pour leurs libérateurs et leurs bienfaiteurs : en revanche elles l'ont été sans mesure pour leurs oppresseurs et leurs assassins, pour tous ceux qui ont réussi à détruire avec fracas les habitations, les cités, les produits des arts; à exterminer des générations entières, à retarder tous les progrès, à renverser toutes les garanties sociales. Voilà ceux pour qui les poëtes, les orateurs, et, puisqu'il faut l'avouer, les historiens et les philosophes ne cessent de réclamer les hommages de la multitude et de la plus lointaine postérité. »

On sent, à cette réprobation véhémente, que la haine du philosophe pour les conquérants en général n'était pas assouvie dans la seule condamnation du roi de Macédoine, et que peut-être un autre Alexandre qu'il avait bien connu, mais dont il ne profère pas le nom, était présent à sa pensée, et donnait encore plus de vigueur à son pinceau. Ayant donc adhéré au jugement de Sénèque et de Boileau sur le vainqueur d'Arbelles, il proteste avec chaleur contre les éloges que Montesquieu et Voltaire lui ont décernés, et finit par dire : « Qu'il reste donc fameux cet Alexandre par l'immensité de ses inutiles conquêtes; qu'il soit vanté pour quelques consolations fastueuses données à des infortunes particulières au milieu des calamités du genre humain! Pour nous, qui ne connaissons rien d'illustre que la vertu, rien d'héroïque que le bien qu'on fait aux peuples, osons dire que celui qui tuait ses meilleurs amis, qui brûlait des cités florissantes, qui ne conçut l'idée d'aucune institution salutaire, qui s'offensa de la publicité des écrits de son précepteur Aristote, qui ne sut régner que par la terreur des armes, par les mensonges des prêtres et par l'ignorance des peuples, qui n'a légué au monde ravagé que les sanglantes discordes de ses successeurs, n'a pu mériter le nom de Grand que par l'excès des maux consommés en un règne si court. »

Des exemples de cette éloquence mâle et pure brillent en beaucoup d'endroits dans le cours d'histoire que nous analysons. Ils sont vraiment dignes de l'antiquité qui les a inspirés, dignes des grands historiens dont ils accompagnent magnifiquement les immortels récits. Ils témoignent d'une manière éclatante qu'un livre, qui ne peut manquer d'être une des productions historiques les plus judicieuses et les plus savantes de notre siècle, sera en outre un des meilleurs ouvrages de notre littérature.

Après avoir achevé la revue des écrits de M. Daunou, si nous observons les qualités de son style, nous serons forcés d'admirer non-seulement la correction et le goût, la clarté et l'élégance qui ne l'abandonnent jamais, l'esprit, la finesse et l'ironie dont il abonde, mais encore le nerf et la concision, la pompe et la grâce qu'il sait prendre au besoin. Qui sut mieux que M. Daunou porter une attention continuelle à toutes ses paroles, et rendre les nuances les plus délicates de la pensée? Qui fut plus habile à faire emploi du mot propre, à le mettre à sa place? Il règne à la vérité dans ses compositions un art infini; mais cet art se cache avec soin, et la réflexion seule parvient à le découvrir. Prenez bien garde à la manière dont il s'énonce, aux éloges qu'il décerne, aux mérites qu'il fait ressortir; et songez que chaque affirmation peut être à la fois une négation ou une réticence. Par les qualités qu'il loue il laisse deviner celles qui sont absentes; et ce qu'il ne donne pas, souvent il le refuse. Chacune de ses expressions étant pesée et calculée d'avance, on doit faire bien attention à tout ce qu'il dit, et plus encore, s'il est possible, à ce qu'il ne dit point; car, dans ses formes élégantes et polies, s'il aime beaucoup mieux sous-entendre que d'exprimer le mal qu'il pense, il sait, quand il le veut, rendre son silence aussi malin qu'éloquent. Du reste, soit qu'il ne laisse échapper qu'une partie de sa pensée, soit même qu'il la comprime ou qu'il l'enchaîne étroitement, il est incapable de la déguiser, et l'on sent toujours le libre et hardi penseur dans l'écrivain réservé et circonspect.

Conservateur en littérature, quoique innovateur en politique, il resta homme de l'ancien régime par son pieux attachement, par son respect filial pour les grands écrivains tant de l'antiquité que des siècles de Louis XIV et de Louis XV. C'étaient pour lui comme des êtres surnaturels et bienfaisants, auxquels il rendait un culte public, et dont il défendait les autels, avec un cœur et un esprit éminemment français, contre l'invasion de toute idole des pays étrangers. Lorsqu'on essaya de créer un nouveau genre littéraire, en prenant ce qu'il y avait de mauvais dans l'ancien, il fut troublé par cette misérable tentative, et parut craindre un moment la corruption du goût et la ruine de l'art. C'était surtout en 1826 que cette crainte le tourmentait, comme le témoignent les nombreuses et vives sorties qu'il fit cette année contre le romantisme. J'en rapporterai quelques exemples. « Il serait superflu d'ajouter, dit-il quelque part, que les littérateurs romantiques, ceux qui n'admettent à peu près aucune théorie des compositions poétiques, aucune règle constante du bon goût; ceux qui pensent que nul empire légitime n'est exercé sur les beaux-arts que par la mode, le caprice et l'enthousiasme, ne sauraient admirer un classique tel que Térence, ni lui savoir gré des exemples de sagesse, d'élégance et de régularité qu'il a laissés à la comédie moderne. — L'étude immédiate de ses ouvrages, poursuit-il, ne pourrait perdre ses charmes qu'aux époques où des théories fantastiques et de pernicieux exemples menaceraient la saine littérature d'une prochaine décadence[1]. » Ailleurs, il parle du même sujet d'une manière aussi caustique que plaisante. « Le romantisme, dit-il, nous a été importé avec le kantisme ou criticisme, avec le mysticisme et d'autres doctrines de même fabrique, qui toutes ensemble pourraient se nommer obscurantisme[2]. »

Il n'avait pas plus de goût pour les nouvelles écoles, soit philosophiques, soit historiques, qui cherchaient à s'ériger dans le même temps, et qui égarées, suivant lui, par des méthodes fausses, ne faisaient que rendre plus obscur ce qu'elles croyaient approfondir[3]. Il voulait non-seulement qu'on vît de haut, mais de plus qu'on regardât de près; qu'on s'abstînt

1. *Biographie universelle*, article Térence.
2. *Discours préliminaire sur La Harpe*, p. CLXXXI.
3. Voy. l'article Tacite dans la *Biographie universelle*.

de tout système préconçu, ainsi que de toute induction arbitraire, et qu'on ne portât de jugement sur rien qu'après avoir tout connu et tout embrassé. Il sentait combien le demi-savoir, si facile à acquérir, est sujet à se tromper et à tromper la foule ; combien les vues générales, sans l'examen des faits particuliers, sont incertaines ou fausses ; enfin avec quelle assurance on parle lorsqu'on ne sait pas assez pour être en état de douter.

Nous avons déjà vu qu'il n'estimait pas beaucoup la vieille littérature française, soit qu'elle fût écrite dans la langue des trouvères, soit qu'elle le fût dans celle des troubadours. J'ajouterai qu'en général il trouvait peu d'attraits au moyen âge, qu'il appelle énergiquement l'âge de fer du genre humain [1], et qu'il dépeint de la manière suivante : « L'antiquité, quoi qu'on en dise, n'offre point d'exemple d'un joug aussi accablant que celui qu'imposaient à nos misérables aïeux tant d'institutions despotiques, militaires, féodales, sacerdotales, monastiques, scolastiques, imaginées ou perfectionnées depuis le VIe siècle de l'ère vulgaire jusqu'au XIVe [2]. »

C'est surtout pour la scolastique qu'il manifeste une antipathie insurmontable. Elle est, si j'osais m'exprimer ainsi, comme l'ennemi personnel de M. Daunou. Il la met sans hésiter au nombre des barbaries du moyen âge, et ne fait pas un médiocre sujet d'honneur à saint Thomas d'Aquin, nommé, non sans raison, l'ange de l'école, et que, suivant

---

1. *Garanties individuelles*, p. 139.
2. *Ibid.*, p. 140.

lui, on aurait pu dire l'archange, de l'avoir régularisée, autant qu'une méthode si mal conçue pouvait l'être. Quant à certaines opinions hasardées qu'elle a pu produire en théologie, auxquelles un homme sensé comprend difficilement quelque chose, il est d'avis qu'elles peuvent ne pas sembler incontestables, mais qu'il n'est guère possible de les trouver hérétiques ni surtout dangereuses [1].

Ce qui doit étonner beaucoup de la part d'un savant si considérable, et ce qu'il ne m'est guère possible de dissimuler, tant il a pris soin de s'exprimer nettement à cet égard, c'est l'espèce de rigueur avec laquelle il semble avoir traité l'érudition. Ainsi, par exemple, dans son Discours préliminaire imprimé à la tête des Œuvres de Boileau, nous lisons ce qui suit : « Si de toutes les manières de louer Boileau, l'on choisissait la plus fastidieuse, on prouverait savamment qu'il démêle aussi bien qu'un autre le sens d'un texte altéré et mutilé, qu'il est enfin tout aussi bon helléniste que s'il n'avait jamais eu d'autre esprit et d'autre talent. Il s'ensuivrait que les écrivains illustres qui se sont résignés à manquer de cette utile instruction n'ont point assez senti combien il leur était facile de l'acquérir. Un esprit juste et actif est ouvert à toutes les connaissances estimables ; les hommes éclairés deviennent érudits quand ils veulent l'être, et un goût exquis est déjà une grande science [2]. » Son Discours préliminaire sur La Harpe contient un passage plus sévère encore.

1. Voy. *Histoire littéraire*, t. XIX, p. 264 et 265.
2. Page xxxi, édition de 1813.

« Ce n'est pas certes, y est-il dit, qu'il faille regretter de ne point trouver dans son Lycée ce pédantesque étalage de philologie et d'archéologie auquel le nom d'érudition s'applique : La Harpe avait trop de goût pour donner dans ce grossier travers[1]. » Enfin, pour ne pas trop multiplier les preuves, lorsqu'il parle d'un gouvernement rétrograde qui se proposerait de fausser les institutions, et d'un régime où l'on voudrait éteindre les lumières, il dit : « Si l'on juge à propos qu'il y ait des savants, on décernera ce titre à ceux qui sauront vérifier des particularités indifférentes, découvrir ou expliquer à l'aventure des monuments inutiles, disserter sans fin sur toute minutie surannée qui ne touchera par aucun point aux destinées et aux intérêts des peuples[2]. » Évidemment il ne s'agit ici que des abus et des écarts de l'érudition, ou que d'une érudition sans critique et sans goût; dans ce cas nous ne ferons pas difficulté d'avouer que les qualités qu'il dédaigne ne méritent pas en effet beaucoup de considération. Quant à l'érudition unie au bon sens, la seule qui soit véritable et utile, elle sera toujours digne d'être honorée; et M. Daunou lui-même nous en offre dans ses écrits trop d'exemples, trop de modèles, pour qu'il ait eu la pensée de la proscrire, et pour que nous ne soyons pas autorisés à lui rendre hommage.

Qu'il me soit encore permis de rappeler qu'il n'était pas tout à fait exempt de prévention contre l'Académie française, et que cette illustre compa-

1. Page CLXXVIII.
2. *Garanties individuelles*, p. 152.

gnie, qui se fût empressée de lui ouvrir ses portes s'il eût eu le désir d'entrer chez elle, est devenue quelquefois, comme on l'a déjà observé, un sujet de raillerie pour sa plume maligne. Le trait suivant suffira pour donner une idée de la forme de ses épigrammes. Dans une note sur l'abbé de Saint-Pierre, après avoir remarqué qu'il était mort en 1743, exclu de l'Académie française depuis 1718, « il s'était pourtant intéressé, dit M. Daunou, aux travaux de cette compagnie ; il avait rédigé un *projet pour la rendre utile*. Quelques autres de ses rêves, ajoute-t-il, se sont réalisés [1]. » Ici, comme on le voit, il va jusqu'au dernier terme de l'ironie, mais d'ordinaire il aime beaucoup mieux rester en deçà.

Élevé dans la philosophie de Condillac, il y demeura toute sa vie invariablement attaché, et n'en voulut pas reconnaître d'autre. Il regardait même comme nuisibles les doctrines fondées sur des principes différents. En rendant compte des travaux de la classe des sciences morales et politiques durant le premier semestre de l'an XI, il va jusqu'à dire : « Parmi les erreurs qui composent une si grande partie de l'histoire des siècles, aucune peut-être n'a plus contribué que la doctrine des idées innées à retarder le progrès des véritables connaissances [2]. »

De l'école de Condillac ayant été entraîné à celle des philosophes, il reforma ses opinions religieuses

---

1. *Voltaire* Dalibon, t. XXXVIII, p. 36.
2. *Mémoires de l'Institut, Sciences morales et politiques*, t. V.

sous l'influence de leurs audacieux écrits. Toutefois il n'alla pas d'abord aussi loin que Rousseau, et soutint contre lui que les principes fondamentaux de la religion chrétienne, loin d'être contraires, sont essentiellement favorables à ceux d'une association et d'un pouvoir politiques. Il affirme que le sacerdoce, ramené à sa primitive institution, deviendrait la plus bienfaisante des magistratures, et démontre l'accord du christianisme avec la liberté. « Le christianisme, dit-il, prêche la dépendance, sans laquelle il n'y a point de société ; et il ne prêche pas la servitude, qui dessèche toutes les vertus.... » Il reproche même à Rousseau de nier la possibilité d'une révélation, et de mettre ainsi des bornes à la puissance de Dieu, en méconnaissant celles qui circonscrivent la raison humaine. Mais en même temps il déclare que le christianisme doit être dégagé des souillures qu'il a contractées dans le cours des siècles, et que c'est au Corps législatif qu'il appartient de le purger des abus qui le déshonorent. « Refondez, s'écrie-t-il, ces informes collections de lois bizarres que vous appelez droit canon ; brûlez le concordat ; mais adorez l'Évangile, et, en cessant d'être dupes, ne cessez pas d'être chrétiens [1]. »

Tel était le langage du jeune oratorien en 1790 ; et depuis, sauf quelques paroles véhémentes que, du haut de la tribune de la Convention et du conseil des Cinq-Cents, il lança contre la superstition en

[1]. *Journal encyclopédique*, 1790, t. I, p. 456-463, et t. II, p. 98-107.

général, et sauf son Essai sur la puissance temporelle des papes, je ne crois pas qu'il ait rien publié d'hostile, soit à la religion catholique, soit à la cour de Rome. Tout le monde rendra même justice à l'attention qu'il avait de ne blesser jamais les opinions ou les croyances qui n'étaient pas les siennes. La tolérance, ce premier dogme philosophique, sinon la première vertu des philosophes, habitait dans son cœur et lui faisait un devoir de cette réserve, outre que la loi suprême des convenances, qu'il ne transgressa jamais, eût suffi pour la lui imposer. Aucune dissidence de sentiments ne pouvait l'empêcher d'être juste, et chez lui la droiture était toujours plus forte que les doctrines.

Il professait d'ailleurs et proclamait les principaux dogmes qui sont la sanction de la morale et la sauvegarde de la société. « La simple philosophie, dit-il, par le seul raisonnement, c'est-à-dire par des séries méthodiques d'observations, de déductions et d'analyses, s'est élevée jusqu'aux dogmes qui proclament l'existence et l'unité de Dieu, l'immatérialité des âmes humaines, les récompenses et les peines qui leur sont réservées dans une vie future [1]. » Qu'il me soit permis de rapporter encore ce passage remarquable que j'emprunte à son Cours d'histoire : « Nous retrouvons chez tous les peuples la connaissance et le culte du maître de l'univers, puissance éternelle, sagesse infinie, en qui tout est perfection, par qui tout vit, tout se meut et s'or-

---

1. *Journal des savants*, 1828, p. 562.

donne; à qui sont dus les hommages, l'adoration, l'obéissance de tout ce qui peut sentir, penser et vouloir. Les devoirs des hommes envers l'arbitre suprême de leurs destinées nous seront diversement retracés dans les écrits des philosophes, dans les codes des législateurs, dans les croyances et les pratiques des nations anciennes et modernes. Nous verrons sortir du spectacle admirable de la nature et du tableau des désordres de la société, du sentiment de ce que nous sommes et de ce qui nous manque, l'idée d'une vie future, où l'équité divine doit achever le châtiment du crime et la récompense de la vertu; idée sublime et salutaire, qui domine toutes les parties de la morale, en sanctionne tous les préceptes, donne un motif plus solennel à l'accomplissement de tous les devoirs. » Néanmoins, on ne peut se le dissimuler, il avait entièrement rompu avec l'Église romaine, et les derniers actes de sa vie ont rendu publique cette rupture, qu'il était permis jusque-là de révoquer en doute. Si j'osais exprimer mon sentiment sur des matières aussi épineuses, je croirais volontiers que M. Daunou considérait la religion comme une affaire d'opinion, et plaçait les principes dans la seule philosophie.

Il était d'ailleurs de ce petit nombre d'hommes qui se rendent compte de leurs devoirs, qui se tracent un plan de conduite et qui, pour rien au monde, ne s'en écartent jamais. Chez lui tout se tenait étroitement lié, les convictions comme les actes, et formait, dans un accord parfait, un système sagement combiné et solidement établi. Aussi personne ne s'exposa moins que lui au reproche de légèreté ou d'inconséquence. On peut dire, non qu'il ne revenait pas, mais qu'il ne changeait pas. Par exemple, dans les commissions dont il faisait partie, il exposait son opinion modestement, avec timidité, sous la forme du doute, comme si elle n'était pas encore irrévocablement fixée. Presque toujours elle devenait prépondérante. Mais, dans les cas très-rares où le contraire arrivait, après qu'elle avait été discutée et réfutée, lorsqu'on croyait l'avoir convaincu et ramené, on était tout surpris, en allant aux voix, de l'entendre exprimer et motiver son vote à peu près de même que si l'on n'eût rien dit, et presque dans les mêmes termes dont il s'était servi d'abord ; on s'apercevait alors qu'il n'avait pas été le moins du monde ébranlé, et qu'on n'avait absolument rien gagné sur lui. Aux élections académiques, nous l'avons vu constamment conserver une marche indépendante, et refuser toute combinaison qui n'était pas uniquement et exclusivement favorable à la personne qu'il préférait. Il faisait son choix dans sa conscience, et, sans s'inquiéter des chances des candidats, il ne tenait absolument compte que de leurs titres. De plus, comme il aurait craint d'exercer une influence illégitime, il s'abstenait de toute espèce de sollicitation ; de là il arrivait assez souvent qu'il ne votait pas avec la majorité. A la vérité, il ne manquait à sa méthode, pour être excellente, que d'être pareillement observée par ses confrères ; mais elle ne jouissait pas de cette faveur, et lui-même savait fort bien que c'est le plus petit nombre qui se forme soi-même son opinion, tandis que les autres suivent volontiers des opinions toutes faites. Enfin, du moment qu'il avait adopté un candidat, il ne l'abandonnait plus, et le portait indéfiniment, non-seulement à tous les scrutins de l'élection actuelle, mais encore à toutes les élections suivantes. Il est tel homme de lettres qu'on pourrait nommer, à qui le suffrage de M. Daunou était d'avance invariablement et infructueusement acquis.

Chose étrange, mais qui n'est pas inexplicable, à la timidité d'un enfant il alliait une fermeté romaine. S'il ne courait pas au-devant du danger, il n'était pas homme à le fuir, et ne reculait jamais : quand il s'agissait de résister, nul ne se montrait plus opiniâtre, plus intrépide que lui. D'un caractère bouillant, mais contenu, modéré, mais inflexible, il se laissait enchaîner en frémissant par les convenances. C'était comme un cheval ardent, ombrageux, qui mord le frein, qui s'agite, qui trépigne, mais qui ne sort pas de l'obéissance envers son cavalier. Sa réserve et sa gravité étaient la conséquence de son éducation ; ses manières si polies, celle de son goût; sa fidélité à remplir ses devoirs, celle de la rectitude de son esprit; sa constance dans ses opinions et dans ses actes, celle de l'inébranlable solidité de sa conviction. Jaloux de son indépendance, il conserva, sous tous les régimes, le droit de ne parler que d'après sa pensée et de n'agir que suivant ses principes. Il sut toujours écrire sans se déguiser ni se compromettre; traiter, sous la Restauration, des matières religieuses et politiques, avec liberté et sans scandale, sans blesser les lois ni les personnes, et, ce qui n'est pas moins honorable, sans se manquer à lui-même. Il n'avait d'autre ambition que d'être utile à ses concitoyens, en cherchant, non à s'élever d'une place à une autre, mais à bien remplir la sienne. Nous avons vu qu'il mit à refuser les principales charges de l'État autant de constance qu'on en met ordinairement à les poursuivre. J'ajouterai que, dès l'an v, M. de Talleyrand, devenu ministre après le 18 fructidor, l'avait inutilement pressé, avec les plus vives et les plus affectueuses instances, d'accepter la place de secrétaire général. « Je vous ai parlé hier, mon cher collègue, lui écrivait-il le 21 fructidor, de la place de secrétaire général du département des relations extérieures, que je vous destine avec tant de plaisir, et qui va vaquer par la retraite du citoyen Guiraudet. Vous m'avez paru trop peu disposé à accepter; mais je me suis bien réservé d'insister de nouveau, de ne point me décourager, et d'essayer de tous les moyens qui sont en mon pouvoir pour vaincre votre résistance. Je conçois que la modestie de vos désirs et vos goûts philosophiques vous font trouver du charme dans la place de bibliothécaire que vous occupez; mais est-ce bien à de tels sentiments que vous devez céder? Non. Les talents qui vous distinguent, votre républicanisme si bien éprouvé, la haute confiance que vous avez inspirée à tout ce qui chérit la liberté, et les services inappréciables rendus par vous à la révolution, vous appellent, dans les circonstances surtout où nous sommes, à des places bien autrement importantes. Celle que je vous offre ne pourra pas, sans doute, faire ressortir ce que vous valez; mais je vous y promets, avec toutes les douceurs de l'amitié et d'un abandon sans réserve, des travaux honorables auxquels sont attachées les destinées de la République. Ce seul mot doit vous décider. Songez bien que les patriotes sauront votre refus, qu'ils vous le reprocheront, et que moi je ne vous le pardonnerai jamais. CH. MAUR. TALLEY-RAND [1]. » M. Daunou fut inflexible; M. de Talleyrand, quoique affligé de ce refus, n'en resta pas moins jusqu'à la mort son ami.

Si M. Daunou acquit une modeste aisance, ce fut sans y prétendre, sans vouloir amasser beaucoup, mais en dépensant peu. Les mêmes habitudes d'économie l'accompagnaient dans la gestion des affaires de l'État. Il était rare, par exemple, qu'il épuisât la modique somme allouée au budget pour l'entretien des Archives du royaume, et qu'il n'allât pas à la fin de l'année reporter religieusement au Trésor quelques centaines de francs qu'il avait économisées. Ce sont de petits résultats, il est vrai, mais c'est un grand exemple du soin scrupuleux avec lequel devrait être ménagée la fortune publique. Enfin, pour montrer jusqu'à quel point sa manière d'administrer les Archives du royaume était celle d'un bon père de famille, j'ajouterai que, loin de faire servir à son profit particulier les choses de l'administration, c'était de ses ressources privées que l'administration profitait journellement. Ainsi, dans

---

1. *Taillandier*, p. 89 et 90.

la vue de lui épargner des frais qu'il pouvait éviter, lorsqu'il avait à envoyer aux ministères, pour des papiers ou pour de l'argent, au lieu de prendre une voiture sur la place, ou un commissionnaire qu'il aurait fallu payer sur les fonds des Archives, il faisait servir à ces courses ses propres chevaux et sa propre voiture.

La noblesse avec laquelle il cultiva les lettres pendant tout le cours de sa vie mérite de servir de modèle, et honore infiniment une profession qui, pour un trop grand nombre de personnes, n'est souvent qu'une industrie. Il écrivit, non par ambition ou par cupidité, non pour se faire une carrière, en s'efforçant de séduire ou d'intimider, d'attaquer ou de défendre tout ce qui jouit de quelque pouvoir ou de quelque illustration, mais pour honorer ce qui est honorable, pour enseigner ce qui est vrai, pour soutenir ce qui est juste, enfin pour rendre les hommes meilleurs et plus éclairés. Si telle est la principale mission de l'écrivain, on peut affirmer qu'il l'a remplie dans toute son étendue, dans toute sa perfection. Il a sacrifié aux lettres une très-belle carrière politique, par opposition à ceux qui, pour la politique, désertent la science et la littérature. C'est qu'il était sérieusement et essentiellement homme de lettres.

A le considérer dans la vie publique, il offre à nos yeux une des plus belles figures de la révolution, et l'un de ces grands caractères vraiment dignes de l'antiquité. Aimant uniquement la France, passionné pour toutes les gloires nationales, occupé constamment de l'amélioration morale et du bien-être du peuple, il aurait été plus populaire, s'il n'avait dérobé sa vie et fui avec une diligence extrême le bruit et l'ostentation. Au soin qu'il a de rester dans l'ombre, de céder le pas à qui veut paraître, de se placer toujours au dernier rang, quand il s'agit de se faire voir, on pourrait aisément prendre le change; mais il ne faut pas s'en laisser imposer par sa modestie : qu'on l'aborde, qu'on prenne la peine de l'examiner de près, et puis qu'on se demande s'il y eut un citoyen plus digne de louanges, et, à plusieurs égards, un meilleur écrivain.

Si l'on pénètre dans l'intérieur de sa vie privée, on y voit régner les mœurs les plus simples avec les plus douces vertus. Son lever matinal, son travail assidu, la frugalité de sa table, la modestie de son ameublement, l'ordre, la régularité et le calme qui sont dans son habitation, tout rappelle ces heureuses et saintes habitudes contractées dans les maisons religieuses les mieux ordonnées; et l'on dirait que les règlements des pères de l'Oratoire avaient continué d'être en usage dans cette paisible demeure après la ruine de cette illustre congrégation.

Peu exigeant et plein d'indulgence, il rendait heureuses les personnes qui l'entouraient, et recevait d'elles de continuels et touchants témoignages de vénération et de dévouement. Sa vie studieuse était fort retirée; cependant, du fond de sa retraite, il s'était fait beaucoup d'amis, mais il en admettait peu à un commerce intime, et ne prenait avec aucun le ton de la familiarité. Il n'y avait pas de danger qu'il se rendît à charge à personne par des demandes importunes; on aurait eu, au contraire, quelque sujet de se plaindre de la difficulté qu'on éprouvait à lui faire agréer le plus léger service. Quoiqu'il eût fort peu de goût pour le monde, il fréquenta néanmoins, sous le Directoire et sous le Consulat, le salon de Mme de Staël, qui l'attirait même à ses petits dîners; et, lorsqu'il revint de Rome, en l'an VI, cette femme célèbre lui exprima combien elle était empressée de le revoir, par ce charmant billet: « Vous êtes arrivé et vous n'êtes pas venu me voir; je m'en plains. Voici vos moyens de réparer. Voulez-vous, quoique sauvage, entendre un peu de musique, le soir du 29, chez moi, avec de belles dames? Si les belles dames vous font peur, voulez-vous dîner décadi chez moi, avec Chénier et Benjamin? Il me faut vous voir. J'ose vous dire que mon esprit et mon âme ont besoin de vous entendre[1]. »

Ses principaux amis étaient Chénier, Ginguené, de Tracy, Cabanis, Benjamin Constant, Garat, Thurot, Laromiguière. Ils se voyaient fréquemment, et tous les tridis ils dînaient ensemble, dans une maison de la rue du Bac. La découverte de la conspiration de Moreau, à laquelle plusieurs d'entre eux n'étaient pas restés étrangers, mit fin à ces réunions en 1804.

Comme tous les vieillards, il se vit privé succes-

---

1. *Taillandier*, p. 93 et 94. Voy. encore, p. 124 et 125, un autre billet de Mme de Staël à M. Daunou, dans lequel cette dame lui témoigne, à l'occasion de Chénier, autant d'attachement que d'estime.

sivement de presque tout ce qui lui était cher, et, dans ses dernières années, le cercle de ses amis, rétréci par la mort, ne se composait plus guère que de quelques-uns de ses proches ou de ses compatriotes, et de M. Taillandier, qu'il avait admis dans sa société intime, malgré la disproportion de leurs âges, et auquel il donna une preuve unique de confiance, en le chargeant de l'exécution de ses dernières volontés.

Même au milieu des rudes épreuves et des pénibles disgrâces qu'il eut à supporter, M. Daunou trouva, presque jusqu'à la fin de sa vie, dans les trésors d'une philosophie élevée et d'une conscience pure, le secret si rare d'être heureux. Il est vrai que si *l'amour de la patrie et le goût des lettres sont*, comme il le dit lui-même, *d'inépuisables sources de consolations et de jouissances*[1], il était autant que nul autre prémuni contre les revers de la fortune. Ses goûts étaient d'ailleurs si simples, et ses désirs si bornés, qu'il n'avait pas de peine à les satisfaire. Ses plus douces jouissances, il les cherchait et les trouvait dans l'étude; il se délassait ensuite à la promenade ou dans la conversation de ses amis et de ses confrères. Comme tous les cœurs aimants qui ne s'abreuvent point dans les plaisirs tumultueux du monde, il était extrêmement sensible aux charmes de la nature, qu'il pouvait goûter dans sa solitude. Son jardin de l'hôtel Soubise, où l'on ne voyait, du reste, ni plantes exotiques ni ornements recherchés,

---

1. *Cours d'histoire*, t. I, p. 381.

en faisait le principal agrément. Au retour du printemps, il aimait à suivre les progrès de la végétation; il se plaisait à écouter le chant des oiseaux comme à contempler leurs petits manéges, et, si j'ose descendre à ces détails, faisait défense de détruire leurs nids[1]. Néanmoins, les nids, les arbres et le jardin devaient être enlevés d'une manière barbare aux derniers jours de M. Daunou.

Quoiqu'on ait répandu le bruit qu'il s'était marié, il est certain qu'il garda le célibat toute sa vie. Il n'aurait pas voulu déroger par des actes authentiques, je ne dis pas à ses principes, mais aux enga-

---

1. Aussi (qu'on me permette encore cette petite anecdote, qui a quelque chose de caractéristique), tous les oiseaux des environs se donnaient rendez-vous dans ses arbres, et vivaient autour de lui dans la sécurité et l'abondance. Mais pour être des hôtes agréables, ils n'en étaient pas moins de grands consommateurs et des locataires dont l'entretien était assez onéreux. Le jardinier avait contre eux plus d'un grief; il ne pouvait surtout endurer les continuels dégâts causés par les merles dans ses pruniers, et aurait bien voulu y mettre ordre par des mesures de rigueur. Dans cette pensée, il dénonçait chaque jour ces petits voleurs à son maître, il les lui montrait, s'envolant avec leur proie ou jonchant la terre de prunes abattues et meurtries. « Je les vois, répondait M. Daunou en souriant, et je ne disconviens pas qu'ils en usent comme s'ils étaient les maîtres de ce jardin. Mais le plaisir qu'ils me font l'emporte sur ces petites contrariétés. S'ils prennent mes fruits, ils me donnent leurs chants; il est juste qu'en venant embellir ces lieux ils y trouvent leur vie, et que je paye l'agrément qu'ils me procurent. Qu'ils ne reçoivent donc aucun trouble; nous aurons sans peine des fruits ailleurs, mais les chants de ces oiseaux me sont plus agréables encore, et ne se trouvent pas aussi facilement. »

gements, quoique forcés, de son premier état, engagements qui, pour un homme de cette délicatesse et de cette constance, ne peuvent jamais être entièrement rompus, même par les révolutions qui semblent briser tous les liens de la religion et du pouvoir.

Chéri autant que vénéré de ses employés et de ses confrères, il mettait son bonheur à partager entre les Archives et l'Académie tous les restes de sa vie studieuse. Ses facultés, aussi puissantes que jamais, secondaient son activité presque octogénaire, et, loin de rien retrancher de ses longues heures de travail, il semblait vouloir y ajouter chaque jour, afin de satisfaire de mieux en mieux à ses nombreuses et douces obligations littéraires. La paix et le contentement qu'il goûtait à les remplir promettaient de charmer sa vieillesse et de prolonger son existence, lorsque l'autorité, bien involontairement, sans aucun doute, vint jeter le trouble et l'amertume dans le cœur extrêmement sensible de ce généreux vieillard. Des atteintes portées à ses prérogatives d'archiviste lui causèrent d'abord un assez vif chagrin : outre qu'elles violaient les règles établies, elles semblaient avoir quelque chose d'insultant, pour lui surtout qui se renfermait si étroitement dans la légalité, et qui respectait si religieusement les attributions d'autrui. Un jour, on offrit de vendre aux Archives du royaume plusieurs pièces, parmi lesquelles se trouvait la célèbre lettre du premier consul Bonaparte au comte de Provence, depuis Louis XVIII; et comme M. Daunou trouva exorbitant le prix qu'on en demandait, il ne voulut pas le donner. Il avait, en effet, la libre disposition de quelques fonds très-modiques, destinés à la conservation, à l'accroissement, au service du riche dépôt qu'il administrait ; il les employait de la manière qu'il jugeait la plus avantageuse, sans recevoir d'ordre de personne ; seulement, il soumettait toutes ses dépenses à l'approbation du ministre. Mais il était un comptable si fidèle et, de plus, un administrateur si éclairé, qu'on ne pouvait mal faire de s'en rapporter à lui, quand bien même il eût été permis de faire autrement. Il arriva cependant que M. Thiers, étant ministre de l'intérieur, jugea les pièces d'un plus haut intérêt : persuadé qu'il fallait les acquérir, même en les payant un peu cher, il écrivit dans ce sens au garde général. M. Daunou ne changea pas d'avis, et s'excusa, dans sa réponse, de prêter son concours à une acquisition qu'il n'approuvait pas, et qui devait absorber une somme dont il avait besoin pour un meilleur usage. Alors, M. Thiers passa outre, acheta les pièces 8000 francs, et en imputa le payement sur les fonds ordinaires des Archives.

Quelque temps après cette espèce de violence, une place étant venue à vaquer dans l'établissement, M. Daunou, usant encore de ses prérogatives, à la vérité d'une manière presque insolite, demanda qu'elle fût supprimée : il disait pour raison que la place était inutile. Mais cette raison ayant été peu goûtée, sa demande ne fut pas favorablement accueillie ; et même le ministre, non content de conserver la place, trouva bon d'en créer une seconde.

De plus, il nomma directement les deux nouveaux titulaires, qui, d'après la règle, auraient dû être présentés par le garde général. Ces actes affectèrent péniblement M. Daunou, qui refusa net de les reconnaître. Il avait d'autant plus lieu de s'en affliger, que, sous l'Empire, il était resté en jouissance du droit, non pas de présentation seulement, mais de nomination, et qu'il l'avait exercé sans trouble, même en faveur d'un personnage disgracié. En effet, Chénier ayant perdu, en 1806, à cause de son épître à Voltaire, sa place d'inspecteur de l'instruction publique, dont il avait besoin pour vivre, M. Daunou ne consulta que son cœur, et plaça son ami près de lui, dans la section historique des Archives, au risque de tomber à son tour dans la disgrâce du chef du gouvernement. L'empereur, heureusement, respecta cette noble et hardie conduite ; il laissa le garde général exercer librement son droit, et ne se montra nullement offensé.

Mais M. Daunou éprouva des contrariétés d'un autre genre, et bien plus pénibles encore. Le projet d'agrandir l'hôtel des Archives fut un jour arrêté par le gouvernement, et les plans dressés par les architectes, sans que le garde général se doutât de rien. Alors seulement que tout fut à peu près conclu, le ministre l'appela dans son cabinet, lui donna connaissance de ce qu'on voulait faire, et lui demanda son avis. Puis, ayant entendu ses objections, il n'en fut pas ébranlé, et le congédia. M. Daunou lui adressa par écrit de nouvelles remontrances, dans lesquelles il disait que les Archives n'avaient pas besoin d'un pareil luxe de constructions; que les dépenses projetées étaient en très-grande partie inutiles, et que l'ordonnance des bâtiments à construire ne paraissait pas appropriée à leur destination. Il indiquait ensuite les travaux à exécuter pour achever de loger les Archives d'une manière parfaitement convenable, et réduisait à la somme de 80 000 francs, tout au plus, le million demandé par le ministre[1]. Ces représentations, reproduites plusieurs fois, et toujours rédigées, comme il savait si bien le faire, avec toute la force et, en même temps, toute la mesure possible, restèrent sans efficacité. Le ministre persista; l'hôtel Soubise fut livré aux constructeurs, et les ouvriers commencèrent leur besogne par détruire le jardin du garde général.

La conduite de l'administration à son égard, le spectacle auquel il croyait assister du gaspillage des deniers publics, la persuasion que tous ces grands édifices ne s'élevaient que pour le profit des entrepreneurs et des architectes, lui causèrent une douleur profonde, qui mina promptement sa santé, et finit par rendre mortelles ses infirmités jusqu'alors très-peu graves. Toutefois, il ne laissa pas abattre son courage, et ne cessa de réclamer, tant auprès des ministres de l'intérieur qu'auprès des ministres et du directeur des travaux publics, avec lesquels, tout en exécutant leurs ordres, il soutint une lutte presque continuelle. Lorsqu'il vit que toute espèce de satisfaction lui serait refusée, au lieu de se rési-

[1]. Il est aujourd'hui question de demander aux chambres un second million pour achever le logement des Archives.

-gner sur son lit de douleur, il résolut de mettre à profit le premier relâche qu'il éprouverait dans ses souffrances, pour abandonner les Archives et se faire transporter à sa maison de la rue Ménilmontant. Déjà, dans la prévision qu'il prendrait ce parti énergique, il avait, dès le principe de ses débats avec l'autorité, donné congé aux locataires. Les progrès de son mal lui enlevèrent cette dernière et déplorable ressource de fuir en donnant sa démission.

Ce serait pour moi une présomption ridicule que de m'établir juge, entre le gouvernement et M. Daunou, de l'utilité des grands travaux exécutés aux Archives : je suis le premier à reconnaître que cette question n'est pas de mon ressort. Mais il en est une autre, celle des convenances, qu'il est moins difficile de résoudre, et sur laquelle je me permettrai de donner mon avis. Supposé que les plans n'aient rien eu de trop somptueux, et qu'ils n'aient péché en aucun point, on demandera s'il fallait se hâter de les mettre à exécution, en dépit de M. Daunou; s'il ne valait pas mieux au contraire, du moment qu'ils suscitaient de sa part une opposition si tenace, les modifier de manière à le satisfaire, sinon les garder en portefeuille jusqu'au temps, qui malheureusement ne pouvait pas être très-éloigné, où ce vieillard serait descendu dans la tombe ? Les inconvénients d'un retard de quelques années étaient-ils donc plus à craindre que le danger de tourmenter, à la fin d'une vie glorieuse et pure, un fonctionnaire de ce mérite et de cette vertu ? Personne assurément n'avait la pensée de l'affliger ni de troubler son repos ; mais en détruisant son jardin, sa promenade, les grands arbres qu'il avait plantés, sa solitude et tous les charmes de son habitation ; en le forçant, à son âge, de vivre au milieu d'une multitude d'ouvriers, dans la poussière, les décombres et le bruit ; en le réduisant à la nécessité de déménager ses meubles et ses livres, qu'il achevait à peine depuis dix ans de mettre en ordre ; enfin, en démolissant une partie de la maison qu'il occupait, n'était-ce pas lui préparer des ennuis, des chagrins et des fatigues insurmontables ? La pensée que tous les sacrifices auxquels il était condamné tourneraient à l'avantage de la chose publique aurait pu seule donner à son cœur patriote la force de les endurer ; la persuasion qu'il avait du contraire les lui rendit insupportables, et mit un obstacle invincible à sa résignation.

Quelque affligeants que soient les détails dans lesquels je viens d'entrer, j'ai pensé que je ne pouvais m'en abstenir, sans refuser une dernière satisfaction à la mémoire de M. Daunou, et sans manquer en quelque sorte à la cause publique. J'aurai même le courage, pour remplir mon devoir jusqu'au bout, de rappeler que MM. de Montalivet, Duchâtel et de Rémusat étaient ministres de l'intérieur, et M. Vatout directeur général des travaux publics, lorsque les constructions dont j'ai parlé ont été entreprises et exécutées : ce que je dis sans inculper les intentions ni le cœur de personne, mais seulement dans le but d'offrir un avertissement à l'autorité. Ceux qui loueront la magnificence et l'utilité des nouveaux édifices de l'hôtel Soubise, ne pourront s'empêcher, en les contemplant, d'être attristés par des souvenirs funèbres, et d'apercevoir, pour ainsi dire, dans cette sombre architecture le tombeau de M. Daunou.

Ce fut le 17 avril 1840 qu'il ressentit les premières atteintes de la maladie qui l'enleva. Ce même jour, M. le ministre de l'intérieur étant venu aux Archives pour obtenir l'installation des nouveaux fonctionnaires qu'il avait nommés, inspecta les malheureuses constructions que M. le directeur des travaux publics faisait poursuivre avec une activité impitoyable. M. Daunou, qui savait résister à des ordres inconsidérés, ne pouvait prendre sur lui de manquer aux moindres égards réglés par la politesse. Il voulut accompagner M. le ministre de l'intérieur pendant toute la durée de sa longue visite, et ne se retira qu'après son départ. La contrainte et la fatigue auxquelles il s'était condamné furent telles, que, peu d'heures après, il éprouvait des accidents très-graves. Les symptômes devinrent bientôt alarmants, et lui-même vit le premier tout le danger de sa position. Il perdit l'espérance de vivre, sans perdre le goût de l'étude, et continua, tant qu'il le put, de se mettre au travail à quatre heures du matin. Il suivait avec peu de confiance et, pour ainsi dire, malgré lui, le traitement et le régime que réclamait son état; car, au lieu d'essayer de guérir, il tâchait de mettre la dernière main aux travaux académiques dont il était chargé. Enfin, après avoir souffert pendant plus de deux mois les douleurs aiguës d'une maladie de vessie, lorsqu'il eut corrigé les dernières épreuves du vingtième volume des Historiens de France, et tracé d'une plume défaillante sa volonté dernière, il mourut, comme il avait vécu, avec la simplicité, la modestie et le calme d'un philosophe. C'était le 20 juin 1840, à onze heures moins quelques minutes du matin.

Du moment qu'il s'était senti frappé à mort, il avait eu le soin, pour prévenir et non pour causer un affligeant scandale, de défendre sévèrement qu'aucun prêtre entrât chez lui, et que son corps fût présenté à l'église. Toute tentative pour faire lever cette défense serait nécessairement restée infructueuse, et n'aurait abouti qu'à la confirmer. Cette conduite, au dernier période de sa vie, n'a pas manqué d'affliger beaucoup de ses confrères; néanmoins je n'ai pas craint de la rappeler, non-seulement parce qu'elle a eu de l'éclat, mais encore parce qu'elle achève de caractériser l'homme, et de faire briller sa constance aux yeux mêmes des personnes qui ne l'approuveraient pas. Au reste, ce serait moins l'homme qu'il faudrait blâmer que ses doctrines : l'homme n'a fait qu'y rester fidèle jusque dans les bras de la mort; et, quelque opinion que l'on ait aujourd'hui de la philosophie du xviiie siècle, on sera forcé de convenir que M. Daunou est peut-être le produit le plus glorieux, l'expression la plus pure et la plus élevée de cette philosophie, et qu'il a réuni tout ce qu'elle peut avoir de bon, tout ce qu'elle peut avoir de grand.

Conformément à ses prescriptions, ses obsèques

ne furent précédées d'aucune invitation, et se firent le matin dans le plus simple appareil. Mais il avait prétendu vainement soustraire encore ses dépouilles aux hommages suprêmes de ses concitoyens. Il y eut un grand concours à son convoi; et le peuple, qui le vit passer, put croire qu'il s'agissait d'un personnage illustre, quoiqu'il n'eût pas su dire son nom, et qu'il ignorât que dans ce personnage, qui n'avait jamais été son flatteur, il avait perdu peut-être le plus sincère et le plus vertueux de ses amis.

Lorsqu'on fut arrivé au cimetière, et que le corps eut été déposé dans sa dernière demeure, au milieu du deuil et du recueillement général une seule voix se fit entendre, une voix douloureusement mais religieusement fidèle, celle de l'exécuteur testamentaire, pour dire que le défunt avait voulu qu'aucun discours ne fût prononcé sur sa tombe. Cette volonté fut respectée, on garda le silence, mais tous les cœurs se parlèrent et tous les cœurs s'entendirent. Comme on est saisi d'un sentiment de tristesse et de piété religieuse en voyant tomber les antiques monuments qui rappelaient les plus glorieux souvenirs de la patrie; de même, à la mort de ces magnanimes citoyens d'un autre âge, qui soutinrent pour leur pays les luttes les plus difficiles, et portèrent le poids écrasant des révolutions populaires, on se sent profondément pénétré de douleur, de respect et de reconnaissance.

L'Académie d'Arras a mis au concours l'éloge de

M. Daunou; la ville de Boulogne et le ministre de l'intérieur ont fait exécuter son buste; enfin, l'Académie des Inscriptions et Belles-Lettres et celle des Sciences morales et politiques se sont réunies pour voter une médaille en son honneur.

FIN DE LA NOTICE SUR M. DAUNOU.

TABLE SOMMAIRE

de la

NOTICE SUR M. DAUNOU.

Première partie. Naissance de M. Daunou, p. 4. — Son éducation, p. 5. — Son goût pour le barreau, p. 6. — Il entre malgré lui dans la congrégation de l'Oratoire, p. 7. — Son Mémoire pour l'Académie de Berlin, p. 8. — M. Daunou partisan de la révolution, p. 10. — Il est nommé grand-vicaire, p. 11. — Député à la Convention, *ib.* — État de la France, p. 12. — Modération de M. Daunou, p. 13. — Abolition de la royauté, p. 14. — Procès du roi, p. 15. — M. Daunou combat la compétence de la Convention, p. 17. — Ses écrits contre la procédure suivie à l'égard de Louis XVI, p. 18. — Ses propositions à la Convention, p. 19. — Il s'élève de nouveau contre les iniquités de la procédure, *ib.* — Il rejette avant le jugement l'appel au peuple, p. 21. — On vote sur la peine à infliger, *ib.* — Les Girondins votent la mort, p. 23. — M. Daunou vote contre la peine de mort, *ib.* — Il combat la motion de Tallien, p. 24. — Il vote pour le sursis. Le roi est mis à mort, p. 25. — Écrits de M. Daunou sur la constitution, *ib.* — Création du tribunal révolutionnaire, p. 26. — Tentatives contre les Girondins, p. 27. — Journées du 34 mai et du 2 juin 1793, p. 28. — Protestation des Soixante-Treize, parmi lesquels est M. Daunou, p. 29. — La constitution de 93 décrétée et suspendue, *ib.* — M. Daunou commissaire pour le télégraphe, p. 30. — Ses travaux pour l'organisation de l'instruction publique, *ib.* — Il est arrêté, ainsi que les autres signataires des protestations, p. 32. — Il est incarcéré, et décrit le régime des prisons, p. 33. — Son courage et ses occupations dans la prison, p. 34. — Gouvernement révolutionnaire, p. 35. — Les horreurs de la révolution ont été sans utilité, p. 37. — M. Daunou les a flétries, p. 39. — Elles ont fait prendre en aversion la république, *ib.* — Requête des détenus pour leur mise en liberté, p. 40. — Ils sortent de prison et rentrent à la Convention, p. 41. — Journées de germinal et de prairial, p. 42. — M. Daunou, secrétaire de la Convention et rapporteur de divers projets de loi, p. 44. — Membre de la commission des Onze, p. 45. — Il est le principal auteur de la constitution de l'an III, p. 46. — Institution du Directoire, p. 47. — Vice du gouvernement directorial, p. 49. — M. Daunou, président de la Convention, p. 50. — Membre du comité de salut public, p. 52. — Il présente plusieurs décrets à la Convention, *ib.* — Dénonce les manœuvres dirigées contre le gouvernement, p. 53. — Conspiration royaliste, p. 54. — M. Daunou, membre de la commission des Cinq, p. 55. — Journée du 13 vendémiaire, *ib.* — M. Daunou présente le projet de loi sur l'instruction publique, p. 56. — Il est chargé de la direction de la marine, p. 57. — Nommé président des Cinq-Cents, p. 58. — Il appuie le gouvernement directorial, p. 59. — Ses travaux législatifs, *ib.* — Son discours sur la loi d'amnistie, p. 60. — État de la presse, p. 61. — Rapport de M. Daunou sur la presse, p. 62. — Deux parties du projet de loi sont seules adoptées, p. 65. — M. Daunou sort du conseil des Cinq-Cents, p. 66. — Son discours pour l'inauguration de l'Institut, dont il est nommé membre, p. 67. — Il prononce au Champ de Mars l'éloge funèbre de Hoche, p. 69. — Nommé administrateur en chef de la bibliothèque du Panthéon, *ib.* — Il blâme le 18 fructidor, p. 70. — Nommé commissaire pour l'organisation de la république romaine, p. 71. — Il est élu député, et revient d'Italie, p. 73. — Il est élevé à la présidence, p. 74. — Révolution du 18 brumaire. M. Daunou n'y fut pas favorable, p. 76. — Nommé membre de la commission législative des Cinq-Cents, p. 78. — Projet de la constitution de l'an VIII, p. 79. — M. Daunou choisi par Bonaparte pour écrire la constitution, p. 80. — M. Daunou désigné d'abord pour troisième consul, p. 81. — Il refuse le conseil d'État, accepte le Tribunat, p. 82. — Il est élu président du Tribunat, *ib.* — Ses travaux au Tribunat, p. 83. — Il est du parti de l'opposition, p. 84. — Combat l'institution des tribunaux spéciaux, p. 85. — Offres du premier consul refusées par M. Daunou, p. 86. — Il est repoussé du Sénat par le premier consul, p. 87. — Éliminé du Tribunat, p. 89. — Retiré des affaires publiques, il se consacre entièrement aux lettres, p. 90. — Menacé de perdre sa place à la bibliothèque du Panthéon, il y est maintenu par l'empereur, p. 91. — Nommé garde général des Archives, qui sont transférées à l'hôtel Soubise, p. 92. — Visite de l'empereur aux Archives. Refus de M. Daunou, p. 93. — Il est envoyé à Rome pour le transport des archives pontificales, p. 94. — Travaux demandés à M. Daunou par le gouvernement, *ib.* — M. Daunou est peu affecté de la chute de l'empereur, p. 95. — Il reçoit d'abord des marques de confiance de la part du nouveau gouvernement, p. 96. — Il est destitué de sa place d'archiviste, p. 97. — Il est nommé principal rédacteur du Journal des savants, p. 99. — Sa nomination au Collége de France, *ib.* — Il est élu député par le département du Finistère, p. 101. — Il parle contre le cautionnement des journaux et vote le rappel des bannis, p. 102. — Il défend la loi électorale de 1817, p. 103. — Il est réélu député en 1820, mais il ne l'est pas en 1823, *ib.* — Il rentre à la Chambre en 1828, p. 104.—Ordonnances de juillet 1830, p. 105. —Conduite de M. Daunou, p. 107. — Rappelé aux Archives du royaume, il se démet de sa chaire; il est réélu député, *ib.* — Il refuse la candidature aux élections de 1834, de 1837 et de 1839, p. 109. —Il est élu secrétaire perpétuel de l'Académie des Inscriptions, p. 110. — Il est nommé pair de France, p. 111. — Ses principes politiques, p. 112. — Son Essai sur les garanties individuelles, p. 114.

SECONDE PARTIE. Ouvrages de M. Daunou. Son discours sur Boileau couronné par l'Académie de Nîmes, p. 119. — Il prend part à la polémique sur Boileau, p. 120. — Il s'essaye dans la poésie, p. 121.—Ses articles sur un chapitre du *Contrat social* et sur la révolution française, p. 122. — Il remporte le prix à l'Académie de Lyon, sur Bonaparte, un de ses concurrents, p. 123. — Ses rapports lus à l'Institut, p. 124. — Ses Mémoires académiques, p. 125. — Son Analyse des opinions sur l'origine de l'imprimerie, p. 126. — Ses Mémoires sur le destin et sur les Roxolans, p. 127. — Autres travaux académiques, p. 128. — Il est chargé de continuer les Historiens de France, *ib.* — Ses articles pour l'Histoire littéraire de la France, p. 129. — Son jugement sur l'ancienne langue française, p. 131. — Finesse et malice de sa critique, p. 133. — Ses articles dans la Biographie universelle, p. 134. — Ses Notices biographiques, p. 136. — Notice sur Chénier, *ib.* — Notice sur Ginguené, p. 138. — Discours sur La Harpe, p. 139. —Ses notices sur les membres de l'Académie des Inscriptions; sur M. de Sacy, p.140. — Notice sur M. Van Praët, p. 141. — Ses articles au Journal des savants, p. 142. — Caractère de sa critique dans ce journal, *ib.* — Son Essai sur la puissance des papes, p. 144 — Son édition de l'Histoire de l'anarchie de Pologne, p. 146. — Son édition des Œuvres de Boileau, p. 147. — Autres éditions publiées par M. Daunou, p.148. — Ouvrages inédits, p. 149. — Cours d'histoire professé au Collége de France, p. 150. — Plan de l'ouvrage, p. 151.—Jugements qu'il porte sur les principaux historiens grecs et sur Alexandre, p. 152. — Qualités du style de M. Daunou, et sa manière d'exprimer ses opinions, p. 155. — Son attachement aux auteurs classiques, p. 156. — Son éloignement pour les nouvelles écoles philosophiques et historiques, p. 157. — Son aversion pour le moyen âge, et particulièrement pour la scolastique, p. 158. — Sa rigueur à l'égard de l'érudition, p. 159. — Sa prévention contre l'Académie française, p. 160. — Ses principes philosophiques, p. 161. — Ses principes religieux, *ib*. — Fixité de ses opinions, p. 164. — Fermeté et indépendance de son caractère, p. 166. — Sa probité, son désintéressement, sa modestie, p. 168. — Sa vie privée, p. 170. — Chagrins qu'il éprouve dans les derniers temps de sa vie, p. 174. — Sa mort, p. 180. — Ses obsèques, p. 181. — Honneurs rendus à sa mémoire, p. 182.

FIN DE LA TABLE SOMMAIRE DE LA NOTICE SUR M. DAUNOU.

NOTICE

SUR

M. GUÉRARD

MEMBRE DE L'ACADÉMIE DES INSCRIPTIONS ET BELLES-LETTRES
CORRESPONDANT DE LA COMMISSION DES ANTIQUITÉS DE LA CÔTE-D'OR
DE L'ACADÉMIE ROYALE DE BERLIN
DES SOCIÉTÉS ROYALES DE GÖTTINGUE ET DE LAUENBOURG
DE LA SOCIÉTÉ D'ÉMULATION DE CAMBRAI
MEMBRE HONORAIRE DE LA SOCIÉTÉ D'HISTOIRE DE LA SUISSE
DE LA SOCIÉTÉ DES SCIENCES ET LETTRES DE BLOIS
DE LA SOCIÉTÉ DES ANTIQUAIRES DE LA MORINIE
CONSERVATEUR AU DÉPARTEMENT DES MANUSCRITS DE LA BIBLIOTHÈQUE IMPÉRIALE
PROFESSEUR ET DIRECTEUR DE L'ÉCOLE IMPÉRIALE DES CHARTES

par

M. N. DE WAILLY

Membre de l'Académie des Inscriptions et Belles-Lettres

NOTICE

SUR

M. GUÉRARD.

Benjamin-Edme-Charles Guérard naquit à Montbard (Côte-d'Or), le 15 mars 1797, de Marie Damotte et d'Edme-Charles Guérard, alors greffier de la justice de paix et secrétaire de l'administration municipale. Sa famille était depuis longtemps fixée dans cette ville, où son grand-père paternel avait exercé les fonctions de procureur de la châtellenie. Il eut pour parrain M. Benjamin-Edme Nadault, ancien conseiller au parlement de Bourgogne, et pour marraine Mme de Valcourt, née d'Haranguey de Quincerot, veuve de M. de Valcourt, lieutenant-colonel de cavalerie. C'est à Montbard que se passèrent les premières années de son enfance, près d'un père aimé et respecté de tous, sous les yeux d'une grand'mère dont il était l'idole, d'une mère dont il resta pendant treize ans l'unique enfant, mais qui ne devait pas, hélas! vivre assez longtemps pour jouir de tous ses succès.

Ceux qui naissent dans une ville populeuse et sans cesse agitée, comme Paris, où toutes les existences se déplacent d'année en année, peuvent-ils véritablement ressentir l'amour de la ville natale et de la maison paternelle? En province, rien ne change autour d'un enfant; il rencontre partout des figures connues; auprès de ses parents demeurent des voisins qui sont leurs amis, des enfants dont il partage les jeux et la liberté. Ces premières impressions s'étaient profondément gravées dans le cœur de M. Guérard. Quand il parlait de sa ville natale, c'était avec un sentiment de bonheur auquel se mêlait une certaine fierté, justifiée d'ailleurs par plus d'un souvenir historique : Montbard, en effet, a vu naître la mère de saint Bernard, Buffon et Daubenton. La gloire de Buffon surtout était doublement chère à M. Guérard, à cause des relations qui s'étaient établies entre sa famille et celle de cet immortel écrivain. M. Nadault, qu'il avait eu pour parrain, était beau-frère de Buffon; lui-même, il avait souvent visité la veuve du grand naturaliste, dans les lieux où ce beau génie s'inspirait en face de la nature, et lui dérobait ses secrets.

Non loin de cette demeure, qui ne rappelle que des souvenirs de gloire, s'élevait un obscur couvent d'Ursulines, fondé à Montbard en 1647. J'ai appris tout récemment qu'une religieuse, nommée Mlle Flammet, forcée, comme ses compagnes, de céder aux lois révolutionnaires et de quitter sa communauté, s'était chargée de commencer l'éducation de M. Guérard en lui apprenant à lire. Un vieux maître d'école, nommé Bocquin, vint ensuite chez son père lui enseigner l'écriture et le calcul. Après avoir acquis ces connaissances élémentaires, il fut confié à un ami de sa famille, M. Patriat, curé de Montbard, qui lui donna les premières notions du latin. Il atteignit ainsi l'âge où l'on pouvait le placer dans un établissement public, et fut envoyé en 1807 au lycée de Dijon. Il s'y fit remarquer, pendant toute la durée de ses études, par un caractère docile, une conduite régulière et d'honorables succès, qu'il devait moins peut-être à la précocité de son intelligence qu'à l'ardeur et à la continuité de son travail. Ce lycée comptait alors plusieurs élèves qui depuis ont acquis, dans des carrières diverses, une juste célébrité : le maréchal Vaillant, Jouffroy, le P. Lacordaire. A côté de ces illustres condisciples, il en rencontra d'autres avec lesquels il contracta une amitié toute fraternelle, et dont la mort seule a brisé les liens[1]. L'un d'eux, né comme lui à Montbard, où il avait partagé ses jeux, n'a jamais cessé d'entretenir avec lui des relations dont l'origine se cache par delà les premiers et les plus vagues souvenirs de l'enfance. Séparés à peine pendant quelque temps à la sortie du lycée, ils se retrouvèrent à Paris pour ne plus se quitter, parcourant chacun une carrière honorable[2], jouissant réciproquement de leurs suc-

---

[1]. Je dois nommer particulièrement M. Trémisot et M. Nélaton, auxquels il a légué un dernier souvenir de sa vive et constante affection.

[2]. M. Trémisot est depuis longtemps chef de division à la préfecture de la Seine.

cès, sentant leur amitié s'accroître et se fortifier par une estime mutuelle.

Tous deux s'étaient proposé d'entrer à l'École polytechnique; mais les désastres de l'invasion, et d'autres circonstances malheureuses, ne leur permirent pas de réaliser un projet qu'ils avaient formé dans des jours meilleurs, lorsque la victoire suivait partout nos armes. Plus que jamais alors l'École polytechnique éveillait l'ambition des jeunes gens. Les lycées n'étaient, à bien des égards, que des pépinières de soldats, où le son du tambour et le maniement des armes surexcitaient chaque jour, chez les enfants, tous les instincts de la vie militaire. Dès 1811, M. Guérard écrivait à son père : « Je crois que je porterai les armes cette année; je me suis déjà engagé dans le régiment des voltigeurs. » En 1814, le bruit de nos désastres n'avait pas refroidi son ardeur : « Je ne redoute pas l'état militaire, disait-il, et dans ces circonstances, je partirais volontiers. » Ses lettres témoignent des inquiétudes qui agitaient alors tous les esprits. Les rumeurs les plus sinistres, en pénétrant dans l'intérieur même du lycée, où l'on ne parlait que de batailles, d'invasion et de pillage, avaient à peu près désorganisé les études et la discipline.

C'est au milieu de ces alarmes, et des distractions qui en étaient la conséquence, que M. Guérard suivit son premier cours de mathématiques. Il devait le terminer au mois d'août 1814, et se rendre ensuite à Montbard, pour y passer le temps des vacances auprès de ses parents, lorsque la nouvelle d'un malheur imprévu pour lui, parvint au proviseur du lycée : sa mère venait de lui être enlevée le 30 juillet. Son amour pour sa mère était si vif et si bien connu qu'on hésita longtemps avant de lui annoncer qu'il était orphelin. Quatre ans auparavant, il avait failli s'échapper du lycée en apprenant, par l'indiscrétion d'un ami, que cette mère chérie était dangereusement malade; et il avait déclaré à son père qu'en pareil cas rien ne pourrait le retenir. Mais cette fois, le triste secret fut bien gardé. Le 14 août, il adressait encore à Montbard des couplets qu'il venait de composer pour la fête de sa mère, et jusqu'au moment de son départ on lui laissa ignorer qu'il ne devait plus la revoir.

A cette épreuve cruelle succéda, en 1815, une maladie grave, qui l'obligea de quitter définitivement le lycée et de renoncer aux examens de l'École polytechnique. Vers le même temps, son père, alors juge de paix à Montbard, se vit menacé, à la suite des Cent-Jours, de perdre la place qu'il occupait, et dut se résigner à prévenir par une démission la destitution qui allait le frapper. M. Guérard comprit aussitôt que son devoir était de ne plus réclamer l'appui paternel, et de le réserver tout entier à son jeune frère, dont l'éducation n'était pas même commencée. Il ne s'agissait plus alors pour lui de consulter sa vocation et de choisir librement une carrière, mais de pourvoir au besoin présent en se procurant des moyens d'existence. Au mois d'octobre 1816, sur la recommandation de M. Arnaud, premier adjoint au maire de Montbard, on lui offrit une place de maître d'études et de professeur de mathématiques dans le collége de Noyers. Les conditions qu'on lui proposait n'étaient pas de nature à le séduire ; mais comme elles parurent acceptables à son père, il s'y résigna par obéissance autant que par nécessité, sans cacher néanmoins combien il souffrait de la position où l'avaient réduit d'impérieuses circonstances. Le 12 novembre 1816, il écrivait à son père : « J'ai fait tout ce qui dépendait de moi pour remplir vos intentions ; je suis venu ici contre mes goûts, mais il ne dépend pas de moi de pouvoir y rester : le métier que l'on m'a forcé de prendre me déplaît plus que jamais, et je ne puis le faire longtemps. L'ennui m'a rendu malade. »

Pendant qu'il se plaignait de sa place, un autre la sollicitait et l'obtenait à Paris. Ce compétiteur inattendu arriva muni d'une nomination en règle, et réclamant son installation. Le principal du collége et le maire de la ville avaient oublié, en effet, de notifier à la Commission royale d'instruction publique le choix qu'ils avaient fait de M. Guérard ; mais comme ils n'avaient qu'à se louer de son exactitude, ils s'empressèrent de réclamer, en déclarant qu'ils payeraient plutôt deux professeurs que de consentir à se séparer de lui. A force de démarches, ils réussirent enfin à éconduire le nouveau titulaire, et à maintenir M. Guérard dans un emploi dont il désirait toujours être délivré le plus tôt possible. Les vacances arrivèrent enfin, et lui permirent, non-seulement de revoir Montbard, mais d'entreprendre, au mois d'octobre 1817, le voyage de Paris, où son père venait d'être nommé commissaire de police du cinquième arrondissement [1]. Il revint enchanté de la capitale, émerveillé surtout des spectacles, et rapportant avec lui des souvenirs qui devaient lui rendre plus insupportable encore le séjour de Noyers. A peine rentré au collége, il écrivait à son père : « Tous les soirs, en revenant de l'étude, je me dis, ah! si j'étais à Paris!... Je vais me coucher, ému de ce que j'ai vu, ennuyé de ce que je vois, et certain que le lendemain sera, comme la veille, ennuyeux pour moi. »

L'ennui finit en effet par l'accabler entièrement. Quatre mois après, le 8 mars 1818, il dévoilait ses peines à son ami d'enfance, dans une lettre empreinte d'un profond découragement. Il y peignait avec amertume les dégoûts de sa profession, exprimait les plus graves inquiétudes sur sa santé, et se croyant atteint d'une maladie mortelle, il lui léguait tout ce qu'il possédait alors, ses livres, ses cahiers, ses flûtes et le seul ami, disait-il, qu'il eût à Noyers, son chien, modèle de fidélité et d'attachement. Cette lettre alarmante fut sans doute communiquée à son père, qui lui offrit aussitôt de le faire venir à Paris et de lui chercher d'autres occupations plus conformes à ses goûts. Désormais certain de sa

[1]. Cette nomination se fit, je crois, grâce à l'intervention amicale de M. Hutteau d'Origny. Je suis certain, en tous cas, qu'il rendit au père de M. Guérard des services signalés, et que le fils, héritier de la même affection, savait y répondre par des sentiments de reconnaissance et de vénération dont j'aime à me faire ici l'interprète.

délivrance, M. Guérard préféra, par considération pour le principal du collége, l'ajourner de quelques mois encore. Ce fut donc seulement le 15 octobre 1818 qu'il revint à Paris, heureux d'avoir enfin sa liberté, mais ne sachant probablement pas encore quel usage il en pourrait faire.

On m'a dit qu'il avait commencé à suivre les cours de l'École de droit, mais qu'il y avait bientôt renoncé. J'ignore si cette circonstance, d'ailleurs peu importante de sa vie, se rapporte aux derniers mois de l'année 1818. Quoi qu'il en soit, il conçut alors un autre projet, qui devait aussi avorter. Plein des souvenirs de Montbard, et cédant à son admiration pour le plus illustre de ses compatriotes, il prit la résolution de se faire naturaliste. Il eût été, sans contredit, un observateur plein de patience et de sagacité; mais il lui manquait une autre qualité, qui n'était pas moins nécessaire. Ce n'était pas sous les ombrages du Jardin des plantes ou aux environs de Paris qu'il se proposait d'étudier la nature; c'était dans les pays lointains, sous des climats dangereux, au milieu de fatigues et d'épreuves qui dépassaient de beaucoup la mesure de ses forces. Telle était la délicatesse de son tempérament que, dès ses premières années, s'abstenant par instinct plutôt que par calcul, de tout exercice violent, il préférait de paisibles distractions aux jeux turbulents de l'enfance. Il avait même été sujet autrefois au somnambulisme, et la moindre émotion suffisait alors pour ébranler sa constitution nerveuse, et ramener cette incommodité, dont il n'était pas encore guéri à l'âge de onze ans. Ce n'était donc pas sans raison que la tendre vigilance de ses parents l'avait toujours entouré de précautions, en apparence minutieuses, mais qui, en réalité, lui étaient assez nécessaires pour qu'il n'ait jamais cru pouvoir s'en affranchir. De telles habitudes l'avaient bien mal préparé à la carrière aventureuse où il songeait à s'engager.

Heureusement pour lui, M. Desfontaines, dont il avait sollicité l'appui, lui fit de sages représentations sur les inconvénients de la vocation à laquelle il se croyait destiné. M. Guérard persista d'abord, car en aucun temps il n'eut pour usage de renoncer facilement à ses résolutions. Mais sa fermeté ne dégénérait pas en entêtement; livré à lui-même, il prenait la peine d'examiner à nouveau et de peser mûrement les objections auxquelles il avait d'abord refusé de se rendre, et la raison finissait toujours par prendre le dessus. Trois mois s'étaient écoulés depuis que M. Desfontaines, dans une lettre toute paternelle, avait essayé de le détourner de son projet, lorsque, le 8 avril 1819, il fut invité à se rendre au secrétariat de l'administration du Jardin du roi, afin d'y prendre connaissance des conditions exigées par le règlement de l'École établie près le Muséum d'histoire naturelle, par arrêté du ministre de l'intérieur, du 20 février précédent, pour former de jeunes naturalistes destinés à voyager. On lui annonçait en même temps qu'il serait admis, s'il le désirait, à subir un examen. Je ne sache pas qu'il se soit présenté à cette épreuve : il est certain, en tout cas, que, bientôt après, il avait abandonné la profession de naturaliste pour entrer chez un banquier de Paris. La transition était brusque, et le changement complet; mais si M. Guérard s'était flatté de persévérer dans cette résolution, qui ne fut sans doute qu'un nouvel acte d'obéissance et une expiation de ses projets aventureux, cette illusion ne fut pas de longue durée. L'amour du gain, qu'il ne connut jamais, aurait pu seul lui rendre supportable un travail toujours uniforme, qui n'offrait aucun aliment à son esprit avide de science. Il appelait donc de tous ses vœux la fin de cette épreuve, qui, heureusement pour lui, devait être la dernière, lorsque, au mois d'avril 1821, il obtint, à sa grande joie, une place de surnuméraire au département des manuscrits de la Bibliothèque royale, avec une indemnité annuelle de quinze cents francs.

Comme tous les surnuméraires, il était plein d'ardeur. Il offrit résolûment d'entreprendre le triage d'une masse de vieux parchemins, entassés depuis longtemps dans les combles de la Bibliothèque, et pesant plus de quarante milliers. M. Dacier fut effrayé d'une telle entreprise; il craignait qu'un jeune homme d'une santé si chétive ne pût résister à tant de fatigue. M. Guérard insista pour être autorisé au moins à tenter un essai. Au bout de quelques jours, il avait déterminé, grâce à ses connaissances mathématiques, le cube exact de ses parchemins, calculé, d'après un triage partiel, le temps qui serait nécessaire pour achever l'opération, proposé un plan et obtenu l'autorisation définitive de M. Dacier. Ce travail rebutant fut poursuivi par lui avec tant de zèle et de ténacité qu'en respirant, chaque jour, la poussière et les émanations de ces parchemins, il contracta le germe d'un anthrax et dut se résigner à subir une opération douloureuse. Ce grave accident ne l'empêcha pas de persévérer jusqu'à l'entier accomplissement de sa tâche. Le résultat en fut doublement avantageux : les collections de la Bibliothèque s'étaient enrichies d'un grand nombre de pièces curieuses, et M. Guérard avait conquis l'estime et l'affection de ses chefs.

Dès son entrée dans l'établissement auquel il rendait alors de si pénibles services, il avait compris que sa collaboration deviendrait plus utile encore, s'il complétait par des études spéciales l'éducation qu'il avait reçue. Son ami d'enfance, M. Trémisot, lui conseilla d'entrer à l'École des chartes qui venait d'être créée par une ordonnance royale du 22 février 1821. Cette année même, M. Guérard fut admis, avec Eugène Burnouf et quelques autres, au nombre des élèves qui devaient suivre, aux Archives du royaume, sous M. Pavillet, les cours de la seconde section de l'École. La première section, établie à la Bibliothèque royale, avait pour professeur M. l'abbé Lespine. Malgré les espérances que donnaient alors et qu'ont justifiées depuis les auditeurs de ces cours, la nouvelle institution fut désorganisée, au bout de deux ans, par la suppression de son modeste budget. Mais M. Guérard avait suivi exactement les leçons des deux professeurs ; il les avait complétées par des études particulières, s'exerçant au déchiffrement des vieilles écritures, et consacrant ses veilles à la lecture attentive des ouvrages de diplomatique et de paléographie dont il obtenait le prêt à la Bibliothèque royale. En un mot, il n'avait rien négligé pour faire de rapides progrès dans une science qu'il devait enseigner plus tard avec l'autorité d'un bénédictin.

Pendant qu'il remplissait avec autant de zèle que d'assiduité ses devoirs d'élève de l'École des chartes et ceux de surnuméraire à la Bibliothèque, la mort de M. Crosnier-Delatouche laissa vacante une place d'auxiliaire qui lui fut accordée au mois d'octobre 1823. C'était un nouveau pas de fait vers le titre d'employé, dont il était déjà digne, et que le Conservatoire ne tarda pas à réclamer pour lui. Il pouvait dès lors considérer son avenir comme assuré, et compter sur un avancement régulier; mais il lui restait encore à choisir sa carrière scientifique, et à diriger vers un but déterminé ses travaux personnels.

Comme la plupart des jeunes gens auxquels une bonne éducation classique a inspiré l'admiration des chefs-d'œuvre littéraires, il se hasarda de bonne heure à écrire en prose, et même en vers. Son début ne fut pas malheureux : il obtint une première mention honorable à l'Académie française pour son *Discours sur la vie et les ouvrages du président Jacques-Auguste de Thou*. Encouragé par ce premier succès, il publia son travail en 1824, et entreprit aussitôt de concourir pour le prix de poésie que l'Académie devait décerner, en 1825, à l'auteur qui aurait le mieux célébré la bienfaisance du baron de Montyon.

Cette fois, il n'obtint ni couronne, ni mention; néanmoins il fit imprimer son poëme l'année suivante, sans y mettre son nom, mais en y ajoutant ce court avertissement, qui était peut-être une sorte de protestation : « *N. B.* Cette pièce de vers a concouru, en 1825, pour le prix proposé par l'Académie française. Aucun des poëmes qui ont été présentés cette année n'ayant été couronné, le même sujet a été remis au concours pour 1826. » L'appel du jeune poëte ne fut pas entendu, et le public ne songea pas à contredire le jugement de l'Académie. C'était donc une cause doublement perdue : M. Guérard en prit son parti, et tout en se persuadant sans doute que ses vers ne méritaient ni tant de sévérité ni tant d'indifférence, il comprit que ses loisirs pourraient être plus utilement consacrés à des travaux d'un autre genre.

Dès 1826, c'est-à-dire l'année même où il publia cette pièce de vers, le seul de ses essais poétiques auquel il ait permis de voir le jour, il rédigea et fit paraître à la librairie de Sautelet un prospectus des *Annales de Hainaut, par Jacques de Guyse.* On sait que l'édition de cette compilation volumineuse fut une des entreprises littéraires auxquelles le marquis de Fortia consacra sa fortune avec une libéralité inépuisable. Les relations que M. Guérard commençait alors avec cet homme vénérable, ont exercé assez d'influence sur le reste de sa vie pour qu'il soit nécessaire d'entrer ici dans quelques détails.

Depuis qu'il avait quitté le collège de Noyers pour se fixer à Paris, M. Guérard avait toujours habité la maison paternelle. Le mariage que son père contracta, en 1822, avec Mlle Dyonnet, ne changea rien d'abord à cette communauté d'existence; mais quatre ans plus tard, la naissance d'un fils rendit nécessaire une séparation. Le père de Mlle Dyonnet, appréciant les goûts studieux et les rares qualités de M. Guérard, se chargea de le présenter à un ami d'enfance, qui cherchait un jeune homme intelligent pour le seconder dans ses travaux d'érudition. Cet ami était M. le marquis de Fortia, très-occupé alors du projet qu'il avait conçu de publier le texte et la traduction des *Annales de Jacques de Guyse*. M. Trémisot, qui était depuis plusieurs années son locataire, avait eu le premier l'heureuse pensée de lui faire accepter la collaboration de M. Guérard. La recommandation de M. Dyonnet, jointe à celle de M. Trémisot, ne pouvait manquer d'assurer un accueil favorable à un élève distingué de l'École des chartes, employé à la Bibliothèque royale, et connu déjà par un travail que l'Académie avait honorablement distingué. Mais la principale difficulté qu'il fallait vaincre, c'était la timidité excessive de M. Guérard et son aversion prononcée pour le monde. Il se résigna pourtant à se laisser introduire dans le salon d'un grand seigneur, et, contre son attente peut-être, cette première démarche fut couronnée d'un plein succès.

Il était impossible en effet de ne pas être séduit immédiatement par l'affabilité prévenante et affectueuse qui était le trait dominant de la physionomie de M. le marquis de Fortia, comme la bonté était le fond même de son caractère : on ne pouvait le voir sans en être frappé, plus encore que de la dignité de son port et de ses manières. On retrouvait en lui toutes les qualités de l'ancienne noblesse, dont il avait, autant que possible, conservé le costume, les habitudes et peut-être même quelques travers. Il est certain, par exemple, qu'il ne s'inquiéta jamais de proportionner ses dépenses à ses revenus, et qu'il tenait trop à protéger efficacement les lettres pour contenir dans de justes limites sa générosité un peu prodigue. De là vient que, dans le cours de sa longue carrière, il sacrifia successivement, et sans hésiter, plusieurs portions du vaste terrain qu'il possédait, rue de La Rochefoucauld, bien décidé à toujours accroître le nombre de ses éditions, tant que les propriétés de ses voisins pourraient s'agrandir aux dépens de la sienne.

Au nombre des causes qui rendaient nécessaires de tels sacrifices, il faut compter la publication des *Annales de Jacques de Guyse*. Au jugement du P. Lelong, une pareille entreprise ne pouvait être que l'œuvre d'un prince; M. de Fortia eut l'ambition de faire plus encore : à la compilation de *Jacques de Guyse*, il ajouta celle de *Jean Lefevre*, et composa ainsi, des deux ouvrages réunis, une collection de vingt-deux volumes in-octavo, qui ne fut achevée qu'en 1838, treize ans après avoir été commencée. Heureusement pour M. Guérard, sa collaboration ne s'étendit pas au delà du deuxième volume. Mais il avait accepté une tâche délicate en se chargeant de rédiger le prospectus, qui était destiné à signaler l'importance de cette publication, et plus particulièrement à prévenir les critiques auxquelles pouvait donner lieu l'origine assignée par Jacques de Guyse aux habitants du Haïnaut. Il n'était pas, à beaucoup près, aussi bien disposé que M. de Fortia en faveur du système qui tire des ruines de Troie les fondateurs de plusieurs nations de l'Europe. Cette difficulté fut résolue au moyen d'une transaction inspirée par une déférence mutuelle : au lieu de paraître dans le texte même du prospectus dont M. Guérard était l'auteur avoué, l'opinion qu'il aurait craint de s'approprier ne se produisit qu'au bas des pages, dans des notes signées par M. le marquis de Fortia, et sous la forme modeste d'une simple probabilité.

En réservant ainsi l'indépendance de ses propres opinions, il avait acquis de nouveaux droits à l'estime et à l'affection de son collaborateur. Il continua donc de le seconder dans quelques-uns de ses travaux, et publia les tomes XXVI, XXVIII, XXXII et XXXIII de l'édition in-octavo de l'*Art de vérifier les dates*. Il se chargea aussi de préparer, à l'aide des manuscrits de la Bibliothèque royale, une édition nouvelle de l'*Itinéraire d'Antonin;* il en établit le texte dans un meilleur ordre, vérifia les chiffres des distances et rédigea toutes les notes. Les relations que ces travaux rendaient chaque jour plus fréquentes devinrent plus étroites encore à partir de l'année 1828, lorsqu'il remplaça son ami d'enfance, M. Trémisot, dans un appartement qui dépendait de la propriété de M. de Fortia. C'est là que M. Guérard, pendant plus de quinze ans, vécut dans l'intimité de ce vieillard vénérable, près duquel il aimait aussi à rencontrer un homme excellent, M. Dureau de La Malle, dont il apprenait, chaque jour, à mieux apprécier la science, l'esprit et la droiture. Ses propres études ne tardèrent pas, il est vrai, à l'occuper trop exclusivement pour lui laisser le loisir de continuer l'association de travaux qui avait été l'origine de ses relations avec M. de Fortia; mais il ne cessa jamais de voir en lui un protecteur dont la délicatesse ajoutait encore à sa reconnaissance. De son côté, M. de Fortia s'attachait de plus en plus à ce jeune homme, qu'il voyait grandir chaque jour en science et en réputation. En se résignant à ne plus l'avoir pour collaborateur, il voulut du moins le retenir et le fixer à jamais près de lui comme voisin et comme locataire. C'est dans cette pensée que fut conclu, le 1er novembre 1831, un bail viager qui assurait à M. Guérard, avec la jouissance d'un appartement simple et commode, celle d'un petit jardin enclavé dans la propriété de M. de Fortia.

Rien ne troublait, dans cette paisible retraite, les habitudes studieuses qui ont permis à M. Guérard d'accomplir des travaux considérables par leur nombre et leur importance. Ceux qu'il a publiés, bien qu'ils suffisent pour illustrer son nom, ne donnent pourtant qu'une idée incomplète de l'étendue et de la variété de ses connaissances. Plusieurs personnes ignorent peut-être qu'après avoir suivi les cours de l'École des chartes, il ne se décida pas immédiatement à embrasser l'étude du moyen âge. Le premier plan de recherches qu'il s'était tracé avait pour objet la philologie latine. Il entreprit et acheva la lecture de tous les auteurs classiques, en s'imposant pour règle de noter scrupuleusement tout passage qui frappait son attention. Il pouvait déjà songer à mettre en œuvre les nombreux matériaux qu'il avait recueillis et coordonnés, lorsqu'un homme éminent qui avait toute autorité sur lui, M. Abel Rémusat, le détourna de ce projet et le détermina à diriger désormais tous ses efforts vers le moyen âge. M. Guérard obéit, quoiqu'il lui en coûtât beaucoup d'abandonner des travaux qui l'avaient occupé longtemps, et vers lesquels il se sentait porté par son admiration profonde pour l'antiquité classique. En consentant à un sacrifice que M. Rémusat seul pouvait obtenir de lui, il ne comprenait peut-être pas que son étude patiente et réfléchie de la littérature ancienne, loin d'être perdue pour lui, serait en réalité une des causes principales de la supériorité des travaux qu'il allait entreprendre.

Il était bien jeune encore, et déjà mûr pourtant, lorsqu'il se fit connaître dans cette nouvelle carrière par l'*Essai sur les divisions territoriales de la Gaule sous les rois des Francs*. Cet ouvrage, couronné par l'Académie des inscriptions et belles-lettres en 1830, et publié en 1832 aux frais du gouvernement, sur le rapport de M. Daunou, membre de la commission des impressions gratuites, assura, l'année suivante, l'élection de M. Guérard comme successeur de M. Abel Rémusat. L'affection toute particulière dont l'avait honoré cet illustre académicien, contribua beaucoup, sans doute, au succès de sa candidature; mais l'Académie n'eut qu'à se féliciter de cette déférence pour l'homme éminent dont elle déplorait la perte, et le jeune savant qu'elle accueillait dans ses rangs dépassa toutes les espérances qu'avaient pu inspirer ses premiers travaux.

Longtemps arrêté par des obstacles étrangers ou par ses propres incertitudes, M. Guérard avait fini par reconnaître sa véritable vocation. L'épreuve avait été longue : il avait passé plus de huit ans à la Bibliothèque royale sans franchir le grade de quatrième employé, auquel il ne parvint que le 8 mars 1826; mais il avait attendu avec patience, devinant sans doute que l'avenir le dédommagerait du passé. En effet, le temps n'était pas éloigné où tout devait se réunir pour seconder ses efforts. Il fut successivement nommé troisième employé le 13 mai 1829, deuxième employé le 14 mars 1831, premier employé le 14 novembre 1832, et conservateur-adjoint le 8 mai 1833, pendant que son ouvrage, couronné au mois de juillet 1830, s'imprimait aux frais de l'État en 1832, et lui ouvrait les portes de l'Institut le 25 janvier 1833. A tant d'encouragements, dont il avait été trop longtemps sevré, et qu'on lui prodiguait alors comme de justes récompenses, il faut encore ajouter la chaire de diplomatique à l'Ecole des chartes, où il fut appelé le 29 août 1831, en remplacement de M. l'abbé Lespine.

Sa modeste ambition fut alors comblée. Loin de regretter les succès qu'il avait pu rêver dans d'autres carrières, il ne songea plus qu'à marcher avec une nouvelle ardeur dans la voie que lui avaient ouverte les sages conseils d'Abel Rémusat. C'est un nom qu'il n'oublia jamais, et qui était pour lui l'objet d'un culte véritable : il se glorifiait de reporter à ce maître illustre le mérite de ses travaux. Il voulut même en donner un témoignage public, et dédier à la mémoire d'Abel Rémusat l'ouvrage capital qui lui avait coûté quinze années de veilles et de méditations. Il allait jusqu'à déclarer que s'il avait entrepris ce travail, c'était par déférence pour le critique éminent qui lui en avait suggéré la première pensée. Il est donc probable que le *Polyptyque d'Irminon* n'aurait pas été porté à ce degré de perfection qui en fait un des chefs-d'œuvre de l'érudition française, si l'auteur n'avait eu d'autres mobiles que l'amour de la science et le soin de sa propre réputation. Il y avait un ressort plus puissant et plus solide qui entretenait cette force énergique et persévérante, c'était la pieuse résolution d'acquitter noblement une dette imposée par la reconnaissance. On a souvent dit, et avec raison, que M. Guérard avait emprunté aux Bénédictins leur méthode, leurs habitudes et leur science : il faut reconnaître aussi qu'il eut dans une certaine mesure leur abnégation, et qu'en employant quinze années de sa vie à honorer une mémoire qui lui était chère, il apprenait, comme ces humbles religieux, à s'oublier lui-même pour se dévouer tout entier à son devoir.

Arrivé au terme de ce pénible travail, il aurait eu besoin d'une longue tranquillité pour rétablir sa santé profondément altérée; mais il venait à peine d'achever la rédaction de son *Polyptyque*, lorsqu'une perte douloureuse le frappa dans ses affections les plus chères, et troubla en même temps toutes les habitudes de sa vie. Le vénérable marquis de Fortia lui fut enlevé le 4 août 1843. Si l'on n'avait connu de M. Guérard que sa vie solitaire, sa passion pour le travail, sa physionomie ordinairement froide et sévère, on en aurait conclu sans doute qu'il était plus capable d'estimer que de chérir ceux qui entraient en relation avec lui. Il est certain pourtant qu'il avait pour M. de Fortia toute la tendresse d'un fils, et que, malgré l'énergie de sa volonté, il présuma trop de ses forces quand il voulut suivre le convoi funèbre de son protecteur, et lui rendre les derniers devoirs. En présence de la tombe qui allait recevoir les restes mortels de ce vieillard vénérable, il sanglota comme un enfant, qui ne songe pas à cacher sa douleur parce qu'il est incapable de la contenir.

Après cette pénible séparation, la modeste demeure qu'il avait si longtemps habitée et que le voisinage de M. de Fortia lui avait rendue si chère, ne pouvait guère désormais qu'entretenir sa douleur, en lui rappelant la douce intimité qu'il avait perdue sans retour. Il aurait sans doute éprouvé le besoin de quitter cette habitation, devenue pour lui triste et déserte, si l'on n'avait pas eu l'imprudence de le troubler dans sa jouissance, et de contester son droit aux avantages viagers que lui avait assurés la bienveillance de M. de Fortia. Choqué de cette prétention injuste, il résolut d'y résister, et d'invoquer même, si on l'y obligeait, la protection des tribunaux. Mais sa santé était alors trop affaiblie pour qu'il pût soutenir lui-même la discussion de ses intérêts. Il les confia donc à un mandataire, qui réussit à les sauvegarder. Le procès, déjà engagé, fut arrêté par une transaction qui, en assurant à M. Guérard un juste dédommagement, lui permit de remplacer l'habitation et le jardin auxquels il renonçait.

Ce fut alors qu'il acheta, dans le parc de Maisons, la petite propriété où l'on sait qu'il passa dans la suite tous ses instants de loisir. Le défrichement et la plantation du terrain, les réparations de la maison, à laquelle il ne cessa guère de faire travailler et qu'il avait fini par renouveler entièrement, le bonheur qu'il éprouvait à voir les premières apparences du printemps, à jouir de ses fleurs et de ses arbres tant que l'hiver ne les avait pas complétement dépouillés, en un mot, les soucis et les jouissances de la propriété, l'entraînaient à de fréquents voyages, qu'il lui arriva même d'entreprendre au cœur de l'hiver. Ses amis s'alarmaient en vain de cette imprudence : il prétendait que l'air de Maisons lui était favorable, même au mois de décembre, et qu'il ne s'enrhumait jamais qu'à Paris. Il est certain que ce nouveau genre de vie lui fut généralement salutaire, qu'il y trouva, sinon la santé, du moins un adoucissement à ses maux; qu'amené ainsi à interrompre de temps en temps ses travaux, il put entretenir, pendant quelques années encore, le peu de forces qui lui restaient, et rendre à la science de nouveaux et de nombreux services.

M. Guérard avait été appelé, dès l'origine, à faire partie du comité établi près le ministère de l'instruction publique pour l'impression des *Documents inédits relatifs à l'histoire de France*, et le gouvernement n'avait pas tardé à le charger de préparer la publication d'une *Série de cartulaires*, qu'il devait entreprendre avec la collaboration de deux élèves de l'École des chartes. Préparé mieux que personne à cette tâche difficile, et secondé comme il l'était par d'excellents collaborateurs, il avait pu faire paraître, dès 1840, trois volumes contenant le *Cartulaire de l'abbaye de Saint-Bertin* et celui de *Saint-Père de Chartres*. Les prolégomènes qui accompagnent ce dernier cartulaire furent immédiatement remarqués comme un travail excellent, et firent vivement désirer que M. Guérard, en continuant à publier des textes du même genre, trouvât encore l'occasion d'éclairer de sa critique lumineuse les points obscurs de notre histoire nationale. Il ne cessa pas, en effet, jusqu'à la fin de sa vie, de consacrer une partie de son temps à ces publications, qui demeureront des modèles dans un genre d'érudition où personne ne peut lui disputer le premier rang. Dix ans plus tard, en 1850, parut l'édition du *Cartulaire de Notre-Dame de Paris* en quatre volumes in-quarto ; elle contient également des dissertations étendues, qui furent accueillies, en France ainsi qu'à l'étranger, comme dignes de la haute réputation de l'auteur. Le *Cartulaire de Saint-Victor de Marseille*, dont il commença ensuite l'impression, ne sera malheureusement qu'une œuvre posthume et inachevée. Il lui a été possible du moins, tout en poursuivant ce travail, de terminer en 1853 le commentaire et l'édition du *Polyptyque de Saint-Remi de Reims,* qui est la suite naturelle et le couronnement de son *Polyptyque d'Irminon.*

Malgré les soins que réclamaient ces diverses publications, son zèle et son activité, qui semblaient redoubler pendant les dernières années de sa vie, lui permirent toujours de suffire à des fonctions et à des devoirs dont l'importance n'avait fait que s'accroître. Je dois signaler, avant tout, la part qui lui échut dans l'enseignement de l'École des chartes, à la suite de la réorganisation prescrite par l'ordonnance du 31 décembre 1846, et concertée dans un conseil de perfectionnement où il fut appelé, le 22 janvier suivant, par les suffrages de l'Académie. Jusqu'alors M. Guérard n'avait eu à s'occuper que d'un cours élémentaire, dont l'objet principal était de former les élèves au déchiffrement des anciennes écritures. A partir de 1847, il se trouva chargé, en outre, d'enseigner l'histoire des institutions politiques et la géographie au moyen âge. Habitué comme il le fut toujours à l'exactitude la plus rigoureuse, il se crut obligé à entreprendre de nombreuses recherches pour se préparer à ce nouvel enseignement. Il est certain d'ailleurs qu'au lieu de limiter la durée de ce nouveau travail, il le perpétua, pour ainsi dire, en s'attachant à traiter presque toujours des questions nouvelles, quoiqu'il lui eût été assurément permis de reprendre ses anciennes leçons devant des élèves qui n'avaient pu les entendre. Enfin, à ses fonctions de professeur, vinrent s'ajouter, au mois de décembre 1848, celles de directeur de l'École, devenues vacantes par la mort prématurée de M. Letronne.

Tout en remplissant ces nouvelles obligations, M. Guérard ne négligeait pas celles qui lui étaient imposées, depuis 1841, en qualité de membre de la commission des Archives départementales et communales. Si le sentiment du devoir, qui était sa règle constante, n'avait pas suffi pour le déterminer, il aurait cédé à d'autres motifs, au besoin qu'il éprouvait de suivre et de seconder les travaux de ses anciens élèves dans les dépôts d'archives qui leur étaient confiés, au désir de faire valoir les titres de ceux qui pouvaient aspirer à un emploi vacant, enfin à la douce habitude de rencontrer, dans cette réunion, au milieu d'anciens amis[1], un homme considérable[2], qui, en sortant de la première cour de l'État, ne dédaignait pas d'apporter à cette modeste commission, dont il était le président vénéré, le concours de son profond savoir et de sa longue expérience.

M. Guérard cédait à un attrait semblable quand il se rendait aux séances de la Société de l'histoire de France, dont il fut toujours un des collaborateurs les plus actifs et les plus éclairés. Attaché, dès l'o-

---

1. J'aurais plusieurs noms à citer : je ne puis omettre celui de M. Auguste Le Prevost, de l'excellent confrère pour qui M. Guérard avait tant d'estime et de sympathie.
2. M. le comte Portalis, premier président de la Cour de cassation.

rigine, au comité de publication, qu'il présida pendant dix-sept ans, il avait spécialement surveillé, en qualité de commissaire responsable, l'édition de quatre ouvrages importants[1]. En outre, il ne cessa jamais de présider le comité de l'*Annuaire* et de diriger la publication de ce recueil, qu'il a souvent enrichi d'articles excellents. Aussi la Société de l'histoire de France a-t-elle déploré amèrement la perte d'un tel collaborateur, et l'écrivain illustre qui la préside savait bien qu'il répondrait au vœu unanime de tous les membres en prononçant publiquement un éloge qui, dans sa bouche, était la récompense la plus digne de tant de travaux consacrés aux progrès de la science historique[2].

En satisfaisant aux divers devoirs que je viens de rappeler, M. Guérard n'avait pas manqué à ses obligations académiques, dont je me réserve de parler plus tard ; il semblait même qu'il n'en fût pas résulté de dommage sérieux pour sa santé : il s'en flattait du moins, lorsque, le 30 octobre 1852, il fut élevé aux fonctions de conservateur au département des manuscrits de la Bibliothèque impériale. Cette nomination, qu'il ne voulut point hâter par des démarches personnelles, était, à ses yeux, une récompense due à ses travaux et à ses longs services. On ne peut pas douter qu'il n'y attachât le plus grand prix, et qu'il n'eût été profondément blessé de

---

1. Grégoire de Tours, Éginhard, Orderic Vital et les Coutumes de Beauvoisis.
2. Voy. le discours de M. de Barante dans le *Bulletin de la Société de l'histoire de France*, année 1854, p. 68.

ne pas l'obtenir; mais on peut aussi être certain qu'il sut l'attendre avec patience, et sans sortir de la réserve que lui commandaient les titres honorables de ses collègues.

L'expérience a malheureusement prouvé que ces fonctions, dont tout le monde le jugeait si digne, avaient augmenté outre mesure le fardeau de ses devoirs. Dévoué comme il l'avait toujours été aux intérêts du grand établissement dont il devenait l'un des conservateurs, il s'oublia lui-même jusqu'à négliger des précautions que réclamait impérieusement l'état de sa santé. Les fatigues de l'enseignement avaient rendu fréquentes chez lui des indispositions qui menaçaient toujours de prendre un caractère grave, et de mettre sa vie en danger. On lui avait expressément recommandé d'aller prendre chaque année les eaux du Mont-Dore, dont il avait lui-même reconnu la salutaire influence. Sans remédier à l'altération générale d'un tempérament faible et appauvri, elles avaient calmé ces accès de toux opiniâtre dont il était fréquemment atteint, et qui excitaient l'inquiétude de ses médecins. En 1853, il négligea ce traitement, qui lui était plus nécessaire peut-être que les années précédentes, et se contenta de faire une courte excursion à Bordeaux et à Boulogne. Au retour de ce voyage, qui avait trop peu duré pour lui être salutaire, il reprit avec la même ardeur des travaux qu'il était impatient d'achever, mais que l'approche de l'hiver rendit à la fois plus pénibles et plus dangereux. Il avait entrepris de ranger dans un meilleur ordre la plupart des collections de son département, et comme il voulait tout surveiller lui-même, il lui arrivait souvent de rester pendant des heures entières exposé à une température presque glaciale. Une névralgie douloureuse, dont il fut atteint dans les derniers jours de décembre, aurait dû l'engager à ne plus renouveler de telles imprudences; mais au lieu de profiter de cet avertissement, il n'écouta que son zèle, qui dépassait de beaucoup ses forces.

C'est à la fin du mois de février 1854 qu'il ressentit les premières atteintes de la maladie qui devait le conduire au tombeau. Le jeudi 23, il avait fait son cours à l'École des chartes, et le lendemain il paraissait pour la dernière fois à l'Académie des Inscriptions. Le samedi 25, quoiqu'il fût déjà fort souffrant, il se rendit au département des manuscrits, et monta jusque dans les combles pour veiller à l'exécution d'un arrangement qu'il avait prescrit. Ce fut sa dernière sortie. Pendant quelques jours, on put espérer qu'il se remettrait de cette maladie, dont la gravité ne se révélait pas encore par des symptômes alarmants. Mais le 3 mars, on reconnut qu'il était atteint d'une bronchite capillaire, et malheureusement son affaiblissement général ne permettait pas de recourir aux moyens énergiques qui auraient pu arrêter les progrès du mal. Les soins affectueux de sa belle-mère et de son jeune frère, qui ne le quittaient pas, le zèle éclairé de son médecin ordinaire, de son ami, M. Littré, de son illustre confrère, M. Rayer, obtinrent à peine une légère amélioration, qui ne dura pas même vingt-quatre heures. Il succomba le 10 mars, entre deux et trois heures de l'après-midi. Cette fatale nouvelle, apportée aussitôt à l'Institut, circulait de bouche en bouche au milieu de la consternation générale, quelques instants avant la réunion ordinaire de l'Académie. Dès que le président eut notifié cette perte à jamais regrettable, la compagnie, en témoignage de sa profonde affliction, leva immédiatement la séance. Deux jours après, les obsèques de M. Guérard furent célébrées devant une foule nombreuse et recueillie, où se pressaient, à côté de ses parents et de ses amis, les représentants de toutes les Académies, les fonctionnaires de la Bibliothèque impériale, les professeurs et les élèves de l'École des chartes, qu'une douleur commune avait réunis pour lui rendre ce dernier témoignage d'estime et d'affection.

Les regrets universels qu'inspira cette mort prématurée s'accrurent encore lorsqu'on apprit que M. Guérard avait ordonné de détruire tous ses papiers. Quelques personnes aimaient à supposer que cet ordre n'était pas tellement impérieux qu'on ne pût en éluder ou en atténuer la rigueur. Mais sa volonté était trop clairement exprimée pour qu'il fût possible à son exécuteur testamentaire d'en restreindre l'accomplissement par une interprétation quelconque. « Je veux, dit-il, que tous mes écrits et papiers, déposés dans des cartons, tiroirs, portefeuilles, sur mon bureau ou ailleurs, et généralement tous papiers relatifs à l'Académie ou à la bibliothèque du roi, à des ouvrages de science, d'érudition, de littérature, à des travaux d'esprit ou de composition quelconques, soient brûlés sans exception, sans retard, et sans autre examen que celui qui sera indispensable pour en reconnaître la nature. En donnant cette charge exclusivement à mon exécuteur testamentaire, je le prie de s'en acquitter à la rigueur, et de n'épargner que les papiers par lui seul jugés importants pour mes affaires de famille ou pour les intérêts de ma succession. » Cet ordre contenu dans un testament daté du 9 octobre 1845, n'admet qu'une exception, qui est exprimée dans les termes suivants, à la marge du même testament : « J'excepte de cette proscription mon travail sur la vie et les ouvrages de M. Daunou. 9 janvier 1847. »

Ce qui rendait mes obligations plus étroites encore, c'est que cette résolution m'avait été communiquée dès 1845, et que je l'avais combattue sans pouvoir obtenir qu'elle fût ou révoquée ou modifiée. M. Guérard n'estimait que les travaux achevés : il ne croyait avoir rien fait tant qu'il n'avait pas épuisé tous les moyens d'éclaircir un doute ou de compléter une démonstration. De là vient que, sans être jurisconsulte ni administrateur, il a su, au témoignage du juge le plus compétent[1], traiter les questions de droit et d'administration comme s'il eût fait de ces matières l'étude de toute sa vie. C'est en s'imposant pour règle de ne rien affirmer sans preuve, qu'il a intro-

---

1. M. Dupin aîné.

duit dans les discussions historiques toute la rigueur dont elles sont susceptibles. Tel est le degré de perfection qu'il s'efforçait d'atteindre, même dans les sujets obscurs et difficiles où les esprits les plus pénétrants rencontrent, à chaque pas, des conjectures spécieuses, qu'ils risquent de prendre pour la vérité. Quand il rédigeait son testament, il venait de terminer l'ouvrage capital qu'il avait médité pendant quinze années. En les comparant à ce livre, qui suffisait à sa réputation scientifique, de quelle valeur pouvaient être pour lui les notes qu'il avait recueillies, ou les plans de travaux qu'il avait ébauchés? Il disait alors, et il est sans doute demeuré convaincu, que les publications posthumes nuisent plutôt qu'elles ne servent à la réputation d'un auteur.

Tout en respectant cette opinion, et sans manquer à la réserve que m'impose la pénible mission dont il m'a chargé, il m'est permis d'examiner ici de quelle importance pouvaient être les papiers qu'il m'a fallu détruire. Le volume et le poids en étaient si considérables qu'on ne pouvait comprendre que la vie d'un homme eût suffi à un tel labeur. Il est certain que, pendant trente années, M. Guérard avait eu l'habitude de consigner sur des bulletins détachés le résultat de ses nombreuses lectures. La collection de ces bulletins formait un riche répertoire, contenant, sur une foule de textes imprimés ou manuscrits, des indications précises, qu'il avait successivement classées pour les consulter lui-même, et souvent aussi pour les mettre à la disposition de ses amis. On y aurait trouvé, avec les matériaux de tous les sujets qu'il avait traités, le résumé de toutes les connaissances qu'il avait acquises en littérature et en histoire. Un tel ensemble de notes et d'extraits recueillis avec tant de persévérance, coordonnés avec méthode, choisis par un homme d'un goût pur et d'un jugement éprouvé, avait certainement la plus grande valeur, et tout le monde regrettera que M. Guérard n'en ait pas autorisé la conservation.

J'ai pu, sans indiscrétion, signaler l'importance de ce recueil, dont il parlait souvent lui-même, et que plusieurs personnes connaissaient comme moi depuis longtemps. Quant aux autres travaux de M. Guérard, c'est par voie de conjecture seulement que je puis en parler. Tous ses élèves savent qu'il ne faisait son cours qu'en consultant des notes étendues, ou quelquefois même une rédaction complétement arrêtée. Il ne se serait jamais permis d'exposer dans son enseignement des opinions hasardées. Là, comme dans ses livres, il n'avançait rien qui ne fût le résultat d'une étude patiente et approfondie. Il est donc certain que ses papiers devaient renfermer le plan développé ou le texte même de tout son enseignement. On aurait pu y trouver des programmes raisonnés, peut-être même des mémoires ou des fragments d'ouvrages sur la diplomatique, sur la géographie et sur l'histoire de nos institutions nationales. C'est là une perte considérable, mais qui pourtant n'est point aussi étendue qu'elle aurait pu l'être, ni complétement irréparable.

Dès 1840, un jeune savant, dont la mort prématurée excita de vifs regrets, M. Géraud, publia sous le titre d'*Essai sur les livres dans l'antiquité et particulièrement chez les Romains,* un ouvrage dont le fond même est, comme il le déclare, le résultat des longues et savantes recherches de M. Guérard. « Son cours, dont j'ai soigneusement recueilli et rédigé les leçons en 1836, m'a fourni, dit-il, le plan, les divisions et les données principales de mon livre. » La partie la plus importante des études auxquelles M. Guérard s'était livré pour son cours de diplomatique est certainement reproduite dans ce livre; elle y est même augmentée des travaux personnels de M. Géraud, qui a donné à cette matière spéciale des développements dans lesquels le temps assigné aux cours de l'École des chartes n'aurait pas permis d'entrer.

Quant aux leçons qui avaient pour objet la géographie et les institutions politiques de la France au moyen âge, M. Guérard en a tiré lui-même le sujet d'un petit nombre de publications, qui suffiront pour faire apprécier le mérite de son enseignement. Je citerai un mémoire inséré dans l'*Annuaire de la Société de l'histoire de France,* pour l'année 1849, *sur le nom de* France, *et les différents pays auxquels il fut appliqué.* C'est une dissertation fort courte, il est vrai, mais approfondie, dans laquelle on trouve réunies, discutées et nettement déterminées les acceptions fort diverses du mot *Francia.* En 1851, il a fait paraître dans la *Bibliothèque de l'École des chartes* un mémoire à la fois plus étendu et plus important, *sur la formation de l'état social, politique et administratif de la France.* On peut être assuré qu'il s'était rendu maître de ce vaste sujet quand il l'a introduit dans son enseignement. C'est en effet un des caractères du talent et de la méthode de M. Guérard d'avoir su étudier avec une patience infinie les moindres détails de l'histoire, mais en même temps d'avoir toujours embrassé les faits dans leur ensemble, et d'en avoir saisi les relations cachées pour les exposer ensuite avec l'exactitude d'un savant et le talent d'un historien. Après s'être élevé ainsi à la hauteur d'une question générale, il savait de nouveau revenir à la critique minutieuse des textes et se condamner aux labeurs de l'érudition. C'est à ce dernier genre de travaux qu'appartient l'*Explication du capitulaire* DE VILLIS, qui, après lui avoir fourni, dans sa chaire, le sujet de plusieurs leçons, fut destinée par lui à enrichir la collection des mémoires de l'Académie, et publiée en 1853 dans trois livraisons successives de la *Bibliothèque de l'École des chartes*[1]. Dans ce long et savant commentaire, il a réussi à interpréter et souvent aussi à rectifier un texte obscur et corrompu, qui avait jusqu'alors défié la sagacité des plus habiles critiques.

Les trois publications que je viens de citer sont les seules, si je ne me trompe, que M. Guérard ait empruntées à son enseignement de l'École des chartes. Mais l'énumération complète des sujets qu'il y a successivement traités sera bientôt connue, grâce à l'empressement que ses élèves ont mis à communiquer les notes recueillies par eux depuis plusieurs

---

1. Troisième série, t. IV, p. 201, 313 et 546.

années. Ces matériaux, coordonnés par celui d'entre eux qui avait avec leur professeur commun les relations les plus habituelles et les plus intimes, formeront bientôt le sujet d'une publication destinée à perpétuer en même temps le souvenir du zèle éclairé du maître et de la pieuse reconnaissance des élèves. Les excellents travaux de M. Léopold Delisle, l'étendue de ses connaissances, la sûreté de sa critique, permettent d'affirmer qu'il sera le digne interprète du savant dont il avait de bonne heure imité les exemples, conquis l'affection et mérité les suffrages.

L'enseignement de M. Guérard ne périra donc pas avec lui. A côté des fragments qu'il a préservés lui-même de l'oubli, on retrouvera, dans les travaux de M. Géraud et de M. Léopold Delisle, la trace de ses longues recherches et de ses études sans cesse renouvelées. Que si, par hasard, il n'en devait résulter aucun avantage pour sa réputation scientifique, ce serait sans doute parce qu'elle est à la fois trop élevée et trop solidement établie. Mais il n'est jamais indifférent de multiplier les preuves de zèle et d'exactitude; ces qualités, si modestes qu'elles puissent paraître, ne sont pas vulgaires, et assurément elles méritent bien qu'on en conserve le souvenir, afin d'honorer ceux qui nous en ont laissé l'exemple et de leur susciter des imitateurs. Jamais d'ailleurs elles n'ont manqué de féconder le talent et d'en accroître la puissance. Tant d'élèves distingués, qui ont profité des leçons de M. Guérard, savent bien que toute son influence n'était pas dans sa science, sa méthode et sa lucidité; elle s'exerçait, à son insu et avec plus d'efficacité encore, par l'exemple vivant qu'ils avaient sous les yeux, d'un homme de bien complétement dévoué à son devoir. Ils portaient une affection véritable à ce professeur, dont la physionomie austère et souvent assombrie par la souffrance, laissait néanmoins percer l'intérêt profond qui l'animait pour l'instruction de ses élèves. Il était pour eux un guide, au besoin un protecteur; pour plusieurs, il est devenu un ami affectueux et dévoué. Ceux que les circonstances ont éloignés de Paris ignorent peut-être avec quelle sollicitude il les suivait dans leur carrière; mais aucun d'eux n'a hésité assurément à reconnaître en lui le meilleur et le plus respectable des professeurs.

Pour compléter ce que j'aurais eu à dire de la méthode et de l'influence de son enseignement, j'ai cru nécessaire de réimprimer, à la suite de cette notice, le *Discours d'ouverture* qu'il prononça, il y a plus de vingt ans, comme successeur de l'abbé Lespine. En lisant ce morceau, peu connu peut-être aujourd'hui, on verra que, dès son début et bien jeune encore, il traçait d'une main sûre la règle de ses travaux, rattachant la nouvelle École des chartes aux glorieuses traditions des bénédictins, les proposant pour modèle au professeur comme aux élèves, et contractant ainsi un engagement solennel auquel il n'a jamais failli.

Mais un autre intérêt s'attache à ce discours : plusieurs des pensées qui l'ont inspiré avaient été exprimées, dès l'année 1829, par un écrivain anonyme, qui consacra à l'examen du *Cours d'histoire mo-*

derne de M. Guizot une série d'articles publiés dans le journal l'*Universel*[1]. Il ne sera pas difficile de prouver que l'auteur de ces articles est M. Guérard lui-même. Et d'abord, on sait positivement qu'il a participé, pendant quelques mois, à la rédaction littéraire de ce journal, et que sa collaboration avait été accueillie à la recommandation de M. Abel Rémusat. D'un autre côté, il est certain qu'il a développé depuis, dans ses propres ouvrages, des idées parfaitement conformes à celles qu'exprimait alors le rédacteur anonyme de l'*Universel*. Le premier article a pour objet principal d'établir une comparaison peu favorable à notre siècle entre les travaux modernes et ceux des bénédictins. On y retrouve, avec plus de détails encore que dans le *Discours d'ouverture* du jeune professeur, l'énumération des religieux entre lesquels avait été répartie la tâche de réunir les matériaux nécessaires pour les histoires particulières de nos provinces. A ces recherches longues et patientes, l'auteur de l'article oppose l'empressement qu'on met de nos jours à juger les événements qu'on n'a pas suffisamment étudiés, et à généraliser les faits pour les rapporter à un système préconçu. Il pense qu'une méthode toute contraire pourrait seule former « des sujets capables d'accepter la succession des bénédictins, qui menace de tomber en déshérence. »

1. Voy. les numéros du 15 et du 19 octobre, du 8 novembre, du 5, du 19 et du 31 décembre 1829. Un septième article, où l'auteur devait présenter le résumé de son opinion, ne paraît pas avoir été publié.

Cette pensée générale, qui domine et dans l'article du 15 octobre 1829 et dans le *Discours d'ouverture* que M. Guérard prononça deux ans plus tard, n'est pas le seul indice qui autorise à lui attribuer cet examen du *Cours* de M. Guizot. L'auteur de ces articles n'est pas moins opposé que M. Guérard au système de l'influence des races[1]; il s'exprime aussi sévèrement que lui sur les vices des Germains[2]; comme lui il attribue une large part dans la civilisation moderne à l'administration romaine, dont la désorganisation ne fut consommée qu'assez tard, c'est-à-dire lorsque, vers la fin de la seconde race, « la société franque divorça presque complétement avec la société romaine, comme avec toute idée d'ordre, tout principe de sagesse et d'équité[3]. »

Ceux qui connaissent les travaux de M. Guérard savent que ces opinions sont les siennes, et qu'il les a soutenues dans plusieurs de ses ouvrages. Mais on n'ignore pas non plus que la franchise et la sévérité de ses jugements sur les Germains ne l'avait pas empêché de contracter et d'entretenir une étroite amitié avec un savant illustre d'Allemagne, M. Pertz, qui avait apprécié de bonne heure les éminentes qualités de M. Guérard, et s'était décidé, non-seulement à réclamer son concours, mais encore à l'initier sans réserve au plan de ses immenses travaux. Or, l'auteur des articles publiés dans l'*Universel* se montre parfaitement instruit de tout ce qui se rattache aux

1. Voy. les numéros du 5 et du 31 décembre.
2. 5 et 19 décembre.
3. 5 décembre.

projets de M. Pertz. Il sait qu'après avoir collationné attentivement tous les manuscrits de la loi salique, et notamment ceux que la Bibliothèque royale possède, au nombre de vingt-deux, le savant éditeur des Historiens de l'Allemagne a reconnu qu'un tiers de la loi salique est encore inédit, et que son intention est d'en insérer le texte complet dans le recueil dont la direction lui est confiée[1]. Il annonce également que le même éditeur prépare la publication de quelques capitulaires[2] qui ont échappé aux recherches de Baluze.

Toutes ces circonstances réunies prouvent qu'on ne doit point hésiter à considérer M. Guérard comme l'auteur de ces articles, également remarquables par la sûreté de l'érudition et la fermeté de la critique. C'est donc à l'année 1829 qu'on doit faire remonter son véritable début dans la carrière où il s'est illustré depuis par d'excellents travaux. Il était dès lors connu et apprécié de quelques juges compétents, et M. Pertz n'a pas eu à se repentir d'avoir prédit, cette année même, les succès réservés à ce jeune savant, qu'il signalait dès lors comme destiné à soutenir en France la gloire des études diplomatiques[3]. Ce témoignage d'estime et de reconnaissance, inscrit en tête du texte de Nithard, qu'une collation faite par M. Guérard avait considérablement amélioré,

---

1. 5 décembre.
2. 31 décembre.
3. Quem futurum gloriæ suæ diplomaticæ vindicem Gallia jam jamque sperat et exspectat (*Monumenta Germaniæ historica*, t. II, p. 650).

fut renouvelé[1] par M. Pertz en 1835, au moment où il publiait son riche recueil de documents législatifs, empruntés à toutes les bibliothèques de l'Europe, et particulièrement à celle où il avait, dès 1826, connu et distingué M. Guérard. Les relations qui commençaient alors entre ces deux savants ne furent jamais interrompues par l'absence : il s'établit entre eux un commerce de lettres auquel la mort seule devait mettre fin.

Ce serait peut-être ici le lieu de rappeler tout ce que M. Guérard a fait pour les étrangers et pour ses compatriotes, dans cette grande bibliothèque où il était un si digne représentant de l'érudition française. Mais comment s'arrêter dans une telle énumération, et qui choisir parmi tous ceux qui venaient, chaque jour, lui demander son aide et sa direction? On me pardonnera si je me contente de remplir mon devoir le plus étroit, en acquittant du moins ma dette personnelle. Puis-je oublier qu'il y a plus de vingt ans, sa bienveillance, ses conseils ou plutôt ses leçons, m'apprenaient moi-même à le connaître et à l'estimer? Qui ne sait, d'ailleurs, avec quel zèle il a rempli tous les devoirs d'un bon bibliothécaire; quelle persévérance il avait mise à étudier les collections du département des manuscrits, à en perfectionner les catalogues, à en augmenter les richesses par d'utiles acquisitions? Je dois laisser parler ici les souvenirs qu'il laisse après lui, les adieux touchants qui lui furent adressés par son illustre

---

1. *Monum. Germ.*, t. III, p. xvii.

collègue[1], la voix publique enfin, qui se charge de proclamer son éloge.

Je n'essayerai pas non plus d'apprécier tous les services qu'il a rendus à l'Académie des Inscriptions, soit dans les commissions annuelles des Travaux littéraires et des Antiquités de la France[2], soit dans les commissions spéciales qui se trouvent appelées à examiner ou à décider les questions les plus importantes, telles que les modifications des règlements, les résultats des concours, le choix des correspondants et celui des associés étrangers. Sa religieuse exactitude, l'étendue de ses connaissances, la sûreté de son jugement le désignaient naturellement aux suffrages de ses confrères. Plus d'une fois, ils résolurent de l'élever à la présidence, mais les plus vives instances ne purent triompher de ses refus réitérés. Tous les souvenirs que je rappelle seront recueillis par les soins pieux de l'Académie : aux paroles éloquentes et affectueuses de son président[3], au témoignage signalé de sympathie qu'elle a voulu accorder aux frères de M. Guérard, en se chargeant de composer une inscription funéraire qui exprimât dignement leur douleur et la sienne, elle ajoutera bientôt, sans doute, l'hommage plus solennel qu'elle réserve à la mémoire de ses membres

1. Discours prononcé par M. Hase aux funérailles de M. Guérard (*Paris, Didot*, 1854, in-4°).
2. Il appartenait à la première de ces commissions depuis 1842; à la seconde, depuis 1835.
3. Discours prononcé par M. Lenormant, président de l'Académie des Inscriptions, aux funérailles de M. Guérard (*Paris, Didot*, 1854, in-4°).

les plus illustres et les plus regrettés. Qu'il me soit permis pourtant d'expliquer dès à présent pourquoi, après une vie si laborieuse, M. Guérard ne laisse, dans les recueils mêmes de l'Académie, que des écrits trop rares et trop peu étendus pour attester suffisamment le zèle et les résultats réels de son concours.

La plupart des travaux qu'il a communiqués à ses confrères avaient pour objet des questions qui se rattachaient à son *Polyptyque*, en sorte que de tous les mémoires dont il a donné lecture, il n'en est qu'un dont il ait réclamé l'insertion dans le recueil de l'Académie : c'est celui qu'il a consacré à l'*Explication du capitulaire* DE VILLIS. A ce travail, dernier témoignage de son zèle, il faut ajouter deux *notices* publiées en 1838, l'une *sur le cartulaire de Notre-Dame de la Roche*, l'autre *sur le manuscrit 4628 A de la Bibliothèque du roi*[1]. On doit mentionner aussi la part qu'il a prise au *Recueil des historiens occidentaux des croisades*, d'abord, avant d'être membre de l'Académie, en copiant, d'après les manuscrits de Venise et de Vienne, le texte des *Assises de Jérusalem*[2], et plus tard, comme l'un des commissaires chargés de la publication de ce recueil, en faisant la révision du texte latin des dix premiers livres de *Guillaume de Tyr*, puis en rédigeant les notes qui devaient accompagner ce texte[3]. J'ajouterai

---

1. Notices et extraits des manuscrits, t. XIII, p. 1 et 62.
2. *Histoire de l'Académie*, t. XII, p. 93, 95 et 97.
3. *Ibid.*, p. 220 et 226. M. Guérard appartint à cette commission jusqu'en 1838 ; il y était entré le 5 juillet 1833.

enfin qu'après avoir soumis à l'approbation de l'Académie, en 1847, au nom de la commission des Travaux littéraires, un *Rapport sur la continuation de la Collection des chartes et diplômes*, il fut choisi pour diriger cet important travail, dont il a continué jusqu'à sa mort de hâter les progrès. C'est lui qui a organisé la recherche, la transcription et la collation des documents destinés à entrer dans ce recueil. Il ne cessa pas de surveiller les nombreux détails du plan qu'il avait mûrement médité et dont il poursuivit l'exécution[1], d'année en année, avec un succès toujours croissant, grâce au zèle éclairé d'un de ses élèves, M. Henri Bordier, désigné par l'Académie pour travailler sous la direction de son ancien professeur[2].

---

1. *Histoire de l'Académie*, t. XVI, p. 19.
2. Le tome XIV de l'*Histoire de l'Académie* indique (p. 102) quelques-unes des lectures faites par M. Guérard; les procès-verbaux mêmes de l'Académie fournissent des renseignements plus exacts et plus complets, qui se trouvent réunis dans la liste suivante : 10 mai 1833, *Rapport sur un livre de M. Luigi Cibrario* (inédit); — 23 janvier, 15 avril, 5 et 19 juin, 3 juillet, 14 août 1835, 12 et 19 février, 26 août 1836, *De la popularité du clergé en France sous les deux premières races* (imprimé); — 17 juillet 1835, *Rapport sur les publications de M. Léchaudé d'Anisy* (inédit); — 15 juillet 1836, *Rapport sur un mémoire de M. de Saulcy, relatif aux monnaies de Metz* (inédit); — 2 septembre 1836, *Fragments historiques sur les religieux de Saint-Germain des Prés* (imprimé); 14 juillet 1837, *Rapport du concours sur les impositions publiques dans la Gaule, depuis l'origine de la monarchie des Francs jusqu'à la mort de Louis le Débonnaire* (imprimé); — 21 juillet 1837, *Rapport au nom de la commission des Antiquités nationales* (inédit); — 25 août,

Parmi les travaux que j'ai énumérés jusqu'ici, il en est plusieurs auxquels M. Guérard n'a pas attaché son nom, mais dont il s'acquittait par devoir, sans calculer le temps qu'il dérobait ainsi à ses occupations personnelles. On savait par expérience, à l'Académie, dans les commissions du gouvernement, à la Société de l'histoire de France, que l'on pouvait toujours compter sur son dévouement, et l'on ne se faisait pas faute d'y recourir. Il est vrai qu'il en fut amplement récompensé par l'estime générale et par les distinctions honorables qui lui ont été prodiguées.

2 et 29 septembre, 20 octobre 1837, *Du système monétaire des Francs sous les deux premières races* (imprimé); — 24 novembre et 1er décembre 1837, *Mesures dont il est fait usage dans le Polyptyque de Saint-Germain des Prés* (imprimé dans le *Polyptyque d'Irminon*); — 23 mars 1838, *De l'état des personnes et des terres jusqu'à l'établissement des communes* (imprimé); — 28 décembre 1838, *Rapport sur l'ouvrage intitulé : Éléments de paléographie* (inédit); — 22 novembre et 13 décembre 1839, *Mémoire sur les lides* (imprimé dans le *Polyptyque d'Irminon*); — 6 décembre 1839, *Rapport sur le recueil publié par M. Pertz sous le titre de* MONUMENTA GERMANIÆ HISTORICA (imprimé au *Journal des savants* d'août 1840); — 22 et 29 mai, 5 et 12 juin 1840, *Rapport sur l'édition de Richer* (imprimé au *Journal des savants* d'août et de septembre 1840); — 30 octobre 1840, *Rapport sur l'empreinte d'une monnaie* (inédit); — 3 décembre 1841, *Mémoire sur la terre salique* (imprimé); — 21 mai, 18 et 25 juin 1842, *Fragments d'une notice sur M. Daunou* (imprimé); — 23 avril 1847, *Rapport sur la continuation de la collection des chartes et diplômes* (imprimé); — 15 et 22 juin 1849, *De la formation de l'état social, politique et administratif de la France* (imprimé); — 7 mai, 25 juin, 9, 23 et 30 juillet, 3 et 10 septembre, 26 novembre, 3 décembre 1852 et 28 janvier 1853, *Explication du capitulaire* DE VILLIS (imprimé).

Nommé chevalier de la Légion d'honneur en 1835, il fut promu au grade d'officier en 1847. Il avait été élu, le 1ᵉʳ juillet 1833, correspondant de la Commission des antiquités du département de la Côte-d'Or. Le même titre lui fut conféré le 5 mars 1834 par la Société d'émulation de Cambrai, le 19 août 1843 par la Société royale d'histoire de Lauenbourg, en février 1845 par l'Académie royale de Berlin, et le 29 octobre 1853 par la Société royale des sciences de Gœttingue. En outre, il appartenait, comme membre honoraire, depuis le 27 janvier 1837, à la Société des sciences et lettres de la ville de Blois, depuis le 7 juin 1850 à la Société des antiquaires de la Morinée, et depuis le 1ᵉʳ août de la même année à la Société générale d'histoire de la Suisse. Enfin, quoique étranger à l'Université, il fut appelé, le 13 septembre 1853, dans la Commission de perfectionnement et de surveillance spéciale des lycées de Paris. Aucun de ces titres, ai-je besoin de le dire? ne fut recherché par lui; mais ils lui étaient offerts spontanément, en témoignage de la haute estime qu'il avait conquise, à l'étranger comme en France, par son talent et son caractère.

Il était bien juste, en effet, qu'on ne refusât pas de telles récompenses à un homme modeste et désintéressé, dont presque tous les travaux furent inspirés par l'amour de la science et le sentiment du devoir. En examinant, à la fin de ce volume, la liste des publications de M. Guérard, on reconnaîtra qu'il s'est permis, bien rarement, d'abandonner le terrain de l'érudition et de la critique historique. On doit s'en féliciter, car c'est là qu'il excelle; mais il n'en faudrait pas conclure que ce genre de travaux convînt aussi absolument à ses goûts qu'à son talent. Il se plaignait souvent de ne pouvoir se livrer, comme il l'aurait voulu, à des occupations purement littéraires, et de rester attaché aux pénibles labeurs de l'érudition, qui n'avaient pour lui, disait-il, aucun attrait. On doit croire sans doute qu'il s'abusait lui-même, et que, dominé momentanément par la fatigue, il prenait pour de l'aversion ce qui n'était qu'un besoin de relâche et de distraction. Toujours est-il que, par conscience, il se refusait la plupart du temps le plaisir qu'il aurait eu à s'occuper de compositions moins sérieuses. En effet, si l'on met de côté deux brochures anonymes écrites sous l'influence de graves événements politiques, un court article de critique littéraire, une lettre publiée dans les débats d'une polémique personnelle dont M. Guérard ne se souvenait depuis longtemps que pour les regretter, il sera facile d'énumérer les sujets de son choix qu'il a traités avec prédilection. Ce sera en même temps une occasion de faire connaître plus particulièrement ses goûts et son caractère.

En citant d'abord son éloge en vers du baron de Montyon, je ne prétends pas que cette œuvre imparfaite de sa première jeunesse puisse lui assigner un rang parmi les poëtes; j'en veux conclure seulement qu'il a aimé à faire des vers. On savait d'ailleurs qu'il s'était exercé sur d'autres sujets; mais il ne les communiquait pas, et se contentait de ne pas désavouer le petit poëme anonyme qui avait échoué en 1825 au concours de l'Académie française. Tout en renonçant de bonne heure à ces essais de versification, il avait conservé un goût prononcé pour la poésie. C'était pour lui une grande jouissance de relire avec un ami quelques-uns de ces beaux vers que tout le monde admire, et qu'il ne pouvait entendre sans une émotion profonde. A la vivacité de ses impressions, il était facile de voir qu'il était né pour ces plaisirs nobles et élevés que procure un goût pur et délicat. Plus d'une fois, par une belle journée d'été, des heures entières se sont écoulées à Maisons avec Horace, Virgile, Racine ou Molière. C'étaient là ses poëtes de prédilection. Pour la prose française, il ne mettait rien au-dessus de Bossuet, qu'il avait étudié profondément, en ayant soin d'en noter toutes les locutions remarquables, et particulièrement celles qui s'éloignent de l'usage actuel. C'est à l'école de ce grand génie qu'il avait appris à ne s'écarter jamais des règles du goût et du bon sens[1].

S'il était passionné pour la bonne littérature, M. Guérard ne l'était pas moins pour les beaux-arts. Il visitait souvent le musée du Louvre, en connaissait tous les chefs-d'œuvre, et se faisait un plaisir à l'occasion de servir de guide à ceux qui n'avaient pas

[1]. Personne n'attendait avec plus d'impatience que lui le résultat des vastes recherches que M. Floquet, son ancien condisciple de l'École des chartes, a entreprises avec tant de zèle et poursuivies avec tant de persévérance, pour se préparer à écrire dignement la vie de Bossuet. Les deux volumes qui viennent enfin de paraître, n'auraient pas trouvé de lecteur plus pénétré de l'estime et de la reconnaissance que nous devons tous au pieux dévouement de l'auteur.

son expérience. Il n'y avait donc pas lieu de s'étonner quand on vit paraître, en 1853, dans la *Bibliothèque de l'École des chartes*, un article où il examinait comment doit être disposé un musée de peinture et de sculpture. On aurait pu sans doute lui conseiller de choisir, pour cette discussion, un journal consacré aux arts, plutôt qu'un recueil d'érudition historique; mais on aurait eu grand tort de supposer qu'il se hasardait à traiter cette question avant d'y avoir suffisamment réfléchi. Ce qu'il a écrit alors, il le pensait depuis longtemps et l'avait souvent exprimé dans la conversation. Quoiqu'il aimât à discuter sur la peinture et la sculpture, je ne sache pas qu'il en eût jamais lui-même abordé la pratique : il avait pris seulement quelques leçons de dessin, au lycée de Dijon, et sans y faire de grands progrès. Les lettres qu'il écrivait alors montrent que son goût le plus prononcé était pour la musique. Jamais, en effet, il ne cessa de l'aimer, et s'il abandonna de bonne heure l'instrument dont il s'était occupé dans sa jeunesse, il se plaisait encore, dans les dernières années de sa vie, à copier les airs qu'il avait eu autrefois le plaisir de jouer ou d'entendre. Il tâchait ainsi, quand les forces lui manquaient pour le travail, de se ranimer et de se distraire en rappelant à lui les souvenirs de sa jeunesse.

Au fond, c'était par nécessité plutôt que par goût qu'il menait une vie solitaire, et l'ennui qu'il en ressentait lui a fait regretter plus d'une fois d'être resté dans le célibat. Il se plaignait souvent de n'avoir pas même assez de santé pour recevoir habituellement un petit nombre d'amis. Aussi montrait-il toute sa joie dans les rares occasions où il lui était permis de satisfaire ce désir. Quel accueil empressé on recevait chez lui ! Tout entier à ses hôtes et au bonheur de les posséder, il oubliait ses maux, et parvenait presque à en effacer les traces de sa physionomie devenue alors ouverte et riante. Ceux qui n'ont pas visité M. Guérard dans son petit domaine de Maisons ne le reconnaîtront point à ce portrait, qui est pourtant l'expression fidèle de la vérité. Il jouissait de ces réunions comme ami d'abord, mais un peu aussi comme propriétaire. En même temps qu'il savourait la douceur des longues causeries et des épanchements intimes, il aimait à montrer tout ce qu'il avait fait pour disposer et même pour embellir la retraite où il était si heureux de vous recevoir[1]. Il y avait en effet dans cette modeste habitation la juste mesure d'élégance qu'il avait pu raisonnablement se permettre. A Paris, il aurait eu l'ambition d'orner son appartement de quelques tableaux ; mais à Maisons, il s'était occupé surtout de réunir dans son jardin une grande variété d'arbres et de fleurs, qu'il avait disposés avec goût, numérotés et catalogués avec soin. Il savait le nom de chaque plante, et ne se plaisait pas moins peut-être à montrer ses connaissances en botanique, qu'à faire admirer les arbres déjà grands qu'il avait plantés lui-même.

[1]. Ce qu'il ne disait pas, c'est que souvent il avait entrepris des travaux, moins pour satisfaire ses goûts personnels que pour venir en aide aux ouvriers du pays. Aussi a-t-il laissé à Maisons une mémoire chère et vénérée.

Avant d'acquérir cette petite propriété, il avait pu se procurer les mêmes distractions pendant les longues années qu'il avait passées près de M. de Fortia. La verdure, les fleurs, le chant des oiseaux, avaient pour lui un attrait profond, et fournissaient toujours quelque sujet d'étude à son esprit observateur. On peut lui appliquer avec juste raison ce qu'il a dit lui-même de M. Daunou : « Comme tous les cœurs aimants qui ne s'abreuvent point dans les plaisirs tumultueux du monde, il était extrêmement sensible aux charmes de la nature, qu'il pouvait goûter dans sa solitude. » C'est dans sa retraite de la rue La Rochefoucaud que M. Guérard avait pris l'habitude de recueillir, chaque jour, les notes qu'il a résumées depuis pour publier, dans l'*Annuaire de la Société de l'histoire de France* de 1847, un article intitulé, *Relevé du temps qu'il a fait à Paris depuis dix-huit ans.* Ce petit tableau des jours beaux, mauvais et médiocres, est précédé d'un avertissement plein d'esprit et de gaieté, où l'auteur, tout en se raillant un peu lui-même, laisse deviner avec quel intérêt il avait persisté à réunir les éléments de cette courte publication.

Il est un autre opuscule que M. Guérard a entrepris avec amour, c'est celui qu'il a consacré à sa ville natale. L'éditeur de l'*Histoire des villes de France* tenait beaucoup à pouvoir le citer au nombre des collaborateurs de ce recueil. M. Guérard y consentit, mais à la condition qu'il écrirait exclusivement sur des localités de son arrondissement, et que Montbard serait du nombre. Il acquitta sa promesse en publiant trois morceaux remarquables sur Alise, Semur et Montbard. L'*Histoire de Montbard* surtout est un petit chef-d'œuvre. Pour célébrer dignement sa ville natale, il ne se crut pas obligé d'admettre, comme le croient ses compatriotes, que les bardes eussent fréquenté autrefois le monticule qu'elle occupe, et que de là elle eût reçu le nom de *Mont des Bardes*, d'où serait venu celui qu'elle porte aujourd'hui. « Je suis forcé, dit-il, à mon grand regret, et malgré mon penchant à favoriser les traditions chères au pays, d'élever quelque doute sur une si poétique origine. » En se contentant de rappeler des faits plus certains, il a su animer son récit par une description touchante et gracieuse, qu'il est impossible de lire sans deviner et partager la douce émotion qui inspirait l'auteur. A ce tableau charmant, qui retrace avec des couleurs si vraies le riant aspect du paysage, on reconnaît la nature même, saisie et reproduite dans tout son éclat par un peintre qui a retrouvé les vivantes impressions de son enfance et de sa jeunesse. Il y avait alors plus de douze ans qu'il n'avait revu ces lieux; mais le temps ni l'absence n'avaient pu en effacer l'image. Là il avait goûté les douces joies de la famille, là reposait sa mère chérie; c'était là aussi que son père avait voulu mourir. Touchants et tristes souvenirs! qui étaient profondément gravés dans son cœur. Quand il s'en inspirait pour rendre un pieux hommage aux lieux qui l'avaient vu naître, il ne se doutait pas qu'il y reviendrait bientôt, mais pour être conduit par ses frères en deuil, avec le concours de tous les habitants, jusqu'à la demeure où l'attendaient les restes de ses parents. Il était bien juste, en effet, qu'il fût rendu après sa mort à la ville qui avait eu les premières et les plus constantes affections de son cœur[1]. On a conservé de lui une lettre dans laquelle il peignait avec naturel son bonheur et son émotion en arrivant à Montbard, où il était revenu, en 1823, dans l'espoir d'y rétablir sa santé : « J'espère que la pureté de mon air natal, que je respire avec délices, me fera le plus grand bien.... J'ai trouvé un grand changement en bien dans le pays : les rues sont propres, les maisons blanchies, les boutiques ornées.... Les habitants aussi sont gais et bien portants ; on ne rencontre que de larges faces et des ventres énormes : M. le curé a dix ans de moins, M. B., M. M., mon oncle R. pèsent quarante livres de plus.... Vous serez réellement surpris de la beauté florissante des dames, de l'accroissement vigoureux des marmots, et généralement du bon aspect de tout le monde. J'en serais tout réjoui si je n'entendais dire, d'un bout d'une rue à l'autre : *Oh! qu'il est grand! qu'il est maigre!* Mais le mal seul serait-il contagieux?... J'ai couru avec empressement à la maison et au jardin : celui-ci est dans un état plus satisfaisant que l'autre, mais ce n'est plus le jardin ; tandis que, malgré les ruines, je me retrouve encore dans la maison de mon enfance.... J'ai détourné

---

1. Il a légué à la ville de Montbard ses médailles et la collection de ses ouvrages.

une touffe d'orties pour m'asseoir sur le banc de la terrasse; mais je voudrais habiter là toute ma vie. »

Il formait ce vœu dans la sincérité de son cœur, et comme tant d'autres il n'a pu l'accomplir. Il est vrai que, pendant longtemps, il fit de fréquents voyages à Montbard; mais depuis la mort de son père, il ne s'était plus senti le courage d'y rentrer. En 1851 seulement, il se décida, en revenant du Mont Dore, à se diriger vers Lyon, afin qu'en revenant par cette route, il pût revoir de loin sa ville natale et la saluer après seize ans d'absence. Il y avait alors bien des années que Paris était devenu pour lui, par nécessité peut-être plutôt que par choix, une seconde patrie. Ses fonctions, qui l'y retenaient, l'avaient amené à contracter de nombreuses relations, et en même temps quelques liaisons plus étroites, qui furent toutes durables parce qu'il ne s'y engageait pas à la légère. Il avait pour devise : *Caute sed recte*, et ne faisait rien sans réflexion ni sans l'assentiment de sa conscience. Un de ses élèves les plus distingués, M. Adolphe Tardif, en rendant hommage à son talent, a signalé aussi un des traits de son caractère, quand il a dit : « Sévère pour lui-même, il avait le droit de l'être pour les autres; mais il cherchait l'homme encore plus que le savant, les qualités morales plus encore que les qualités de l'esprit; et du jour où il s'était démontré qu'il pouvait accorder son estime à quelqu'un, sa réserve habituelle faisait place à un empressement affectueux qui étonnait parfois celui qui en était l'objet. Il étudiait le cœur humain avec les procédés critiques qu'il appliquait à l'histoire[1]. » J'ajoute qu'il était un observateur plein de finesse et de sensibilité, capable à la fois d'apprécier et d'aimer les hommes de bien. Il est à regretter qu'il ne se soit pas exercé plus souvent à raconter la vie de ceux qu'il avait connus. Sa courte *Notice sur Gustave Fallot,* l'un des amis qu'il a le plus regrettés, laissait déjà deviner qu'il pourrait exceller dans ce genre d'écrits; mais le travail plus étendu qu'il a consacré à la mémoire de M. Daunou, est véritablement un morceau achevé. J'en appelle au témoignage de ceux qui ont connu l'homme éminent dont la vie et le caractère sont retracés dans cette *Notice.* En parcourant ces pages, qu'anime l'éloquence de la vérité, ils reconnaîtront ce vieillard vénérable, ils le verront revivre, agir et parler; ils admireront de nouveau ses nobles qualités, son désintéressement, son courage, sa modestie, la simplicité de ses mœurs, l'élévation de son esprit; peut-être même ce portrait frappant fait-il ressortir quelques détails nouveaux qui ont échappé à leur observation, tant M. Guérard s'était profondément identifié à son modèle avant de songer à le reproduire.

On se tromperait pourtant si l'on croyait apercevoir dans cette *Notice* l'expression spontanée de l'admiration et de la sympathie ; c'est une œuvre d'étude et de conviction réfléchie. Quoiqu'il y eût

---

[1]. *Bulletin des sociétés savantes,* numéro du 18 mars 1854, p. 31.

des traits frappants de ressemblance entre M. Daunou et M. Guérard, leurs relations, qui ne furent jamais fréquentes, avaient fini par cesser complétement. Un malentendu sépara deux hommes qui semblaient nés pour être unis par les liens d'une estime et d'une affection mutuelles. M. Guérard, qui n'avait rien fait pour amener cette séparation, chercha vainement une occasion, sinon de faire oublier des torts qu'il n'avait pas, du moins de témoigner à M. Daunou sa respectueuse déférence et ses vœux sincères de rapprochement. Ce qu'il n'avait pu accomplir du vivant de son illustre confrère, il le réalisa après sa mort. Il étudia tous les écrits de M. Daunou, prit part à l'édition de ses œuvres posthumes[1], interrogea les personnes qui l'avaient vu de près, recueillit tous les souvenirs, s'enquit de tous les témoignages, et parvint ainsi à pénétrer dans la connaissance intime et familière de cet homme vénérable, afin d'obtenir, à défaut du titre d'ami, dont il était pourtant bien digne, celui d'admirateur généreux et d'éloquent historien. On chercherait vainement dans cette *Notice* la moindre trace du dissentiment dont M. Guérard avait souffert. Il a parlé comme aurait pu le faire un ami de prédilection, un élève reconnaissant et respectueux, oubliant presque ses propres opinions, qui n'étaient rien moins que républicaines, pour mieux apprécier

---

1. Il s'est chargé de préparer l'édition des leçons professées par M. Daunou sur la géographie (*Cours d'études historiques*, t. II). Quand il rédigea sa *Notice*, l'édition complète de ce grand ouvrage n'avait pas encore paru.

dans M. Daunou l'un des partisans les plus fermes et les plus honorables de cette forme de gouvernement.

Après avoir mentionné rapidement le petit nombre d'écrits qui s'éloignent de la ligne habituelle des travaux de M. Guérard, il me resterait à parler de ceux qui ont été l'objet presque constant de ses études, et qui seront toujours placés au rang des chefs-d'œuvre de critique et d'érudition historique. Mais cet examen m'entraînerait trop loin, et je me contenterai de réimprimer à la suite de cette *Notice* les articles que j'avais eu occasion de consacrer, il y a quelques années, au *Polyptyque d'Irminon* et à celui de *Saint-Remi de Reims*. J'y joindrai une liste aussi complète que possible de ses autres publications, afin de faciliter les recherches d'écrivains plus compétents, qui se proposeront un jour, je l'espère, d'apprécier le savant dont il m'appartient moins de parler en juge qu'en élève et en ami.

Mais il me semble qu'à ce dernier titre il me reste encore quelque chose à dire. Je n'ai point assez montré combien M. Guérard était affectueux, dévoué, ingénieux à servir ceux qu'il aimait. Ce qui lui répugnait le plus c'était de solliciter, même pour autrui; au besoin, pourtant, il savait mieux que personne remplir ce devoir. Il prétendait même avoir le secret de rédiger ses lettres de recommandation de telle sorte qu'un ministre ne se dispensât jamais d'y répondre favorablement. Il se faisait illusion, je crois; et quoique ses lettres fussent pressantes et bien tournées, j'en attribuerais plus volontiers le succès au caractère qu'au style du solliciteur. Il était incapable, en effet, de rien demander qui ne lui semblât conforme à la justice, et montrait sur ce point la même sévérité pour les autres que pour lui-même. Il lui était plus facile d'oublier une injure personnelle que de pardonner la plus légère atteinte à la délicatesse et à la sincérité. Rien pourtant ne lui pesait plus que les sentiments d'antipathie et de répulsion : il se demandait alors si les actes qu'il blâmait avec tant de sévérité n'étaient pas le résultat nécessaire d'une organisation vicieuse, et s'il ne vaudrait pas mieux nier la liberté des hommes que de croire à leur perversité. Mais ce n'était là qu'un de ces doutes passagers qui traversent l'esprit sans pénétrer jusqu'à la conscience.

Il était rare, d'ailleurs, qu'il abordât de telles questions, parce qu'il professait peu d'estime pour la philosophie; mais quand il arrivait sur ce terrain, c'était toujours par le cœur qu'il y était attiré. Il était fort préoccupé, par exemple, du mal physique, et ne voyait pas comment on pouvait s'en rendre raison. S'il admettait la souffrance infligée comme punition à l'homme qui a failli, il ne la comprenait plus pour de pauvres animaux, qui n'avaient pu la mériter. Ce n'était pas pour lui une simple spéculation, une thèse qu'il se contentât de discuter et de soutenir, mais une opinion réfléchie et comme une croyance qui influait sur sa conduite, et se traduisait en actes positifs. Il lui est arrivé fréquemment d'intervenir, avec plus de zèle que de prudence, quand il voyait un charretier furieux maltraiter ses chevaux. Heureusement pour lui que des curieux ne manquaient pas de se réunir, et d'imposer par leur présence à son brutal adversaire. Dans le parc de Maisons, où il avait souvent occasion de rencontrer des conducteurs de charrettes, il liait conversation avec eux, s'informait des défauts et des qualités de leurs chevaux, en raisonnait en homme expérimenté grâce à son ancien goût pour l'équitation, leur démontrait que le cheval est un animal généreux qui ne refuse rien de ce qu'il peut donner, et que le véritable secret d'en rester maître c'est de le traiter avec douceur. Il avait aussi une habitude peu pratiquée assurément par ceux qui prennent des voitures dans Paris : c'était de promettre aux cochers de les payer d'autant mieux qu'ils auraient plus ménagé leur attelage. On ne s'étonnera donc pas qu'il ait saisi avec empressement l'occasion de propager ses principes, en devenant un des premiers fondateurs de la Société pour la protection des animaux.

Quoique de tels sentiments soient conformes à la nature et à la raison, il est certain que le genre de vie mené par M. Guérard avait contribué à les entretenir et à les développer. Ce qui n'est pour l'homme du monde qu'une distraction passagère et un simple agrément, devient dans la solitude un besoin et une nécessité de la vie. C'est là surtout qu'un animal domestique est pour nous un compagnon et un ami. M. Guérard, comme tant d'autres, avait cédé à cette influence. Il ne croyait pas être seul quand il avait près de lui son chien fidèle, qui savait tour à tour respecter le travail de son maître ou en provoquer les caresses. A Paris comme à Noyers, il avait voulu se procurer cette jouissance, à laquelle il se crut longtemps incapable de renoncer. Il aimait aussi à nourrir quelques oiseaux, dont les chants étaient pour lui pleins de charmes; mais tous ces hôtes, qu'il avait conservés pendant de longues années, lui furent successivement enlevés, et la vivacité même de ses regrets lui prouva qu'il était plus sage pour lui de ne pas songer à les remplacer.

Au reste, il n'usait de ces innocentes distractions que pour remédier à la fatigue et se mettre plus promptement en état de revenir à l'étude. L'amour du travail était chez lui une passion dominante, dont il essayait toutefois de prévenir au moins les plus dangereux excès. Voilà ce qui explique avant tout les précautions minutieuses qu'il s'imposait pour sa santé; car sans être insensible aux souffrances d'une maladie, il redoutait encore davantage l'inaction qui en était la conséquence. Il s'était donc habitué à s'observer de près en toutes choses, et à s'interdire ce qu'il ne se croyait plus capable de faire impunément. Depuis longtemps il ne se permettait plus le travail du soir, ou du moins il se bornait à faire de courtes lectures, à moins qu'il n'eût à remplir un devoir impérieux et urgent. Il avait également renoncé à dîner hors de chez lui, et ses meilleurs amis n'obtenaient plus, surtout dans les dernières années de sa vie, qu'il dérogeât en leur faveur à cette règle. Il se couchait ordinairement à neuf heures, et se levait à quatre heures du matin pour travailler jusqu'à son premier repas. Le reste de la journée était réservé à ses fonctions jusqu'à trois heures ; il faisait ensuite une courte promenade, et se remettait au travail jusqu'à six heures. Lorsqu'on venait le voir dans la soirée, il aimait à prolonger la conversation aux dépens même de son repos ; mais habituellement il était seul, et cherchait dans quelque travail manuel la distraction dont il avait besoin. Trop souvent il lui arrivait de passer des nuits entières sans sommeil, et de les employer, malgré lui, à méditer sur les difficultés qui l'avaient arrêté la veille. C'étaient là des excès involontaires qu'il se reprochait lui-même.

Plus jeune, il avait moins ménagé ses forces, quoiqu'il eût senti de bonne heure la nécessité d'en régler l'usage. Une lettre du 27 décembre 1832 prouve qu'à peine âgé de trente-cinq ans, il pouvait se prévaloir d'une triste expérience pour adresser des conseils pleins de sagesse et de sollicitude à son père, déjà souffrant de la maladie qui l'enleva au mois de juin 1837 : « Vous possédez déjà le repos et une honorable existence ; puisse l'an 1833 compléter votre bonheur, en y joignant la santé ! Je sais par expérience combien il est difficile de la rétablir sur des bases solides quand une fois elle est devenue chancelante ; mais je suis assuré que, si elle se dérange souvent et si elle nous échappe lorsque nous nous flattions le plus de l'avoir ressaisie, la faute en est principalement dans les petites licences que nous prenons avant le temps. L'amour du travail l'emporte sur mes forces, mon appétit est plus puissant que mon estomac; j'éprouve à chaque instant un besoin vague et trompeur de nourriture : c'est évidemment un désordre dans ma machine, puisque mes désirs vont au delà de mes moyens. Il me faudrait une vertu constante pour me mettre en état de triompher de toutes ces tentations, et pour me maintenir dans une bonne assiette; malheureusement elle me fait quelquefois faute, et aussitôt le bien-être s'arrête, le malaise reprend, et je suis puni comme je l'avais prévu. C'est toujours à recommencer, jusqu'à ce que je me soumette rigoureusement à la règle que je connais, et que je cesse de la violer. »

C'est ainsi qu'à force de prudence et de sobriété il a entretenu et prolongé jusqu'à cinquante-sept ans une existence toujours maladive et laborieuse, sans que jamais la douleur ni le travail aient dépassé la mesure de sa patience et de son courage. Préférant sa santé au plaisir, et tâchant de la concilier avec son devoir, il se flattait d'y réussir; mais sa passion pour l'étude, la seule dont il ne fût pas toujours maître, l'entraînait à son insu au delà des bornes qu'il s'était prescrites. La souffrance avait altéré profondément sa physionomie sans affaiblir l'énergie de sa volonté, qui semblait au contraire s'affermir dans les efforts mêmes de cette lutte continuelle. Un commencement de cataracte s'était joint, il y a peu d'années, à toutes les infirmités dont il était depuis longtemps atteint : il accepta sans murmure cette nouvelle épreuve et les dures privations qu'elle lui présageait. La pensée même de la mort, qu'il vit de près plus d'une fois, ne troublait pas son courage, quoiqu'il n'eût pas la consolation de l'envisager en chrétien. Il comprenait pourtant, et il me dit un jour qu'il enviait le bonheur de ceux que la foi établit dans une paix solide, à l'abri des doutes et des perplexités de la raison humaine. Je ne dirai pas qu'il tolérait leurs croyances; il les respectait, il honorait sincèrement tous ceux qui en faisaient profession, et ne se disait pas tout bas que leur intelligence fût pour cela inférieure à la sienne : il allait jusqu'à renoncer à ses propres habitudes, quand elles pouvaient gêner les autres dans l'observation d'un devoir religieux. Sa science même l'avait conduit à étudier dans l'histoire et à comprendre mieux que personne l'influence du christianisme. Il en a constaté et célébré les bienfaits dans plusieurs de ses écrits; on peut dire également qu'il en a honoré la morale, en la prenant pour règle de sa conduite. Du reste, il était profondément convaincu de l'existence de Dieu; et cette conviction n'était pas seulement la conséquence d'un froid raisonnement, c'était aussi un sentiment naturel et comme nécessaire à son cœur pur et affectueux, qui semblait si bien préparé aux douces émotions de la prière. Il m'écrivait du Mont-Dore, en 1851 : « Hier je comptai ici, dans un petit village qui n'a pas quatre-vingts maisons, plus de cinq cents personnes à la procession de la sainte vierge. Toutes les femmes y étaient, et les hommes, qui ne la suivaient pas, se mettaient à genoux sur son passage. Cette cérémonie m'a paru plus touchante que toutes celles qui se font à Paris et dans les environs, où l'on ne voit ni la même foi ni la même simplicité. Ces bonnes gens, qui gagnent de huit à vingt-cinq sous par jour, et qui sont usés par le travail, n'ont que des actions de grâce à rendre à la bonne vierge. »

Cette foi, qu'il avait possédée dans son enfance, et qu'il admirait encore après l'avoir perdue, ne l'aura-t-il pas retrouvée à l'heure suprême? Quelles furent alors ses pensées, ses désirs et ses regrets? Dieu seul les a connus; mais s'il ne révèle pas tous les secrets de sa miséricorde, nous savons qu'elle est infinie, et qu'il nous ordonne d'y espérer toujours. Comment en effet ne pas espérer au souvenir de cette vie de travail, de dévouement, de souffrance, toujours dirigée et soutenue par une volonté droite et ferme? Tant de vertus et d'excellentes qualités, juste objet de nos respects, de nos affections et de nos regrets, ne sont-elles pas au nombre de ces dons qui viennent de Dieu sur la terre pour retourner à lui dans le ciel?

FIN DE LA NOTICE SUR M. GUÉRARD.

TABLE SOMMAIRE

DE LA

NOTICE SUR M. GUÉRARD.

Naissance de M. Guérard; sa famille, p. 191. — Son amour pour sa ville natale, p. 192. — Sa première éducation; il entre au lycée de Dijon; ses amitiés, p. 193. — Il se destinait à l'École polytechnique, p. 194. — Il perd sa mère, p. 195. — Il devient, contre son gré, professeur à Noyers, p. 196 — Son premier voyage à Paris, p. 197. — Rentré au collége de Noyers, il y tombe malade d'ennui, *ib.* Il revient à Paris, et veut se faire naturaliste, p. 198. — Il entre chez un banquier, p. 200. — Il est nommé surnuméraire à la Bibliothèque royale, *ib.* — Il suit les cours de l'École des chartes, p. 201. — Il obtient le titre d'auxiliaire à la Bibliothèque, p. 202. — Il concourt à l'Académie française, *ib.* — Son prospectus des *Annales de Hainaut*, p. 203. — Il entre en relation avec M. de Fortia, p. 204. — Il devient son collaborateur et son locataire, p. 205. — M. Rémusat le décide à quitter l'antiquité latine pour le moyen âge, p. 208. — Son *Essai sur les divisions territoriales de la Gaule*, *ib.* — Ses nominations à la Bibliothèque royale, à l'Académie des inscriptions et à l'École des chartes, p. 209. — Il dédie son *Polyptyque d'Irminon* à la mémoire d'Abel Rémusat, p. 210. — Mort de M. de Fortia, p. 211. — M. Guérard achète une petite propriété à Maisons, p. 212. — Ses *Cartulaires* et son *Polyptyque de Saint-Remi*, p. 213. — Ses fonctions à l'École des chartes, p. 214. — Ses travaux à la Commission des archives, p. 215. — Son assiduité à la Société de l'Histoire de France, *ib.* — Il est nommé conservateur à la Bibliothèque impériale, p. 216. — Ces nouvelles fonctions altèrent gravement sa santé, p. 217. — Sa dernière maladie et sa mort, p. 218. — Il avait ordonné de détruire ses papiers, p. 219. — Son opinion sur les publications posthumes, p. 221. — Il avait recueilli des notes considérables sur toutes ses lectures, *ib.* — Idée de ses autres travaux, p. 222. — Son cours de diplomatique est connu par une publication de M. Géraud, *ib.* — M. Guérard a fait paraître quelques extraits de ses autres cours, p. 223. — L'ensemble de son enseignement sera recueilli par M. Léopold Delisle, p. 224. — Son influence comme professeur, p. 225.— Son discours d'ouverture, p. 226. — Des articles anonymes insérés dans *l'Universel*, contiennent les mêmes pensées, *ib*. — Ils expriment d'ailleurs des opinions propres à M. Guérard, p. 228. — Ils témoignent de ses relations avec M. Pertz, *ib*. — C'est à la Bibliothèque royale que ces relations ont commencé, p. 230. — Souvenirs laissés par M. Guérard dans cet établissement, *ib*. — Ses travaux académiques, p. 231. — Nombreuses distinctions qui lui furent décernées, p. 234. — Il se lassait quelquefois de l'érudition, p. 236 — Sa préférence pour la poésie et la littérature, *ib*. — Son amour des beaux-arts, son article sur le musée, son goût pour la musique, p. 237. —Il s'ennuyait de sa vie solitaire, p. 238. — Combien il était sensible au spectacle de la nature; son *Relevé des jours beaux, mauvais et médiocres*, p. 240. — Son *Histoire d'Alise, de Semur et de Montbard*, p. 241. Constance de son affection pour sa ville natale, p. 242. — Ses relations et ses amitiés à Paris, p. 243. — Ses *Notices sur G. Fallot* et *M. Daunou*, p. 244.—Pensée qui inspira ce dernier travail, *ib*. — De ses travaux d'érudition et particulièrement de ses *Polyptyques*, p. 246. — Caractère de M. Guérard, son cœur aimant, sa probité sévère, *ib*. — Sa sollicitude et son attachement pour les animaux, p. 247. — Son régime et ses habitudes, p. 249. — Sa santé altérée dès sa jeunesse, p. 250. — Sa vie de souffrance et de travail, sa fermeté, ses opinions religieuses, p. 251. — Sa fin, p. 253.

FIN DE LA TABLE SOMMAIRE DE LA NOTICE SUR M. GUÉRARD.

DISCOURS

PRONONCÉ PAR M. GUÉRARD

POUR L'OUVERTURE DU COURS DE PREMIÈRE ANNÉE

A L'ÉCOLE DES CHARTES [1].

Nos études, messieurs, n'ont pas seulement pour objet la lecture et la critique des chartes, comme le titre de notre École semblerait l'indiquer; elles ont beaucoup plus d'étendue et doivent embrasser histoires, chroniques, biographies, notices, poëmes, sermons, bréviaires, diplômes, lettres, enfin tous les genres de monuments écrits ou figurés du moyen âge, considérés surtout dans ce qu'ils ont de relatif à l'histoire, au droit public, aux lois et aux institutions, aux mœurs et aux usages, en un mot, à l'état de la civilisation de la France et des principaux pays de l'Europe, pendant une période qui s'ouvre à la naissance de la monarchie française et se ferme à l'avénement au trône de François Ier. La réunion de toutes les connaissances indispensables pour la parfaite intelligence de ces monuments constitue ce

---

1. Ce discours a paru en 1832 dans la *France littéraire*, t. I, p. 268.

qu'on appelle la science de la diplomatique. Ce sont les bénédictins de la congrégation de Saint-Maur qui, les premiers, en ont découvert les principes et tracé les règles ; ce sont eux qui les premiers ont su en former un corps de doctrine, et qui l'ont portée au degré de certitude où elle est parvenue. La science est moderne et ne date véritablement que de Mabillon. Avant lui on suivait, dans la critique des diplômes, une marche peu sûre; on procédait plutôt par instinct que par science, et moins par principes que par routine. Le P. Papebroch, jésuite, avait à la vérité établi des règles, dans son *Propylæum antiquarium*, pour déterminer la date et l'authenticité des manuscrits; mais ces règles étaient incertaines, inexactes et souvent fausses. Mabillon, qu'une immense lecture de chartes et de manuscrits de tous les genres avait initié à tous les secrets de la paléographie, reconnut aussitôt les erreurs du savant Bollandiste. Il les combattit avec force, quoique avec mesure, et, posant lui-même les vrais principes de la science, il éleva sur des bases inébranlables et sous le titre modeste de *De Re diplomatica*, un monument accompli d'érudition et de critique, que les attaques les plus vives n'ont pu atteindre, et qui doit rester à jamais comme un guide et une autorité infaillibles pour tous les savants. Disons à l'honneur du jésuite Papebroch que, sacrifiant son amour-propre au respect dû à la vérité, il s'empressa, malgré ses amis, d'avouer qu'il s'était trompé, et de couvrir de son imposant suffrage l'œuvre de l'illustre bénédictin. Quoique la diplomatique ne remonte véritablement comme science que jusqu'à Mabillon, de grands travaux, qui supposent dans leurs auteurs une parfaite intelligence des manuscrits et des diplômes, avaient été exécutés sur le moyen âge longtemps avant lui, et même avant la naissance de la congrégation dont il est l'une des principales gloires. Déjà le chartreux Surius avait publié un recueil des vies des saints; le cardinal Baronius, les Annales ecclésiastiques; Canisius, les *Antiquæ lectiones*, dont Basnage a donné une seconde édition sous le titre de *Thesaurus monumentorum ecclesiasticorum*. Déjà Bongars avait mis au jour les historiens des croisades; Marquard Freher et Melchior Goldast, les historiens des Germains et d'autres peuples du nord; André Duchesne, ceux de la France; le jésuite Sirmond, la collection des conciles; les Bollandistes, les premiers volumes des *Acta sanctorum*. Déjà le public avait été mis en possession des ouvrages d'Aubert Lemire, d'Ughelli, de Selden, de Spelman, de Lindebroge, et, parmi les nationaux, de ceux du greffier du Tillet, du président Fauchet, de P. Pithou, de Jérôme Bignon, de Doublet, de Pasquier, et d'autres auteurs du même genre. Les noms du jésuite Labbe, d'Hadrien de Valois, de Charles Du Cange devenaient célèbres, quand à peine la congrégation de Saint-Maur s'était fait connaître dans la carrière où elle s'est tant illustrée par la suite. Cependant elle nourrissait dans son sein, dès cette époque, des hommes d'un grand savoir; et l'on raconte que le jésuite Sirmond, au lieu de se donner la peine de rechercher aux diverses sources les passages qui lui manquaient, allait à l'abbaye de Saint-Germain des Prés trouver le P. Ménard, qui lui indiquait sur-le-champ le livre et le chapitre de l'ouvrage où ils étaient imprimés. Mais jusqu'à l'année 1655, date de la publication des premiers volumes du *Spicilegium* de D. Luc d'A-chery, les bénédictins de la congrégation de Saint-Maur n'avaient encore mis au jour aucune composition ou compilation importante pour l'histoire du moyen âge. Il est vrai que cette congrégation ne faisait que de naître. La réforme de l'ordre de Saint-Benoît, commencée en 1600, à l'abbaye de Saint-Vanne de Verdun, s'était rapidement introduite dans plusieurs monastères de Lorraine et de France ; et comme il était difficile de les réunir tous en un même corps, on forma des monastères de France une congrégation indépendante de celle de Lorraine ou de Saint-Vanne, et on lui donna le nom de saint Maur, disciple de saint Benoît. Érigée par Louis XIII, en 1618, elle fut confirmée en 1621 par le pape Grégoire XV, et comprit bientôt un grand nombre d'abbayes. Les principales, dont il est bon de rappeler les noms, étaient Saint-Germain des Prés et les Blancs-Manteaux, à Paris ; Saint-Denis en France, Saint-Remi et Saint-Nicaise de Reims ; Saint-Ouen, Bonne-Nouvelle et Saint-Amand de Rouen, Saint-Faron de Meaux, Saint-Pierre de Jumiége, Saint-Vandrille, Saint-Pierre et Saint-Paul de Ferrières en Gâtinais, la Trinité de Vendôme, Saint-Père de Chartres, Saint-Martin de Pontoise, Saint-Pierre de Corbie, Saint-Médard de Soissons, Saint-Benoît-sur-Loire, Saint-Lomer de Blois, Saint-Mélaine de Rennes ;

les abbayes de Conches, de Grasse, du Bec, de la Chaise-Dieu, de Bourgueil, du mont Saint-Michel, de Redon, de Sorèze, de Marmoutier, de la Daurade de Toulouse et beaucoup d'autres. Celle de Saint-Germain des Prés était la plus célèbre de toutes et comme le centre commun de la congrégation. Le roi Louis XIII ayant repris Corbie en 1636, les nombreux manuscrits que renfermait l'abbaye de cette ville et qui se distinguaient moins encore par leur nombre que par leur ancienneté, furent transportés à Saint-Germain des Prés, et composèrent le fonds le plus précieux de la bibliothèque de ce monastère, la plus riche de France en manuscrits, après celle du roi. Les bénédictins y trouvèrent une mine presque inépuisable pour leurs publications, qui bientôt se succédèrent avec rapidité, et que nous allons passer en revue. Les *Acta sanctorum ordinis Sancti Benedicti* du P. d'Achery et du P. Mabillon suivirent le *Spicilegium;* puis vinrent les Annales de l'ordre de Saint-Benoît, le *Vetera analecta*, et la Diplomatique, publiés par le même Mabillon; le *Concilia Rotomagensis provinciæ*, de D. Bessin; le *Thesaurus anecdotorum*, et l'*Amplissima collectio,* par Martène et Durand; les anciens Rits de l'Église, par D. Martène seul; le Recueil des lettres des papes, par D. Constant; le *Gallia christiana,* par le P. de Sainte-Marthe et ses continuateurs; l'Antiquité expliquée, avec le supplément, et les Monuments de la monarchie française, par Bernard de Montfaucon; le *Bibliotheca bibliothecarum,* par le même; la nouvelle édition du Glossaire de Ch. Du Cange, avec le supplément, par D. Dantine et D. Carpentier; l'Histoire littéraire de la France, par D. Rivet et ses continuateurs; le Nouveau Traité de Diplomatique, par D. Toustain et D. Tassin; le Recueil des Historiens de la Gaule et de la France, par D. Bouquet et ses continuateurs. Parmi les histoires particulières des provinces, des villes, des églises ou des monastères, nous distinguerons l'Histoire des Abbayes de Saint-Ouen de Rouen, de Saint-Amand de la même ville, et de Sainte-Catherine du Mont, par D. Pommeraye; l'Histoire des archevêques de Rouen, et celle de l'église cathédrale de la même ville, par le même; l'Abrégé de l'histoire de l'ordre de Saint-Benoît, par Bulteau; l'Histoire de Notre-Dame de Soissons, par D. Germain; l'Histoire de l'abbaye de Saint-Denis, et celle de la ville de Paris, par D. Félibien, cette dernière continuée par D. Lobineau; l'Histoire de Saint-Germain des Prés, par D. Bouillart; l'Histoire de Bretagne et la Vie des saints de cette province, par D. Lobineau; l'Histoire du Languedoc, par D. de Vic et D. Vaissette; celle de Bourgogne, par D. Plancher et D. Merle; celle de Bretagne, par D. Morice; l'Art de vérifier les dates, par D. Clément; l'Histoire de Coucy et celle de l'église de Meaux, par D. Toussaint-Duplessis; la Description de la Haute-Normandie, et les nouvelles Annales de Paris, par le même; l'Histoire de la ville de Bordeaux, par D. de Vienne d'Agneaux, etc. : en tout, 40 auteurs environ et plus de 160 volumes, la plupart in-folio. Si nous ajoutons à ces ouvrages, qui se rapportent tous aux sciences historiques, les éditions des écrivains ecclésiastiques et laïques, et les autres livres de tous genres que nos bénédictins ont mis au jour, nous trouverons une masse d'écrits formant la matière de plus de 400 volumes in-folio. Enfin, si nous faisons entrer dans notre calcul les ouvrages qu'ils ont laissés en manuscrit, et dont quelques-uns sont très-considérables, nous devrons plus que doubler le chiffre que nous avons obtenu, et porter au moins à 1000 volumes in-folio les écrits des religieux de la congrégation de Saint-Maur.

A la vue de tant et de si grands travaux, qui d'une part ont enrichi surtout l'histoire du moyen âge, et qui feront à jamais honneur à la France, et qui, de l'autre, ont procuré des bénéfices énormes à notre librairie, on ne peut s'empêcher de déplorer l'anéantissement de cette illustre congrégation, qui n'a jamais troublé l'État et qui s'est autant distinguée par sa piété que par son amour pour l'étude; et l'on éprouve un sentiment pénible d'entendre l'un de ses plus savants religieux, à la fin d'une carrière qu'il avait consacrée aux lettres et à la pratique de toutes les vertus chrétiennes, demander, au nom de ses frères, que, pour prix de leurs services, on veuille bien les admettre au nombre des citoyens utiles.

Vers le milieu du siècle dernier, la congrégation de Saint-Maur étendant de plus en plus le cercle de ses travaux, entreprit de doter notre pays de l'histoire et de la topographie particulières de chacune des provinces dont il se compose; et, pour mettre plus d'ordre dans l'exécution de cette grande entreprise, elle partagea tout le royaume entre ses ouvriers les plus habiles. La Normandie et le pays Chartrain échurent à D. Lenoir, la Picardie à D. Caffiaux et à D. Grenier, l'Orléanais et la Touraine à D. Geroux, la Bourgogne et la Bresse à D. Villevieille, le Berri à D. Turpin, les autres provinces à d'autres de leurs confrères. Il me suffira, pour donner une idée de la tâche que s'étaient imposée ces religieux, de dire que le travail exécuté par D. Grenier sur la province de Picardie, et qui nous a été conservé en liasses et en portefeuilles, remplirait seul plus de cinquante volumes in-folio. Ajoutons que nos bénédictins, par surcroît de besogne, avaient, en outre, accepté la principale part qui leur avait été dévolue dans le travail exécuté par l'ordre et sous les auspices du gouvernement pour la collection des chartes et diplômes. Toutes ces vastes entreprises littéraires semblaient donc assurer pour longtemps à la France la supériorité dans les sciences historiques qui concernent le moyen âge, lorsque tout à coup la révolution de 1789, qui régénéra notre ordre social, vint arrêter les progrès de l'érudition. Ce sera une source éternelle de regrets pour la science que le temps ait manqué à nos bénédictins : leur suppression précipitée a déshérité la France de trésors inestimables pour l'histoire, et, j'ose le dire, pour la civilisation. Leurs grands ouvrages, dont quelques-uns seulement seront continués, non sans beaucoup de difficulté et de frais, resteront la plupart inachevés, comme un monument du mérite de leurs auteurs et de notre impuissance, et témoigneront assez haut à la postérité que les moines ne méritaient pas tous d'être relégués dans la classe des citoyens inutiles. Le décret de l'Assemblée nationale qui abolit la congrégation de Saint-Maur avec tous les autres ordres religieux, et qui mit fin à ses travaux, fut particulièrement funeste chez nous à l'étude de la diplomatique. Depuis cette époque elle y fut en effet de plus en plus abandonnée; les corps savants conçurent même la crainte que l'histoire de notre pays pendant l'ancien et le moyen âge ne fût bientôt déshéritée entièrement des secours auxquels, durant un siècle et demi, elle avait dû tous ses progrès.

Enfin le gouvernement, sur les instances de l'Académie des inscriptions et belles-lettres, songea aux moyens de ranimer des études jadis si florissantes, et fonda, vers le commencement de l'année 1821, un nouvel établissement d'instruction publique sous le nom d'*École des chartes*. Cette institution unique, destinée à remplacer celles de même genre qui jadis s'étaient formées naturellement dans les congrégations de Saint-Vanne et de Saint-Maur, dont les principaux monastères étaient, pour ainsi dire, autant d'écoles des chartes, eut à peine produit une douzaine d'élèves, qu'elle se vit enlever la plus grande partie des fonds nécessaires à son entretien; ses cours privés d'encouragement devinrent aussitôt déserts. Tombée dans le délaissement, elle menaçait de s'éteindre dans l'oubli, lorsque le besoin tous les jours de plus en plus pressant de ses services se fit de nouveau sentir, et força, en quelque sorte, le gouvernement de la remettre en activité. L'ordonnance du roi du 11 novembre 1829, qui l'a rappelée à la vie, paraît lui assurer un heureux avenir; le sort des élèves est amélioré, plusieurs carrières honorables leur sont ouvertes, et je ne pense pas qu'elle ait à craindre, sous le régime actuel, que le modeste prix mis à son travail lui soit encore une fois ravi.

Les études auxquelles vous êtes appelés, messieurs, ne se présentent pas à vos yeux sous des dehors bien séduisants ; cependant à peine y aurez-vous fait quelques progrès qu'elles vous paraîtront moins ingrates, et plus tard vous les trouverez attachantes et susceptibles du plus grand intérêt. La carrière de l'érudition réserve à ceux qui s'y engagent des surprises et des jouissances aussi vives qu'on peut en trouver dans celle des lettres et des beaux-arts. La découverte d'une pièce inédite, l'intelligence d'un passage ou d'un fait qui n'avait pas encore été compris ou expliqué, et le plaisir, en consultant les restes écrits d'une civilisation qui n'est plus, de rencontrer ce qu'on n'a vu nulle part dans les histoires, dans les mémoires ni dans les dissertations qu'on a lus, ont un charme qu'on ne conçoit bien qu'après l'avoir éprouvé. Toutes nos recherches d'ailleurs se rattachent à l'histoire, et l'histoire a hérité seule de tout l'intérêt que le public portait jadis à des compositions d'une autre espèce, aux compositions théologiques et ascétiques, par exemple, qui sont à peu près abandonnées de tout le monde aujourd'hui. Mais quoique le genre historique soit de nos jours en grand honneur, nous devons avouer que les siècles de l'érudition sont passés. Actuellement on s'attache moins à savoir beaucoup ou bien, qu'à connaître les faits principaux pour en tirer des généralités et des systèmes. Cette méthode est peu scientifique, et ceux qui la suivent manquent en général d'une solide instruction ; ils font beaucoup moins de frais de mémoire que de frais de sentiment, d'esprit et d'imagination ; ils raisonnent beaucoup plus qu'ils ne prouvent ; ils endoctrinent beaucoup plus qu'ils n'éclairent, et procurent, en somme, assez peu d'agrément. Cependant leur langage sentencieux et leur style figuré plaisent un moment à la multitude ; on les traite d'esprits profonds, parce qu'ils sont subtils, et le titre de savants leur est décerné sans examen. Les écoles, qui, dans le siècle dernier, se distinguaient par des qualités et des défauts à peu près pareils, sont bien déchues de leur ancienne réputation ; celles qui leur ont succédé et dont un de nos savants les plus recommandables combattait, il n'y a pas longtemps, au Collége de France, les doctrines exclusives et les prétentions exagérées, n'obtiendront pas sans doute un sort plus heureux. Tels auteurs que les organes habituels de l'opinion publique nous présentent comme des rivaux ou de dignes successeurs de Montesquieu, n'atteindront pas, je le crains, à la hauteur de Mably, dont la génération actuelle ne veut déjà plus. Il n'en sera pas de même de l'abbé Dubos, que l'immortel auteur de l'*Esprit des lois* a si cruellement, et, j'ose le dire, si injustement maltraité : le savant abbé survivra. Il est même parvenu, malgré les vives attaques du philosophe gentilhomme, à fonder sa république armoricaine, qui depuis a été reconnue généralement. Ils survivront aussi nos illustres bénédictins ; on ne les citera guère, il est vrai, mais on les consultera, on les pillera journellement. En attendant, messieurs, que vous puissiez les imiter, vous allez travailler comme eux, embrasser leur méthode et suivre leur marche. Mettant de côté tous les systèmes, oubliant même pour un temps les ouvrages de seconde main, vous vous attacherez à voir de près plutôt que de haut, pour me servir de l'expression de M. Daunou; à recueillir tous les faits comme ils se présenteront; à les étudier d'abord isolément, pour acquérir une intelligence parfaite de chacun d'eux, puis à les rapprocher les uns des autres, pour les considérer dans leur ensemble et pour les généraliser. Lorsque vous en tirerez les conséquences qui souvent en découlent, vous aurez soin de n'en extraire rien de plus que ce qui s'y trouve, mais aussi d'en exprimer tout ce qu'ils contiennent; autrement vous y prendriez trop ou trop peu et vous courriez le risque, en péchant contre la logique, de tomber dans les conjectures ou dans le faux. Placés face à face avec les originaux, vous toucherez aux sources de l'histoire, sans qu'aucun intermédiaire s'interpose entre vous et les monuments sur lesquels elle se fonde; c'est vous qui, chargés de fouiller les vieux titres de nos annales, devrez fournir un jour à la plume de l'écrivain le thème, et, pour ainsi dire, la matière première de ses compositions historiques. Tels sont les principes qui doivent, je le pense, vous servir de guides, et telle est la tâche qui vous est réservée. Appelé depuis peu de temps à prendre part à vos travaux, je m'efforcerai de suppléer par mon zèle aux lumières que certainement vous auriez trouvées dans l'homme vénérable auquel je succède. M. l'abbé Lespine, dont la Bibliothèque du roi et les anciens élèves de l'École des chartes déplorent la perte, était destiné à présider à vos exercices. L'étude du moyen âge, qui l'occupa toute sa vie, son habileté à déchiffrer les vieux textes et l'intelligence qu'il avait de la basse latinité, ainsi que des anciens idiomes de notre pays, le rendaient bien digne de vous diriger dans la carrière que vous embrassez aujourd'hui. J'ajouterai que son humeur toujours égale, ses mœurs simples et douces, sa modestie et ses autres vertus éminentes vous l'auraient rendu cher, comme il l'était à toutes les personnes avec lesquelles il a vécu, et qui, sans jamais recevoir de sa part le plus léger sujet de chagrin ou de plainte, ont constamment éprouvé l'indulgence et la bonté qui faisaient le fond de son caractère.

Ancien élève de l'École des chartes, où j'ai eu l'avantage de suivre les leçons de feu M. l'abbé Lespine, je viens avec joie, au milieu de vous, reprendre mes premiers travaux en diplomatique et me consacrer entièrement aux études auxquelles nos savants bénédictins ont rendu d'immenses services. La tâche qu'ils ont si glorieusement remplie a rendu la nôtre beaucoup moins pénible. Ils avaient à maintenir leur doctrine contre des hommes qui n'en admettaient ni les règles ni les principes, et qui traitaient de frivole et de chimérique l'étude des diplômes, dont ils contestaient même l'authenticité. Ils ont eu, avant de triompher, à soutenir une lutte opiniâtre contre des adversaires d'un grand savoir, contre les Germon, les Marsham, les Hardouin, les Simon, les Lenglet, contre Voltaire lui-même. Enfin personne n'élève plus de doute aujourd'hui sur la réalité de la science qu'ils ont fondée; aussi n'aurai-je pas à en défendre devant vous les principes : la seule tâche qui me reste à remplir, c'est de vous les exposer.

B. Guérard,
Professeur de diplomatique à la Bibliothèque du roi.

EXTRAIT

DU JOURNAL DES SAVANTS.

(Février, juillet et septembre 1845.)

Polyptyque de l'abbé Irminon, ou Dénombrement des manses, des serfs et des revenus de l'abbaye de Saint-Germain des Prés sous le règne de Charlemagne, publié d'après le manuscrit de la Bibliothèque du roi, avec des Prolégomènes pour servir à l'histoire de la condition des personnes et des terres depuis les invasions des barbares jusqu'à l'institution des communes, par M. B. Guérard, membre de l'Institut. Paris, Imprimerie royale, 1844, 2 vol. in-4, le 1er (divisé en deux parties) de VII et 984 pages, le 2e de 463. Chez M. Duprat, libraire de l'Institut de France, rue du Cloître-Saint-Benoît, 7, et Videcoq père et fils, libraires, place du Panthéon, 1.

Le premier volume de cet ouvrage vient de paraître à la fin de 1844, huit ans après le second, qui renferme le texte du Polyptyque et qui, imprimé dès 1836, fut dédié à la mémoire de M. Abel Rémusat. L'auteur, en publiant si longtemps d'avance un texte qui devait l'occuper encore pendant plusieurs années, voulut en même temps offrir un témoignage de reconnaissance et de regrets au savant illustre dont il avait reçu les conseils et les encouragements. M. Rémusat, qui avait suivi avec le plus vif intérêt les premiers travaux de M. Guérard, avait aussi connu et approuvé le projet de cette nouvelle publication; mais il a pu seulement prévoir le succès d'un ouvrage qui ne devait être terminé que douze années après sa mort. Sur quels motifs reposait le préjugé favorable qu'il en avait conçu? M. Guérard l'explique en partie dans sa préface[1] : « Un manuscrit aussi important pour notre histoire que celui du Polyptyque d'Irminon ne pouvait manquer, dit-il, d'attirer l'attention des écrivains qui s'occupaient du moyen âge. Aussi Mabillon, Lebeuf et d'autres savants illustres, en ont fait un grand usage dans leurs travaux ; et il y a plus de seize ans que M. Naudet a composé, à l'aide des données qu'il contient, la principale partie d'un très-bon mémoire concernant l'état des personnes en France sous les rois de la première race. » Mais un sujet bien choisi ne suffit pas pour assurer le succès d'un livre, et je dois présumer que M. Rémusat, tenant compte aussi du talent de l'auteur, l'avait jugé capable d'un travail qui exigeait à la fois une méthode exacte, un esprit pénétrant et une érudition profonde. Telles sont, du moins, les qualités que devait réunir, à mon avis, le commentateur d'un polyptyque où l'on trouve des matériaux divers à coordonner, des problèmes difficiles à résoudre et des données souvent insuffisantes, qu'il faut combiner avec des textes épars dans un grand nombre de collections imprimées ou manuscrites. Pour examiner si ces conditions se trouvent remplies dans l'ouvrage de M. Guérard, je commencerai par en exposer la division générale.

Le second volume renferme, comme je l'ai déjà

---

1. Page III.

dit, le texte du Polyptyque d'Irminon, ou du moins ce qui en reste aujourd'hui. Ce texte est suivi, dans le même volume, d'un appendice (p. 283 à 406) renfermant quarante-deux pièces justificatives, qui sont pour la plupart inédites ; une table alphabétique des matières (p. 407 à 447), un glossaire (p. 448 à 458), et enfin une table des chapitres terminent ce volume, qui forme la partie latine de l'ouvrage. Le premier volume renferme la partie française, c'est-à-dire, 1° les *Prolégomènes* (p. 1 à 822), dans lesquels l'auteur a discuté les questions fort nombreuses et fort diverses que fait naître l'étude des textes réunis dans le second volume; 2° les *Commentaires* (p. 825 à 903), où il a entrepris de présenter un résumé statistique de chacun des fiscs du Polyptyque; 3° les *Éclaircissements* (p. 907 à 975), qui servent de développement ou de preuves à certains passages des *Prolégomènes*, et qui sont des dissertations spéciales ou des notes étendues, accompagnées d'un certain nombre de pièces justificatives. La table des matières qui termine ce volume fournit des moyens de recherches très-suffisants pour les Prolégomènes et les Commentaires. Quelques lecteurs regretteront de n'y pas trouver l'indication sommaire des dissertations et des pièces qui sont entrées dans les Éclaircissements. L'auteur aura supposé peut-être qu'il lui suffisait d'avoir mis en rapport par des chiffres de renvoi les passages qui se correspondent dans ces deux parties de l'ouvrage.

Avant de s'occuper du Polyptyque, M. Guérard a cherché à déterminer le temps auquel l'auteur de ce recueil devint abbé de Saint-Germain des Prés. Dom Bouillard, dom Tassin, et les auteurs du nouveau *Gallia christiana*, avaient prolongé jusqu'à l'année 811 la vie de l'abbé Robert, prédécesseur d'Irminon; mais les mêmes auteurs rapportent, d'après Jacques du Breul, que Robert fut précepteur de Pépin le Bref, et M. Guérard fait observer, avec juste raison, que Pépin le Bref étant né en 714, le précepteur, nécessairement plus âgé que l'élève, aurait été plus que centenaire en 811 : il fixe donc avec plus de vraisemblance la mort de Robert et l'avénement d'Irminon vers l'an 800, c'est-à-dire dix années après le dernier acte où il soit fait mention de l'abbé Robert, et onze années avant le testament de Charlemagne, qui fut souscrit par l'abbé Irminon. Il prouve que le continuateur anonyme d'Aimoin, qui rapporte à l'an 812 l'élection d'Irminon, ne mérite, sur ce point, aucune confiance, puisqu'il est en contradiction avec un texte précis d'Éginhard, dont le témoignage est infiniment préférable. M. Guérard démontre également, et avec toute certitude, que dom Bouillard et les auteurs du nouveau *Gallia christiana*, trompés par un diplôme apocryphe ou au moins refait à une date postérieure [1], ont mal à propos fixé à

---

[1]. M. Guérard pense que ce diplôme a été fabriqué ou refait vers le commencement du XII⁰ siècle, l'écriture me paraîtrait plutôt appartenir au milieu du siècle précédent. Je croirais aussi que ce diplôme a été refait plutôt que fabriqué, et que le copiste a substitué par erreur la sixième année du règne de Louis le Débonnaire à la seizième, c'est-à-dire l'an 819 à l'an 829.

l'an 819 la mort de l'abbé Irminon, qui vivait encore en 823 [1], et qui a probablement prolongé son existence jusqu'en 826, date assignée par un manuscrit du xie siècle à l'avénement de son successeur l'abbé Hilduin. L'administration d'Irminon a donc duré environ vingt-six ans. Telle est la conclusion judicieuse du premier chapitre des Prolégomènes.

M. Guérard cherche ensuite si l'abbé Irminon est réellement l'auteur du Polyptyque de l'abbaye de Saint-Germain. Il cite d'abord un passage du continuateur d'Aimoin qui attribue à Irminon un écrit renfermant *l'état des revenus de toutes les terres de Saint-Germain, jusqu'à un œuf et un poulet, jusqu'à un bardeau.* Ce témoignage est parfaitement d'accord avec la composition du Polyptyque, où sont inscrites les moindres redevances des tenanciers de l'abbaye de Saint-Germain; le manuscrit lui-même est en minuscule caroline et paraît de l'an 800 environ; enfin il est question de deux moulins à Secqueval et de quatre autres entre Villemeux et Aulnay-sous-Crécy, qui sont mentionnés comme ayant été construits par l'abbé Irminon et comme n'étant pas encore acensés. M. Guérard était donc autorisé à conclure que la rédaction du Polyptyque suivit de très-près la construction de ces moulins et qu'elle dut se faire sous l'abbé Irminon. Il fait observer, d'ailleurs, que des terres données en 849 à l'abbaye de Saint-Germain figurent, non dans le texte primitif

---

1. C'est un passage du Polyptyque qui lui en fournit la preuve.

du Polyptyque, mais parmi les additions faites par des mains plus récentes. Peut-être aurait-il pu ajouter que l'abbé Hilduin, successeur immédiat d'Irminon, n'est pas mentionné dans ce recueil, tandis que le nom d'Irminon s'y présente fréquemment, sans être jamais accompagné des formules *bonæ memoriæ, piæ recordationis*, *etc.*, que l'on ajoutait habituellement au nom des personnes qui avaient cessé de vivre. Mais c'est une preuve surabondante, que l'auteur a pu négliger sans inconvénient.

Le même chapitre renferme aussi une discussion savante sur les polyptyques en général. Après avoir fait connaître l'étymologie et le sens du mot *polyptyque*, les altérations successives que ce mot a subies avant de donner naissance au nom de *pouillé*, les autres termes qui ont été employés pour désigner des livres de dénombrement ou de cadastre, l'auteur recherche quel était l'usage de ces livres, rappelle que les rois, comme les papes et les évêques, en ont souvent prescrit la rédaction, et prouve, par une énumération des polyptyques de plusieurs églises ou abbayes, que ces dispositions furent généralement observées. Il définit ensuite, avec autant de justesse que de netteté, le caractère des polyptyques, en disant qu'au lieu d'être un recueil de renseignements fait à la guise et de l'autorité privée d'un abbé, pour la commodité et la sûreté des comptes de son administration temporelle, c'était un état officiel et authentique des biens et des droits d'une abbaye, dressé solennellement et contradictoirement par les parties intéressées, obligatoire pour toutes, et, au besoin, faisant foi en justice. « Pour rédiger un livre de cette espèce, continue l'auteur[1], des commissaires, chargés de cette mission et investis d'un caractère public, se transportaient dans chacune des terres de l'abbaye ; ils assemblaient les tenanciers et procédaient à une enquête, dans laquelle ceux-ci faisaient la déclaration de ce qui composait leurs tenures, et des redevances et services auxquels ils étaient obligés par la coutume ou l'usage de l'endroit. On dressait un procès-verbal de leurs déclarations, dont la vérité était attestée par les serments des plus anciens et des plus considérables d'entre eux ; et cette pièce devenait ainsi un acte irréfragable pour le maître comme pour ses tributaires, et la loi constante de la terre et de ses habitants. On faisait pour chaque terre un pareil procès-verbal, désigné ordinairement sous le nom de *brevis ;* on transcrivait ensuite tous ces procès-verbaux dans un registre, et ce registre était un polyptyque. »

Le Polyptyque d'Irminon se compose de vingt-cinq de ces procès-verbaux (*brevis* ou *breve*), qui constituent vingt-cinq sections ou chapitres, dont chacun contient le dénombrement d'un fisc. Il faut y ajouter deux fragments provenant de deux feuillets que M. Guérard a détachés de la couverture d'un autre manuscrit, pour les réunir au manuscrit principal. Les formules qui servent de conclusion à quelques-uns de ces chapitres (*Isti jurati dixerunt, Isti sunt qui juraverunt, etc.*), prouvent qu'on doit y recon-

---

[1]. T. I, p. 30.

naître autant de procès-verbaux rédigés après enquête sur les déclarations des tenanciers. C'est par induction seulement, mais avec toute probabilité, que l'auteur suppose l'intervention de commissaires royaux dans cette enquête des biens et des droits de l'abbaye de Saint-Germain des Prés : la mesure prescrite par Charlemagne pour le polyptyque de Saint-Vandrille dut être observée quand Irminon composa celui de son abbaye. Cette intervention d'agents impériaux, et quelques-uns des faits que l'auteur a établis dans la discussion dont j'ai essayé de rappeler les traits principaux, étaient, sans doute, expressément consignés dans le titre ou dans la conclusion du manuscrit; mais ces deux portions du Polyptyque, et bien d'autres encore, paraissent irrévocablement perdues. Les cent trente et un feuillets qui subsistent aujourd'hui formeraient à peine le quart du manuscrit primitif, qui aurait eu plus de cinq cent cinquante feuillets, selon l'évaluation approximative que M. Guérard a tenté de faire, en tenant compte d'un grand nombre de terres importantes et de la presque totalité des bénéfices, dont la description manque dans la portion du manuscrit publiée par lui. Heureusement que cette portion est encore considérable et qu'elle réunit un ensemble de documents qui peuvent amener la solution de bien des problèmes historiques.

Dans les dissertations préliminaires qui remplissent les deux premiers chapitres de ses Prolégomènes, M. Guérard s'était proposé de déterminer non-seulement le nom et l'époque de l'auteur du

Polyptyque, mais encore le caractère authentique de ce recueil. C'est, désormais, du texte même qu'il va s'occuper.

Parmi les questions qui devaient être l'objet de son examen, M. Guérard a choisi d'abord la *topographie du Polyptyque d'Irminon*, à laquelle il a consacré son troisième chapitre. Il a pris soin de distinguer ici les termes qui indiquent une distribution des territoires faite uniquement sous le point de vue de l'économie rurale, et ceux qui se rapportent à des divisions civiles en usage dans l'empire des Francs : à la première classe appartiennent les mots *fiscus* et *decania*; à la seconde, les mots *pagus, comitatus, centena* et *vicaria*.

Il définit le *fisc*, un ensemble de biens-fonds appartenant à un même propriétaire et dépendant d'une même administration, soumis généralement à un même système de redevances, de services et de coutumes, et constituant ce qu'on pourrait appeler maintenant une *terre*. Je ne vois rien à critiquer dans cette définition, si ce n'est le mot *terre* qui la termine ; car il est employé un peu plus loin[1], comme équivalent de *villa*, pour désigner une propriété souvent moins considérable que le fisc. L'auteur aurait évité cette équivoque en assimilant le fisc à ce qu'on nomme aujourd'hui une grande propriété : je ne voudrais pas proposer le mot *domaine*, qu'il oppose ailleurs[2] au mot *tenures* pour distinguer, dans une pro-

1. T. I, p. 45.
2. T. I, p. 29.

priété, la partie dominante ou seigneuriale, possédée par le maître, et la partie dépendante ou tributaire, concédée à des personnes plus ou moins libres, qui n'ont que l'usufruit du sol, et qui sont obligées à des redevances et à des services envers le maître du fonds. Mais, à part l'observation légère à laquelle je me suis peut-être arrêté trop longtemps, cette définition du fisc indique nettement le caractère propre d'une division territoriale qui, suivant la remarque judicieuse de l'auteur, eut de l'influence sur le système coutumier, parce qu'elle était le ressort dans lequel s'exerçaient d'une manière uniforme les droits d'un même propriétaire, et qu'une coutume n'était guère, à certains égards, surtout dans les premiers temps, que la consécration des usages observés jadis dans une seigneurie ou dans un fisc. Hors de l'ordre féodal, au contraire, les fiscs cessent d'avoir une signification géographique, parce qu'ils sont de grandeur fort inégale, et qu'ils comprennent des possessions tantôt rapprochées, tantôt éparses, tantôt situées sur un seul territoire, tantôt répandues sur plusieurs localités.

Cette irrégularité de la circonscription des fiscs une fois constatée, M. Guérard prouve que la décanie, qui, dans le Polyptyque d'Irminon, indique une subdivision du fisc, est, comme le fisc même, étrangère à la géographie civile. Deux fiscs seulement, *Villamilt* et *Bisconcella*, sont, à cause de leur étendue, divisés en décanies ; le nombre des terres qui entrent dans ces décanies est ordinairement au-dessus ou au-dessous de dix ; mais l'auteur suppose que ce nombre était autrefois plus en harmonie avec le nom, et qu'on peut même rattacher l'institution de ces décanies aux décuries d'esclaves établies ordinairement dans les *villa* romaines [1]. En tout cas, elles diffèrent des subdivisions de districts diocésains appelées aussi *decaniæ*, c'est-à-dire des doyennés, qui comprenaient un certain nombre de paroisses placées sous la juridiction d'un doyen rural ; et l'on doit surtout se garder de les considérer comme des fractions de la centaine (*centena*), qui est, ainsi que la viguerie (*vicaria*), une circonscription civile, un canton du pays (*pagus*) ou du comté (*comitatus*), et vraisemblablement le dernier terme de la subdivision territoriale dans l'empire des Carlovingiens.

L'unité comprise dans ces divisions civiles, comme dans le fisc et la décanie, était la terre. « Or, ces terres comprenaient, dit M. Guérard [2], des habitations plus ou moins rapprochées, plus ou moins nombreuses, dont les différents systèmes formaient, suivant les cas, une *villa*, une *villula*, un *villaris*. Je pense que, dès le viiie siècle, on doit entendre, en général, par *villa*, un village avec son territoire ; et par *villaris*, un hameau avec les terres qui lui appartenaient. Il n'était pas rare que la *villa* eût une église et formât une paroisse rurale ; tandis que le *villaris* n'était, dans l'origine, qu'un écart ou une dépendance de la *villa*. Le terme *villula* paraît avoir

1. Cf. T. I, p. 461, note 12.
2. T. I, p. 45.

eu la même signification que celui de *villaris*. » L'auteur fait observer ici que la nature relative de ces noms dut changer avec l'état des choses ; que des *villaris* se sont assez agrandis pour devenir des *villa*, et qu'ils ont néanmoins conservé leur ancienne dénomination ; que deux *villa*, distinctes dans l'origine, se sont ensuite confondues pour former une seule commune ; enfin, que la *villa* était quelquefois assez étendue pour comprendre plusieurs villages. Il détermine ensuite le sens de différents termes qu'on trouve joints au mot *villa*. Les *villa* chefs-lieux d'un fisc paraissent avoir été désignées par Charlemagne sous le titre de *villa capitanea*. Ce que Grégoire de Tours appelle *villa fiscalis* n'était autre probablement que la *villa publica*, appartenant au domaine public : cette classe comprend les *villa* possédées par le roi, *villa regia*, et celles qui, destinées d'abord à l'entretien des comtes et des autres dépositaires de l'autorité royale, leur furent ensuite concédées en toute propriété, ou furent transmises par eux comme des patrimoines à leurs enfants. La *villa indominicata* est celle dont on a en même temps la propriété et la possession ; Du Cange n'en avait donné qu'une définition vague dans son Glossaire, et le nouvel éditeur de cet ouvrage a mis à profit l'observation judicieuse de M. Guérard.

Le véritable sens de ces termes une fois fixé, l'auteur aborde la description des pays (*pagi*) qui sont mentionnés dans le Polyptyque, et qui appartiennent, pour la plupart, à la quatrième Lyonnaise ou province de Sens. Quoiqu'il me soit impossible de le suivre ici dans les nombreux détails où il est obligé d'entrer, je veux cependant faire connaître le double but qu'il s'est proposé dans ce travail, c'est-à-dire la délimitation aussi exacte que possible des *pagi*, et la recherche des localités modernes qui correspondent aux anciennes *villa* contenues dans ces limites. Cette portion de l'ouvrage confirmera la réputation que l'auteur s'est acquise depuis longtemps dans ce genre de recherches, en publiant son *Essai sur le système des divisions territoriales de la Gaule*. Pour résoudre les nombreux problèmes de cette nomenclature géographique, il faut acquérir, à force de patience et jusque dans les moindres détails, la connaissance d'une ancienne province, en comparer les éléments anciens et modernes, ne se fier à l'analogie que présentent les noms que lorsqu'elle est justifiée par des rapports de position bien établis. M. Guérard n'a pas reculé devant les difficultés et les longueurs d'un tel travail. Il avait pu espérer un instant trouver quelques secours dans les notes topographiques que dom Poirier avait empruntées au président Levrier ; il n'a pas tardé à reconnaître que, sur ce point comme pour le reste, les matériaux de l'édition du Polyptyque projetée au siècle dernier par ce bénédictin ne pouvaient lui être d'aucune utilité. C'est dans la discussion et la comparaison des textes, dans le dépouillement minutieux des cartes les plus détaillées, qu'il a cherché et trouvé la synonymie des noms et la position des lieux. Les savants que n'ont point rebutés les difficultés d'un travail aussi ingrat peuvent seuls calculer tout ce qu'il exige de soin et de patience ; mais l'utilité en est du moins généralement comprise, et tout le monde doit souhaiter que des hommes studieux, suivant l'exemple de M. Guérard et celui d'un de ses savants confrères, M. Auguste Le Prevost, cherchent à rassembler les éléments d'un dictionnaire topographique de la France au moyen âge. La réunion de ces travaux pourrait un jour former un des monuments les plus utiles à l'étude de notre histoire nationale.

D'une question essentiellement locale, puisqu'elle était circonscrite dans les limites mêmes des possessions de l'abbaye de Saint-Germain des Prés, M. Guérard passe à une matière d'un intérêt tout à fait général, et qui, par cette raison, a exercé la sagacité de plus d'un écrivain ; je veux parler du système monétaire des Francs sous les deux premières races. Rien de plus neuf et de plus inattendu que les résultats auxquels il est arrivé en traitant un sujet qu'on pouvait croire épuisé, mais qu'il a eu le talent de rajeunir et de s'approprier. Quoique des fragments de ce travail aient paru, en 1837, dans la *Revue de la numismatique française*, je ne crois pas qu'il me soit permis de le passer sous silence, et j'essayerai d'en indiquer les traits principaux.

M. Guérard expose d'abord les trois systèmes de Leblanc, de Romé de L'Isle et du comte Garnier, systèmes dans lesquels rentrent les opinions des autres savants, et qui ont pour point de départ commun l'emploi de la livre romaine par les Mérovingiens. Cette livre pesait, selon Leblanc, 6144 de nos grains, selon Romé de L'Isle, 6048, et, selon le comte Garnier, 7560, depuis qu'elle avait été augmentée par Constantin[1]. Les Mérovingiens taillèrent, dans la livre romaine, 24 sous d'argent, selon les deux premiers auteurs, 20 sous, selon le troisième. De là, des deniers dont le poids est fixé par Leblanc à 21 grains $\frac{1}{3}$, par Romé de L'Isle à 21, par le comte Garnier à 31 $\frac{1}{4}$. Ce dernier suppose que le sou s'affaiblit sous les derniers Mérovingiens, et qu'il devint successivement le 23ᵉ, le 24ᵉ de la livre, ou une fraction moindre encore. Les trois auteurs s'accordent à dire que Pépin ramena la taille à 22 sous ; mais, comme ils n'évaluent pas de même la livre romaine, leurs deniers, 264ᵉ partie de trois poids différents, sont pour Leblanc de 23 grains $\frac{3}{11}$, pour Romé de 23 grains, pour Garnier de 28 $\frac{7}{11}$. Tous trois enfin admettent, pour le denier carlovingien, le poids de 28 grains $\frac{4}{5}$; ce denier est la 240ᵉ partie d'une livre nouvelle de 6912 grains, dans laquelle on ne taille plus que 20 sous. Il en résulte que le changement introduit dans la livre par Charlemagne a consisté, selon les deux premiers auteurs, dans une augmentation, et, selon le troisième, dans une réduction.

Voici maintenant le système de M. Guérard. La livre employée par les Mérovingiens était la livre ro-

---

[1]. Le comte Garnier adopte aussi la livre romaine de 6048 grains ; mais il suppose que Constantin introduisit une nouvelle livre de 7560 grains, qui devint la livre mérovingienne.

maine, pesant 6144 grains, dans laquelle on a taillé, comme les textes le prouvent, 25 sous d'argent; par conséquent, le denier légal descendit jusqu'à 20 grains $\frac{1}{2}$. Mais il est probable que cette taille ne resta pas invariable, puisque le denier moyen pèse de fait 21 grains $\frac{1}{2}$. Pépin, après avoir maintenu la taille de 25 sous, la fixe ensuite à 22; de là deux espèces de deniers : les uns de 20 grains $\frac{1}{2}$, les autres de 23 $\frac{1}{2}$. La monnaie commençante du règne de Charlemagne est celle de la fin du règne de son père; mais, en 779, au plus tard, on ne taillait plus que 20 sous à la livre, et cette livre pesait 7680 grains; en d'autres termes, elle valait l'ancienne livre romaine renforcée d'un quart, et produisait des deniers de 32 grains. Cette espèce de deniers se retrouve sous Louis le Débonnaire et ses fils.

Avant d'exposer les preuves de ce système, l'auteur distingue les monnaies de compte des Francs (c'est-à-dire la livre d'or, la livre d'argent et le sou d'argent) des monnaies réelles, qui étaient : 1° le sou d'or, *solidus aureus*, appelé aussi *solidus* ou *aureus;* 2° le tiers de sou d'or, *triens, tremissis;* 3° le denier, *denarius*, et quelquefois *argenteus*. Le sou d'or valait 40 deniers; le tiers de sou d'or en valait 13 $\frac{1}{3}$, et le sou d'argent 12.

La première des propositions que M. Guérard établit est que les Mérovingiens n'ont eu qu'un seul et même denier, qui était à la fois le quarantième du sou d'or et le douzième du sou d'argent. Il prouve cette identité, d'abord par les textes, qui ne distinguent nulle part deux espèces de deniers, quoiqu'on y trouve la distinction des sous d'or et des sous d'argent; ensuite, par le poids même de ces deniers, qui était, à la vérité, très-souvent inégal, mais sans que cette différence, qui n'excédait jamais 11 grains, et qui, la plupart du temps, était beaucoup moindre[1], ait pu suffire pour prévenir la confusion de deux pièces, non-seulement de même métal, puisque les deniers étaient toujours d'argent, mais encore de même type et de même diamètre. Un autre calcul vient confirmer ce résultat. L'édit de Pitres prouve que l'or valait, en 864, douze fois plus que l'argent. A défaut d'autre texte, l'auteur suppose que cette valeur était la même sous les premiers rois de la seconde race, et sous les Mérovingiens; puis, connaissant le poids moyen du sou d'or, il en prend la quarantième partie, multiplie cette fraction par le chiffre qui exprime le rapport de l'or à l'argent, et retrouve ainsi un denier d'argent, qui vaut la quarantième partie du sou d'or, et qui, comparé au denier formant le douzième du sou d'argent, n'en diffère que d'environ 1 grain. Ce contrôle, puisé dans un autre ordre de

1. Indépendamment du poids général de deux collections, comprenant, l'une vingt-sept deniers, et l'autre quarante-huit, l'auteur a constaté le poids particulier de vingt-sept deniers. Sur ce nombre, il n'y en a que deux qui diffèrent de 11 grains; viennent ensuite deux autres deniers dont la différence n'est plus que de sept grains; puis on trouve 4 deniers pesant 24 grains contre 1 qui en pèse 19, et 1 denier pesant 23 grains contre 4 qui en pèsent 20 : restent 13 deniers qu'il faut bien considérer comme identiques, parce qu'ils pèsent 22 grains, 21 ½ ou 21. (Voy. *Éclaircissements*, XXXI, t. I, p. 941.

faits, me paraît une démonstration rigoureuse de la première proposition de l'auteur.

Sa seconde et sa troisième proposition expriment le résultat matériel des pesées qu'il a faites : *Le poids moyen du triens fut de* 23 *grains* $\frac{1}{2}$, *et celui du sou d'or de* 70 *grains* $\frac{1}{2}$; *le denier moyen de la première race pèse de fait* 24 *grains* $\frac{1}{2}$ *environ*. De la moyenne du sou d'or et du triens, calculée sur deux cent vingt-neuf pièces, il résulte que l'on devait tailler quatre-vingt-sept sous dans une livre d'or : c'est de la pesée de cent deux pièces qu'a été déduite la moyenne du denier. Mais cette moyenne comprend probablement des deniers provenant de différentes tailles; car elle excède d'un grain le denier moyen et légal dont l'existence est constatée par un auteur anonyme d'Aquitaine, qui écrivait en 845, et qui apprend que 300 deniers composaient la livre antique valant 25 sous. En discutant ce texte dans sa quatrième proposition et dans ses Éclaircissements, M. Guérard prouve que la livre antique mentionnée par cet anonyme ne peut être que la livre mérovingienne, c'est-à-dire la livre romaine.

Tout le monde savait que Pépin avait fixé la taille à 22 sous, et que Charlemagne l'avait ensuite portée à 20; mais on n'avait pas remarqué, avant M. Guérard, que l'un et l'autre, avant d'exécuter cette réforme, avaient commencé par maintenir la monnaie qui avait été en usage sous le règne précédent. Cette distinction importante, fondée sur le résultat des pesées, aurait pu être imaginée *à priori*; car il n'est pas naturel de supposer que de pareils changements se soient improvisés dans les premiers jours d'un règne. Or M. Guérard trouve certains deniers de Pépin qui pèsent, à trois quarts de grain près, la trois centième partie de la livre; ce sont les deniers de la taille mérovingienne; il en trouve qui pèsent, à un dixième de grain près, la deux cent soixante-quatrième partie de la livre; ils proviennent de la taille fixée à 22 sous. Il rencontre de même deux espèces de deniers sous Charlemagne : le poids moyen des uns égale, à un centième de grain près, les seconds deniers de Pépin; les autres présentent une différence telle, qu'il faut les attribuer à une taille nouvelle. Cette taille nouvelle, de 20 sous à la livre, a été maintenue par Louis le Débonnaire et ses fils, puisque leurs deniers sont à peu près égaux, pour le poids, aux seconds deniers de Charlemagne.

Leblanc a déduit le poids de la livre instituée par Charlemagne du poids moyen des deniers de ce prince, mais il a commis une double erreur : d'une part, il a confondu, pour prendre cette moyenne, les deniers provenant de deux tailles différentes; de l'autre, il a mal calculé la moyenne véritable de ces deniers hétérogènes, qui serait de 26 grains $\frac{32}{100}$ et non de 28 $\frac{4}{5}$. En multipliant 28 $\frac{4}{5}$ par 240, il a obtenu sa livre de 6912 grains. Mais le poids moyen des seconds deniers de Charlemagne est de 30 grains $\frac{89}{100}$; la livre carlovingienne serait donc de 7414 grains au moins. M. Guérard croit devoir l'augmenter d'un vingt-huitième et la porter à 7680 grains[1] pour com-

---

1. L'auteur fait observer que cette nouvelle livre vaut

penser ce que la fraude a dû retrancher du poids légal; le denier carlovingien devait donc peser 32 grains.

Un autre résultat non moins inattendu est démontré par M. Guérard : c'est l'abolition de la monnaie d'or par Pépin. Il en tire la preuve d'un texte connu, mais jusqu'alors mal compris, *ne solidi, qui in lege habentur per quadraginta denarios, discurrant.* « Jusqu'ici, dit l'auteur[1], la virgule que je renvoie après *denarios* avait été placée après les mots *qui in lege habentur*; et, le texte étant ainsi ponctué, on traduisait de cette façon : *que les sous dont il est question dans la loi cessent d'avoir cours pour 40 deniers;* tandis qu'on doit traduire : *que les sous qui sont portés dans la loi pour 40 deniers cessent d'avoir cours.* » L'auteur prouve sans peine que ce dernier sens n'est pas douteux; on y trouve, d'ailleurs, une explication aussi simple que judicieuse de la disparition des sous et des tiers de sous d'or dès le commencement de la seconde race.

Les sous du Polyptyque d'Irminon sont donc des sous d'argent; c'étaient, au contraire, des sous d'or qui étaient en usage dans la loi des Ripuaires. Un passage de cette loi, où le tiers du sou est évalué 4 deniers, n'est qu'une addition postérieure à l'a-

---

l'ancienne livre romaine renforcée d'un quart, c'est-à-dire de 1536 grains; mais il se trouve aussi que, en ajoutant cette même quantité de 1536 grains à la livre de Charlemagne, on obtient la livre poids de marc, qui était de 9216 grains.

1. T. I, p. 129.

bolition de la monnaie d'or. Tel est l'objet de la dixième proposition de M. Guérard, laquelle est confirmée par le témoignage de M. Pertz, qui a vérifié que la glose *id est* IV *denarios*, ajoutée par un correcteur dans un manuscrit mérovingien, manque dans un autre manuscrit de la même classe.

Pour terminer l'examen des quatorze propositions dans lesquelles M. Guérard a développé la théorie du système monétaire chez les Francs, il ne me reste plus à parler que des trois dernières, qui ont pour but de déterminer la valeur intrinsèque et la valeur relative des monnaies mérovingiennes et carlovingiennes. Les principes établis dans les propositions précédentes suffisent pour déterminer la valeur intrinsèque ; mais la valeur relative résulte de la valeur intrinsèque combinée avec un élément essentiellement variable, le pouvoir de l'argent. La diminution du pouvoir de l'argent, au commencement du IXe siècle, est un fait incontestable, qui résulte de la comparaison des prix de ce siècle avec ceux du siècle précédent, et qui s'explique par un passage d'Éginhard, attestant que les Francs rapportèrent de leurs guerres contre les Avares et les Huns, terminées en 799, une quantité immense d'or et d'argent. M. Guérard a donc distingué ces deux époques. C'est le capitulaire de Francfort de l'an 794 qui lui a fourni les bases de son calcul pour le VIIIe siècle. « Par ce capitulaire, dit-il[1], Charlemagne ordonne de vendre le *modius* de froment, dans les temps d'abon-

---

[1]. T. I, p. 135.

dance comme dans ceux de disette, 4 deniers au plus, et le pain de froment, 1 denier les 24 livres; mais il veut que le froment des domaines publics ne soit vendu qu'à raison de 3 deniers le *modius*. Évidemment le prix de 4 deniers est un *maximum*, et non, comme l'ont cru Dupuy, Garnier et l'auteur ou les auteurs de la Théorie des lois politiques de France, etc., un prix moyen; le prix qu'on doit considérer comme moyen est celui de 3 deniers. La taxe d'un denier, mise à 24 livres de pain de froment, doit aussi passer pour un *maximum*, puisqu'elle correspond au *maximum* du prix du blé. » De là l'auteur déduit les prix suivants :

Maximum du *modius* de froment, 4 deniers ou 1 fr. 45 c.

Prix moyen du *modius* de froment, 3 deniers ou 1 fr. 09 c.

Maximum du kilogramme de pain, 3 centimes $\frac{7}{10}$.

Prix moyen du kilogramme de pain, 2 centimes $\frac{84}{100}$[1].

Déterminant ensuite le prix du kilogramme de pain d'après le *maximum* de la Convention en 1793 et d'après celui de Napoléon en 1812, il trouve que le pouvoir de l'argent, sous Charlemagne, aurait été 8 fois $\frac{6}{10}$ plus grand qu'en 1793, et 13 fois plus

---

1. Pour déduire du prix moyen du *modius* le prix moyen correspondant d'un kilogramme de pain, l'auteur suit les données du tarif arrêté à Nantes, en 1751, pour les prix du froment et du pain, tarif duquel il résulte qu'une diminution d'un quart sur le prix du grain en entraîne une de $\frac{7}{30}$ sur le prix du pain.

grand qu'en 1812. Mais M. Guérard préfère à ces résultats ceux que l'on calcule d'après les prix moyens. Il établit donc que le prix moyen d'un kilogramme de froment est aujourd'hui de $26^c \frac{94}{100}$, et il suppose que, pour avoir le prix d'un kilogramme de pain aux temps anciens, il faut ajouter à cette somme le tiers en sus ou $8^c \frac{98}{100}$, ce qui donne $35^c \frac{92}{100}$[1]. Pour calculer le pouvoir de l'argent à la fin du VIIIe siècle, l'auteur devait déterminer le rapport qui existe entre cette somme de $35^c \frac{92}{100}$ et le prix moyen du kilogramme de pain en 794 : c'est aussi ce qu'il a voulu faire; mais, par une de ces inadvertances dont la plus grande attention ne préserve pas toujours, il a confondu le *maximum*, c'est-à-dire $3^c \frac{7}{10}$, avec le prix moyen ($2^c \frac{84}{100}$), et a conclu que le pouvoir de l'argent était 9 fois $\frac{7}{10}$ plus fort en 794 qu'il ne l'est aujourd'hui. Dans la réalité, il croyait opérer sur le chiffre de $2^c \frac{84}{100}$, et il devait en conclure que l'argent, en 794, avait 12 fois $\frac{65}{100}$ plus de pouvoir qu'il n'en a de nos jours. M. Guérard n'aurait certainement pas admis ce résultat, qui est évidemment exagéré, quoiqu'il soit la conséquence rigoureuse de ses prémisses. Peut-être

[1]. M. Guérard n'admet pas, avec Garnier et d'autres auteurs, que, poids pour poids, le prix du grain soit égal à celui du pain. D'après le tarif de Nantes, le pain, dans les temps ordinaires, se vendait, en 1749, depuis $\frac{1}{124}$ jusqu'à $\frac{1}{6}$ plus cher que le blé; en 1567, le prix du grain était les trois quarts de celui du pain : M. Guérard pense que la différence était au moins aussi forte vers l'an 800, et c'est par cette raison qu'il ajoute un tiers au prix du blé pour obtenir celui du pain.

aurait-il reconnu que le prix de 4 deniers, fixé par le capitulaire de Francfort pour le muid de blé, et, par conséquent, le prix de 1 denier pour 24 livres de pain de froment, étaient des prix moyens, puisqu'ils étaient fixés pour les temps d'abondance comme pour ceux de disette; et, dans ce cas, il aurait vu, dans le prix établi pour le froment des domaines publics, un bas prix destiné peut-être à modérer l'avidité des marchands. En revenant ainsi à l'opinion que ses devanciers avaient émise sur le véritable sens du capitulaire de Francfort, il aurait trouvé, pour le pouvoir de l'argent en 794, son chiffre de $9 \frac{7}{10}$, qui me paraît approcher beaucoup plus de la vérité et des résultats qu'il avait lui-même publiés en 1837, dans la *Revue de la numismatique française.*

J'ai déjà signalé la cause que l'auteur assigne à la dépréciation de l'argent au commencement du ixe siècle. Ce fait ne peut être mis en doute. Non-seulement le modius de froment est taxé, en 806, à 6 deniers au lieu de 4; mais les bœufs, les porcs, les oies, la journée de travail, seraient évalués beaucoup trop haut, si l'on maintenait au denier carlovingien la valeur relative de 3 fr. 49 cent. M. Guérard pense que cette valeur était descendue alors à 2 fr. 33 cent. et que, par conséquent, le pouvoir de l'argent, en 806, était seulement 6 fois $\frac{48}{100}$ plus fort que de nos jours.

Appliquant les règles qui viennent d'être exposées, M. Guérard réduit en valeurs actuelles les prix des deux premières races, en distinguant les temps antérieurs à l'an 755, puis ceux des années 755 à 778, et 779 à 799, enfin les prix postérieurs à 799 ; ceux du Polyptyque d'Irminon, qui appartiennent à ce dernier période, sont examinés dans une série de tableaux qui font connaître, pour chacune de ces époques, le poids, la valeur intrinsèque et la valeur relative des monnaies sous les deux premières races.

Je serais entraîné trop loin si je voulais faire un examen détaillé du chapitre v, qui renferme la discussion et l'évaluation d'un nombre assez considérable de mesures ; je me bornerai donc presque toujours à présenter quelques observations générales sur la méthode suivie par l'auteur et sur le degré de probabilité des résultats qu'il a obtenus.

Quand on a réuni les données que fournissent les textes pour la solution de ces nombreux problèmes, on reconnaît la plupart du temps que ces données sont insuffisantes, soit parce qu'elles manquent de précision, soit parce qu'elles sont mêlées à des inconnues qui en altèrent la valeur. Avec de pareilles conditions, il est impossible d'arriver à des résultats certains ; on peut approcher plus ou moins de la vérité, mais on n'est jamais sûr d'avoir exactement touché le but. Aussi est-ce une épreuve difficile pour un homme exact, qui aime la méthode mathématique et les résultats absolus qu'on en tire, de marcher sur ce terrain mouvant des probabilités, qui se dérobe à chaque instant sous les pas. L'auteur a triomphé de ces obstacles, autant qu'il était possible de le faire. Loin de dissimuler la difficulté des problèmes, il les examine sous toutes leurs faces, il marche par plusieurs chemins vers autant de solutions différentes, qu'il rectifie les unes par les autres pour en déduire une moyenne qui soit plus rapprochée de la vérité. Quand un problème ne peut être abordé directement, il cherche quelque voie détournée qui l'y ramène, et trouve dans d'ingénieux rapprochements un point d'appui pour ses calculs. En un mot, il use de toutes les ressources que les textes peuvent fournir à la sagacité d'un critique attentif et patient; il en déduit rigoureusement toutes les conséquences, contrôle par le raisonnement les résultats de ses calculs, et de ces éléments successivement soumis à une analyse sévère, il recompose pièce à pièce tout le système des mesures carlovingiennes. Je dois ajouter enfin que plusieurs des évaluations auxquelles M. Guérard est parvenu sont coordonnées entre elles, et qu'il en a discuté la probabilité absolue et relative.

Autant qu'il m'est possible d'en juger, ce système présente dans son ensemble un très-haut degré de probabilité, et les tableaux qui le résument peuvent être consultés avec sécurité[1] comme présentant des résultats approximatifs desquels il serait dangereux de s'écarter. L'auteur sait mieux que personne qu'il ne serait pas difficile de lui opposer des textes qui contrediraient tel ou tel chiffre de ses tableaux;

---

1. Je dois excepter, toutefois, le tableau des mesures de capacité dressé pour le règne de Charlemagne; on verra tout à l'heure que le muid, en fonction duquel se calculent les autres mesures, n'est peut-être pas exactement déterminé.

mais ces textes ne détruiraient pas ceux qu'il a lui-même allégués et discutés. Il s'agit ici, d'ailleurs, des mesures et des poids en usage dans le Polyptyque d'Irminon; or ce qui servait de règle dans les terres de l'abbaye de Saint-Germain pouvait différer et différait certainement en plusieurs points de ce qui se pratiquait dans d'autres parties de la France, surtout dans les propriétés des particuliers, où l'unité de mesure prescrite par Charlemagne dut être moins observée que dans les domaines du roi et des établissements religieux. Je ne présenterai donc sur les évaluations de M. Guérard que deux observations de détail, qui reposent, non sur des textes, mais sur les données qu'il a lui-même admises.

Après avoir évalué à 408 kilogrammes, d'après un manuscrit du xe siècle, le poids de la voiture ou charretée, *carrum* et *carrada*, qui servait de mesure pour le foin, l'auteur cherche à déterminer une mesure appelée *pedalis*, qui est employée dans le Polyptyque pour le bois à brûler et pour les échalas, *carratio* ou *carricio*[1]. De ce qu'une redevance de bois à brûler est marquée dans un endroit en voiture, et dans un autre en *pedalis*, il conclut que la voiture et le *pedalis* sont des mesures comparables et peu disproportionnées entre elles : il donne en consé-

---

1. M. Guérard détermine le sens véritable de ces mots, mal interprétés par Du Cange; il les rapproche des mots *carratium*, *scaritio*, etc., et du mot *carrassounes*, employé encore aujourd'hui dans le Bordelais pour désigner des échalas faits avec des troncs de pin fendus.

quence, au *pedalis*, la valeur du double stère, dont se compose à peu près la voie de Paris ou la demi-corde d'ordonnance (p. 191). Un peu plus loin (p. 198), il réduit cette évaluation de moitié et assimile le *pedalis* au stère ou au mètre cube. Je devais d'abord signaler cette contradiction, qui est le résultat d'une inadvertance, mais aussi faire observer que, si un poids de 408 kilogrammes semble à l'auteur la charge raisonnable d'une voiture à deux bœufs dans un temps où les chemins étaient difficiles, le *pedalis* ne peut être assimilé à deux stères sans différer beaucoup de la voiture. En effet, deux stères de bois à brûler pèsent de 850 à 900 kilogrammes[1], et, si deux bœufs ne pouvaient traîner que 408 kilogrammes, le *pedalis* devrait être réduit à un stère, ou évalué, comme mesure, au double de la *carrada* de bois.

Ma seconde observation est relative à la contenance du *modius*, que l'auteur calcule d'après le prix de 3 deniers fixé en 794, comme on l'a vu plus haut, pour le froment des domaines publics. Comme ce prix, dans la pensée de l'auteur, est une moyenne, et que 3 deniers de l'an 794 valaient autant que 10 fr. 55 c. aujourd'hui, le *modius* devait contenir la quantité de froment qu'on payerait aujourd'hui

---

[1]. Il y a maintenant, comme on le sait, deux manières de vendre le bois dans Paris. Or, pour une même somme, on obtient, à son choix, deux stères de bois non scié, ou 750 kilogrammes de bois tout scié; mais, comme les marchands de bois trouvent plus d'avantage à peser le bois qu'à le mesurer, on peut en conclure que deux stères de bois pèsent plus de 750 kilogrammes.

10 fr. 55 c., c'est-à-dire 52 ^{litres},2 environ. Quoique j'aie montré plus haut que le prix de 3 deniers n'était probablement pas un prix moyen, je me replace dans l'hypothèse de l'auteur, et je prends comme exactes les données de son calcul. Mais je dis que cette contenance de 52 litres pour le muid est en désaccord avec un autre principe que je lis à la page 138, savoir, que, vers l'an 800, le prix du grain était les trois quarts de celui du pain. En effet, le capitulaire de Francfort nous apprend aussi que le muid de blé coûtant 4 deniers, 24 livres de pain de blé coûteront un denier; donc pour 1 denier on aurait obtenu 32 livres de blé; donc le muid de blé, qui coûtait 4 deniers, renfermait quatre fois 32 ou 128 livres de blé, qui, réduites à nos poids actuels, font 52 $^{\text{kil.}}$,6. Or le poids du muid étant connu, on trouve qu'il devait contenir 69 ^{litres},6 puisque 75 kilogrammes sont le poids moyen d'un hectolitre de blé. Cette contenance du muid de Charlemagne diffère peu de celle de 68 litres, que les statuts d'Adalard, abbé de Corbie, permettent d'assigner au muid de Louis le Débonnaire. Il semble résulter de là que ces deux muids étaient identiques, au moins à certaines époques des deux règnes, et que le tableau donné par M. Guérard pour les mesures de capacité sous le règne de Charlemagne, composé d'éléments qui sont calculés en fonction d'un muid trop faible, devrait être considéré comme nul et remplacé par le tableau des mesures de Louis le Débonnaire, qui servirait pour les deux règnes.

Je suis arrivé au chapitre VI des Prolégomènes,

qui a pour objet l'état des personnes. L'aperçu général qui sert d'introduction à ce travail perdrait trop à l'analyse que je pourrais en faire, et les personnes qui ont lu ce fragment, publié en 1838 dans la *Revue des Deux-Mondes,* n'ont pas besoin que je rappelle à leur souvenir le double mérite de pensée et de style qui brille dans ces pages remarquables. J'aime donc mieux indiquer tout de suite l'économie de ce chapitre et l'ordre dans lequel l'auteur en a distribué les nombreux matériaux. L'état des personnes y est envisagé sous trois points de vue différents, dans la société, dans la famille, dans la seigneurie.

La société se composait d'hommes libres, de colons, de lides et de serfs ; mais l'état de liberté n'offrait pas à tous les mêmes droits et les mêmes avantages. Les plus favorisés avaient à la fois liberté, propriété et juridiction ; ils ne supportaient que des charges imposées dans l'intérêt général au nom du prince. Venaient ensuite d'autres hommes libres et propriétaires, mais vivant sous une juridiction étrangère, parce qu'ils étaient sous la protection et quelquefois au service d'autrui, soumis d'ailleurs aux mêmes charges ; seulement ces charges tournaient au profit de leurs patrons ou seigneurs. Au dernier degré se trouvaient les hommes qui n'avaient pour tout bien que la liberté ; dispensés des charges publiques, ils en supportaient d'autres qu'ils avaient acceptées en échange de la protection accordée à leur faiblesse : de là des cens, des redevances, des services corporels plus ou moins rudes, et une liberté qui, en fait, ne différait guère de la servitude et, à plus forte raison, du colonat.

Le colon, chez les Francs, prend place entre l'homme libre et le serf. M. Guérard n'hésite pas à le faire descendre du colon romain. « D'après les codes de Théodose et de Justinien, dit-il[1], le colon est l'homme qui, inséparablement attaché à la culture d'un fonds étranger, en fait les fruits siens, moyennant une redevance fixe qu'il paye au propriétaire. Vivre et mourir sur le sol où il est né, c'est là son destin comme celui de la plante; mais, esclave par rapport à la terre, il est libre à l'égard des personnes; et, quoique placé ainsi dans une condition intermédiaire entre la liberté et la servitude, il est, en définitive, mis au rang des hommes libres par le droit romain. » Après avoir examiné la constitution du colonat sous les Romains, l'auteur recherche les modifications qu'elle subit dans la société barbare. Une différence principale ressort de cette comparaison, c'est que, sous les rois des Francs et des autres peuples germains, le colon descendit au rang des non libres. De ce fait dérivent plusieurs conséquences : le colon fut assujetti au genre de services qui fut connu plus tard sous le nom de corvées; il fut quelquefois puni corporellement comme le serf, tandis que, dans le même cas, l'homme libre n'était condamné qu'à des peines pécuniaires; il fut encore assimilé au serf par cela

---

1. T. I, p. 225.

même qu'il pouvait être affranchi[1]; enfin, il fut moins étroitement lié au sol, non qu'il pût s'y soustraire par sa propre volonté, mais parce que le maître, ayant plus de droits sur sa personne, était plus libre de le détacher de la glèbe. La condition du colon n'en demeura pas moins, sous beaucoup d'autres rapports, préférable à celle du serf : il pouvait poursuivre des actions en justice ; il avait, dans certaines limites, la jouissance des droits de propriété et d'hérédité; sa tenure, qui était devenue comme une espèce de bénéfice ou de fief infime, lui donnait place, quoique au plus bas degré, dans la hiérarchie féodale; les services corporels qui lui étaient imposés, bien que pénibles et nombreux, étaient moins durs pourtant que ceux des serfs ; enfin, le meurtre d'un colon se rachetait, d'après la loi salique, par un prix plus élevé que le meurtre d'un esclave.

Le colon de la société barbare avait donc conservé plusieurs points de ressemblance avec le romain, et, s'il en avait contracté quelques autres avec l'esclave, il en différait toujours par plusieurs caractères essentiels. Mais entre l'esclave et le colon était placée la classe des lides, dont l'état intermédiaire et mixte est plus difficile à définir. Il résulte bien des opinions diverses des savants « que le lide était un homme

---

[1]. M. Guérard, contrairement à l'opinion commune, pense que le colon romain pouvait être gratifié de la liberté, et, par conséquent, détaché de la glèbe ; mais ce n'était point par l'affranchissement proprement dit que le maître aurait pu exercer cette faculté.

moitié libre, moitié esclave, et placé dans la dépendance d'un autre homme ; mais l'idée d'un pareil état, dit M. Guérard[1], n'est ni simple, ni claire ; et l'on voudrait savoir d'une manière un peu plus précise en quoi le lide était différent et du serf, et de l'affranchi, et du colon. »

Avant d'aborder cette question, l'auteur trace rapidement l'histoire des lètes de l'empire romain, et montre, par les textes, que ce nom, donné à des barbares établis en plusieurs provinces pour cultiver des terres et fournir des recrues aux troupes romaines, est opposé tantôt à des nations et tantôt à des corps d'armée, parce qu'il désigne à la fois la population barbare qui restait attachée aux champs, et l'élite de cette population qui portait les armes. Il annonce d'avance qu'une différence essentielle, beaucoup plus grande qu'on ne se l'était imaginé, séparait les lides des lètes.

Le lide du moyen âge, placé au nombre des hommes libres par un titre de la loi salique, et au nombre des esclaves par un autre titre de la même loi, assimilé, pour les compositions, tantôt à l'homme de l'Église, *homo ecclesiasticus*, tantôt au Romain propriétaire, tantôt au tributaire, est cependant distingué de ces différentes espèces de personnes aussi bien que de l'affranchi, du colon et de l'homme du roi ou fiscalin. Le wirgeld du lide, que les lois des différents peuples barbares avaient fait, quoique dans des proportions inégales, inférieur à celui de

---

1. T. I, p. 257.

l'homme libre et supérieur à celui de l'esclave, fut réglé par Charlemagne à la moitié de l'un et au double de l'autre, en d'autres termes, au temps de la rédaction du Polyptyque, le lide valait la moitié d'un homme libre et le double d'un esclave. Mais, de même que les compositions s'élevaient avec la condition de l'offensé, elle s'abaissaient avec celle de l'offenseur; en sorte que, pour une même offense le lide payait moins que l'homme libre. Toutefois, la faible amende à laquelle il était imposé le séparait de la classe des esclaves, qui, ne possédant rien en propre, expiaient presque toujours leurs délits par des châtiments corporels et non par des peines pécuniaires. Par une autre conséquence du même principe, la composition due à l'esclave était payée intégralement à son maître, tandis que, dans le même cas, le lide ou ses proches en percevaient une partie, et le maître une autre partie. Ce profit attribué au maître me paraît expliquer pourquoi la composition s'élevait à 100 sous pour le meurtre d'un lide, tandis que le meurtre d'un colon, dont la condition était supérieure, se rachetait par 45 sous seulement : la part du maître une fois prélevée, il ne restait pour la famille du lide qu'une somme inférieure à celle que percevait la famille du colon. Si le maître participait à ce genre de profits, il était, en revanche, dans certains cas, solidaire des condamnations encourues par son lide. Ainsi, en cas de meurtre d'un homme libre, le lide insolvable était livré aux parents de sa victime pour la moitié de la somme due, et le maître acquittait le reste de la composition. De même que le taux des compositions plaçait le lide au-dessous de l'homme libre, il était aussi obligé de produire un plus grand nombre de conjureurs pour se purger d'une accusation par le serment. Admis comme le colon à défendre et, sans doute aussi, à poursuivre sa cause en justice, il jouissait comme lui de la liberté et de la propriété, mais d'une manière plus imparfaite encore. La loi des Saxons, qui ne le rendait pas responsable du meurtre que lui avait commandé son maître, le supposait, dans ce cas, l'instrument passif d'un pouvoir absolu auquel le colon n'était pas soumis : ce dernier ne servait que la terre à laquelle il était attaché; le lide servait à la fois l'homme et la terre. M. Guérard présume que l'on doit voir, dans la présence du lide à l'armée, une nouvelle preuve de cette dépendance personnelle : le lide ne s'y trouvait pas à titre de véritable combattant, mais comme attaché au service de son maître. Indépendamment des redevances et des services réguliers auxquels les lides étaient tenus en échange des fonds qui leur étaient concédés en usufruit par leurs maîtres, ils payaient, à cause de leur condition même, un tribut particulier (*lidimonium litimonium, etc.*); enfin, ils étaient assujettis à des services essentiellement variables, qui dépendaient uniquement de la volonté de leurs maîtres. Ce qu'il y avait de plus favorable pour eux, c'est qu'ils avaient la faculté de se racheter dès qu'ils avaient amassé de quoi payer leur liberté. Ainsi, tandis que la condition du colon était perpétuelle et indépendante de sa volonté, celle du lide, quoique transmissible par l'hérédité, était néanmoins temporaire et variable, en ce sens qu'il avait le droit d'en sortir; mais, tant qu'il y demeurait, il restait inférieur au colon, qui n'était assujetti qu'au service de la terre.

Il résulte de tout ce qui précède que les lides ne doivent pas être assimilés à l'affranchi, dont la condition était, en général, plus indépendante et plus élevée, surtout lorsqu'il avait reçu la liberté parfaite. Mais en quoi les pourrait-on comparer aux lètes? Voici comment l'auteur répond à cette question. « Si l'on me demande, dit-il[1], par quels liens les lides se rattachaient aux lètes, d'abord je citerai leurs noms, auxquels tous les savants les plus considérables en cette matière, depuis Cujas jusqu'à M. Grimm, attribuent la même origine et la même signification. Ensuite, je n'affirmerai pas que les uns soient issus des autres; mais, si les lides ne sont pas les descendants des lètes par le sang, ils peuvent avoir emprunté d'eux leur nom et leur état. Les redevances payées par les lètes à l'empereur le furent par les lides à des particuliers; le service fait par ceux-là dans les armées romaines le fut par ceux-ci autour de la personne et dans les domaines de leurs maîtres; les premiers avaient reçu de l'État des terres publiques, les seconds recevaient des particuliers des biens privés; en un mot les lètes étaient des cultivateurs libres et des soldats, les lides des cultivateurs serviles et des valets. »

---

1. T. I, p. 275.

Quoique l'auteur se soit interdit, à l'égard des serfs, toute excursion dans le domaine de l'antiquité, si ce n'est lorsque les usages des Francs ont eu besoin d'être expliqués par ceux des Romains, son cadre ainsi resserré comportait encore de longs développements. Non-seulement, en effet, la condition servile s'est incessamment modifiée en s'améliorant jusqu'à l'abolition de la féodalité, mais encore il n'y a pas de siècle, depuis l'invasion des barbares, où elle ne se soit montrée diverse et multiple, en sorte que, si l'esclavage, transformé successivement en servitude et en servage, donne lieu de distinguer trois âges et trois modes de conditions serviles, d'un autre côté, il faut aussi reconnaître que, parmi les hommes engagés dans cette condition, l'on rencontre, à chacune de ces époques, quoique dans des proportions très-différentes, des esclaves, des serfs, et ce qu'on pourrait appeler des vilains. C'est ainsi que, dès l'invasion des barbares, on trouve, à côté des hommes soumis à la servitude personnelle, les serfs agricoles ou de la glèbe, qui existaient chez les anciens Germains, mais qui peuvent aussi tirer leur origine des esclaves connus, depuis le IIIe siècle, chez les Romains, sous les noms de *servi tributarii*, *rustici censitique servi*. L'auteur, à ce propos, prouve qu'on doit compter au nombre des serfs de la glèbe les *servi beneficiarii*, qui sont des serfs pourvus de bénéfices, et non, comme du Cange et d'autres l'avaient pensé, des serfs attachés à des fonds de terre tenus en bénéfice par des hommes libres.

Après avoir fait connaître les différentes espèces

de serfs et les noms qui ont servi à les désigner, l'auteur énumère les sources de la servitude, qui était souvent chez les barbares une peine infligée par la loi ; il examine les usages relatifs à la vente des serfs, et fait remarquer que, dans le moyen âge, surtout à partir du ixe siècle, ce n'était plus, comme chez les anciens, la personne de l'esclave avec tout son temps et toutes ses facultés, mais seulement les redevances et les services déterminés auxquels il était assujetti, qui devenaient la propriété de l'acquéreur ; en sorte que la diminution successive des prix s'explique et se mesure par le progrès des serfs dans la liberté. Chez les Francs, d'ailleurs, comme chez les Romains, ils étaient plus estimés quand ils possédaient un art ou qu'ils remplissaient un office ; mais ceux qui avaient cultivé les lettres parvenaient souvent, chez les barbares, aux premières charges de l'Église ou de l'État. L'auteur, passant en revue la législation relative au pécule, à la propriété, aux contrats, au témoignage, aux actions en justice, montre comment la rigueur du droit fut tempérée par des exceptions favorables, qui, dans certains cas, assimilaient le serf au lide et au colon, ou quelquefois même le rapprochaient de l'homme libre. C'est ainsi, par exemple, que, sous le règne de la féodalité, les hommes de condition servile furent admis au combat judiciaire, même contre les nobles. Il est vrai que la brutalité des maîtres et la barbarie des lois pénales exposaient trop souvent les serfs à des supplices et à des mutilations horribles, mais le principe de la composition leur était aussi appliqué, soit pour leur offrir, au moins dans certains cas, un mode moins cruel d'expiation, soit pour réparer le mal qu'ils avaient souffert. A cette protection imparfaite de la loi civile, qui envisageait uniquement dans les serfs la chose du maître, venait se joindre l'influence charitable de l'Église, qui reconnaissait et respectait en eux les droits de l'humanité souffrante. Elle leur ouvrait des asiles sacrés, les proclamait du haut de la chaire les égaux des puissants et des riches, repoussait les offrandes des maîtres inhumains, excommuniait l'oppresseur des serfs ecclésiastiques, défendait de les mutiler quoique criminels, et s'efforçait de procurer l'affranchissement des serfs chrétiens appartenant aux juifs. A côté des serfs admis dans les rangs du clergé, on en voit d'autres, investis d'une espèce de magistrature seigneuriale, acquérir le droit de porter au moins quelques-unes des armes de guerre. Tous, dans quelque position que le sort les eût placés, travaillèrent avec constance, avec opiniâtreté, à se dégager successivement de leurs obligations les plus onéreuses, de celles surtout qui étaient laissées à l'arbitraire du maître. « Chacun de leurs pas, dit l'auteur [1], affermissait leur marche dans la carrière, et les droits qu'ils avaient conquis leur servaient à conquérir les autres. Leurs tentatives d'affranchissement se multiplièrent de siècle en siècle, et devinrent de plus en plus difficiles à réprimer.... Leurs soulèvements

---

1. T. I, p. 338.

contre leurs seigneurs finirent par donner naissance aux communes, que Louis le Gros reconnut, confirma et introduisit dans la constitution de la monarchie. Mais déjà, depuis longtemps, ils avaient affranchi, en grande partie, leurs personnes et leurs possessions. Pendant que les seigneurs s'approprièrent leurs bénéfices, les serfs convertirent pareillement leurs tenures en biens propres et héréditaires : l'usurpation territoriale eut lieu, comme on l'a dit, aussi bien dans le bas que dans le haut de la société. » Mais, avant cette révolution territoriale, dont M. Guérard paraît avoir le premier reconnu et signalé le double caractère, la condition des serfs était déjà moins dure que celle des esclaves romains; aussi cherchaient-ils moins souvent à se soustraire par la fuite à la domination de leurs maîtres. De là vient que les législations barbares qui s'occupent le plus de la fuite des serfs sont, en général, celles qui paraissent avoir le plus emprunté à la législation romaine, ou qui sont nées sur le sol romain. Mais c'étaient surtout les serfs de l'État et de l'Église qui jouissaient d'une condition bien supérieure à celle de l'esclave romain. Ils étaient distingués par les lois des autres serfs, et rangés en deux classes particulières et supérieures, assimilées entre elles parce qu'elles avaient les mêmes priviléges. L'auteur comprend sous le même nom de *fiscalins* les serfs appartenant soit à l'État, *servi fiscales* ou *fiscalini*, soit au roi, *servi regii ;* mais il a soin d'avertir que la dénomination de *fiscales* ou *fiscalini* s'appliquait aussi, non-seulement à des colons, qui étaient considérés comme libres, et appelés ordinairement *homines fiscales* ou *regii*, mais encore à des hommes de toute condition qui occupaient les domaines publics. Sur le même rang que les serfs fiscalins étaient placés ceux des églises et des monastères, *servi ecclesiastici* ou *ecclesiarum*. Ces derniers même avaient cet avantage, que, d'après les lois générales des Francs, ils ne sortaient du domaine de l'Église que pour entrer dans la carrière de la liberté, tandis que les fiscalins étaient quelquefois donnés, échangés et vendus, de même que les serfs des hommes privés; il est vrai que, lorsque les rois les aliénaient, c'était presque toujours au profit des églises. Du reste, les priviléges des uns et des autres étaient les mêmes : soumis à des obligations mieux réglées et plus douces, jouissant de compositions plus élevées que celles des serfs ordinaires, admis à porter témoignage et à poursuivre leurs causes en justice, habiles à recevoir et à transmettre la propriété par succession, par testament et par donation, participant, dans un certain degré, aux droits ou aux charges publiques, ils avaient, de plus, l'avantage de ne porter aucune atteinte à l'état des personnes libres avec lesquelles ils contractaient mariage. Cette population privilégiée devait s'élever à 20 000 âmes au moins sur les seules terres de l'abbaye de Saint-Germain. C'est en réduisant encore ce minimum et en évaluant, suivant les calculs les plus modérés, le nombre des serfs appartenant à d'autres églises et à l'État, que M. Guérard en porte le total à plus de 200 000 pour le seul diocèse de

Paris. Il pense avec raison que c'était la portion la plus nombreuse de la population, et qu'il y avait relativement beaucoup moins de personnes de condition servile appartenant aux hommes libres qui n'avaient ni offices ni bénéfices publics, parce que les terres allodiales et privées étaient bien moins étendues que les terres bénéficiales. « Les hommes ecclésiastiques et les fiscalins, ajoute-t-il [1], quoiqu'ils ne fissent pas deux classes homogènes, ni ensemble ni séparément, jouissaient néanmoins, comme on l'a vu, d'avantages communs et très-importants, qui leur donnaient une existence à part et les mettaient au-dessus des serfs ordinaires. Ces avantages, ils les devaient non-seulement à leur condition personnelle, mais encore à la qualité de leurs maîtres; non-seulement à ce qu'ils étaient la plupart colons ou lides, mais encore à ce qu'ils appartenaient tous au roi ou à l'Église. C'est pourquoi, lorsque, les distinctions en colons et en lides disparaissant, toutes les espèces de servitudes se fondirent en une seule, ils n'en conservèrent pas moins, sur les autres personnes de condition servile, leur ancienne supériorité. Mais l'état colonaire étant celui du plus grand nombre d'entre eux, ils étaient, en vertu même de cet état, depuis longtemps à demi libres et à demi propriétaires, lorsque les serfs commencèrent à le devenir. Ils formèrent alors, dans la société, une sorte de classe moyenne, à laquelle on pourrait, à la rigueur, donner le nom

---

1. T. I, p. 362.

de peuple, et, comme elle était la plus nombreuse, on serait en droit de conclure que c'est du colonat, combiné avec la qualité de fiscalin ou d'homme ecclésiastique, qu'est sortie la masse de la nation française. »

Aux serfs privilégiés de l'Église et de l'État on peut assimiler, jusqu'à un certain point, la classe des affranchis. Gratifiés par leurs maîtres d'une liberté plus ou moins complète, ils étaient toujours placés dans une condition meilleure que celle des serfs ordinaires. Après avoir décrit les formes diverses de l'affranchissement au moyen âge, M. Guérard fait connaître les conditions et les restrictions qui en diminuaient souvent les avantages. Il attribue encore ici, avec raison, une large part d'influence à l'Église, qui fit pratiquer, comme des œuvres de charité et de salut, ce qui n'était souvent, chez les Romains, qu'un acte d'ostentation. Les rois, les seigneurs, les abbés du moyen âge, effacèrent les actes les plus fastueux de l'opulence romaine en affranchissant non-seulement des serfs isolés ou des familles, mais des villages, des bourgs, des villes et des pays tout entiers. C'était le temps où le servage, attaqué sur tous les points de la France par la commune, devait bientôt se transformer en roture. Altéré et affaibli, dès le ive siècle, par l'influence de la religion chrétienne, l'esclavage avait successivement décru; vers le viiie siècle, il était généralement changé en servitude; cent ans plus tard, la servitude s'était elle-même adoucie pour passer à l'état de servage; au xe siècle commençaient déjà ces affranchissements collectifs qui se multiplièrent tellement, pendant les trois siècles suivants, que la liberté devint le partage du plus grand nombre, et qu'elle fut, bientôt après, déclarée de droit naturel par Louis X et par Philippe V.

Mais une autre cause, jusqu'ici méconnue, et révélée à l'auteur par le *Polyptyque d'Irminon*, avait contribué au progrès des serfs dans la liberté. Cet ouvrage apprend, en effet, qu'il existait un grand nombre de ménages dont les époux étaient de condition différente, et que, dans ces ménages, la condition de la femme était, en général, supérieure à celle du mari, c'est-à-dire que le nombre des femmes lides mariées à des serfs, ou des colones mariées soit à des serfs, soit à des lides, l'emportait de beaucoup sur le nombre des serves mariées, soit à des colons, soit à des lides, ou des femmes lides mariées à des colons. Comme, d'ailleurs, il se présentait plus de colons pour épouser des femmes libres que d'hommes libres pour épouser des colones, et que la condition des enfants issus de tous ces mariages mixtes se réglait généralement beaucoup plus d'après celle de la mère que d'après celle du père, chaque génération faisait, pour ainsi dire, un pas vers la liberté, et, s'élevant au-dessus de la caste paternelle, prenait place dans les rangs d'une classe supérieure et plus favorisée. « C'était donc, ajoute l'auteur [1], un affranchissement graduel, naturel, lent, à la vérité, mais continuel, nécessaire, et qui devait, à la lon-

---

[1]. T. I, p. 391.

gue, épuiser les souches serviles que la guerre ne renouvellerait pas. » Personne, je crois, ne contestera la justesse de cette observation ; mais on risquerait de faire une part un peu trop large à l'influence des mariages mixtes, si l'on ne se rappelait pas qu'il s'agit ici de la coutume observée sur les terres de l'abbaye de Saint-Germain, et que l'auteur a soin lui-même de restreindre dans de justes limites les principes qu'il vient de poser, lorsqu'il examine l'état des personnes dans la famille.

Cette nouvelle partie du sixième chapitre est presque entièrement consacrée aux mariages mixtes et aux conséquences qu'ils pouvaient avoir sur la condition des époux et celle des enfants. En ce qui concerne les époux, M. Guérard reconnaît que, dans la règle, les mariages devaient avoir lieu entre personnes de même condition, et il ajoute que les alliances mixtes, quoique tolérées, étaient ordinairement suivies de la dégradation de l'époux le mieux né. Après avoir cité et discuté les textes qui en fournissent la preuve, il fait remarquer que, dans le *Polyptyque*, les libres ou les colons mariés avec les serves n'en conservent pas moins leur qualification de libres et de colons, et réciproquement ; comme, d'ailleurs, le titre d'*uxor* est constamment donné à la femme, on ne peut pas douter que cette union ne fût parfaitement légitime. Aux enfants issus de ces sortes d'alliances, les lois des barbares assignaient souvent la pire condition des parents. Plusieurs coutumes admirent ce principe rigoureux ; d'autres réglèrent la condition des enfants sur celle de la mère ; en Bourgogne ils suivaient celle du père; ailleurs ils étaient partagés. C'était aussi ce qui pouvait arriver sur les terres de Saint-Germain, lorsque les enfants étaient nés d'un homme libre et d'une serve de l'abbaye, ou lorsque le partage avait été réglé par des conventions particulières; à défaut de conventions, l'abbaye conservait tous les enfants nés d'une mère qui lui appartenait, même lorsque le père appartenait à un autre seigneur; et réciproquement ces enfants demeuraient complétement étrangers à l'abbaye, si la mère ne lui appartenait pas. C'est ce que démontrent plusieurs passages du *Polyptyque*; et, comme on y voit, d'un autre côté, que d'une femme lide et d'un colon naissent des enfants lides, c'est-à-dire inférieurs à leur père, tandis que trois fils d'un serf sont élevés au-dessus de la caste paternelle et déclarés lides parce qu'ils sont nés d'une colone (*sunt lidi, quoniam de colona sunt nati*), l'auteur était autorisé à dire que, dans les terres de Saint-Germain, la condition des enfants dépendait, au moins en grande partie, de celle des mères. Mais le *Polyptyque*, qui attribue expressément la qualité de lides à des enfants issus soit d'un colon et d'une lide, soit d'un serf et d'une colone, ne renferme rien d'explicite sur la condition des enfants issus des autres mariages mixtes, et l'auteur reconnaît qu'il n'est guère possible de la déterminer que par voie de conjecture. Au reste, s'il n'a rencontré, sur cette question neuve et difficile, que des renseignements incomplets, il a su en déduire des conséquences aussi importantes que judicieuses.

En abordant l'examen de l'état des personnes dans la seigneurie, M. Guérard s'est occupé de définir certains mots que l'on rencontre, à chaque instant, dans les textes du moyen âge, et dont il est indispensable de fixer rigoureusement la signification. Le nom d'*homo*, dans le langage féodal, désigne la dépendance actuelle de la personne, et non un état originel et permanent, comme celui de libre, de colon, de lide ou de serf. A quelque caste qu'il appartînt, l'*homme* devait à son seigneur ou à son maître obéissance, fidélité, secours et service. La nature de son service, appelé *hominium*, dépendait à la fois de sa condition personnelle et de la condition de sa terre; il faisait service de vassal ou chevalier, de colon, de lide, ou de serf, selon ce qu'il était lui-même, et selon qu'il possédait soit un fief, soit une tenure colonaire, lidile ou servile. L'étranger reçu chez autrui et le maître de maison qui le recevait s'appelaient autrefois *hospes*. Dans le *Polyptyque* l'*hôte* est une espèce de locataire ou de fermier qui occupe, à certaines conditions, une terre ou une habitation étrangère. « Ainsi, ajoute M. Guérard [1], l'*hospes* tirait sa qualité, non de sa naissance comme le colon, ni de sa dépendance comme l'*homo* ou le vassal, mais du titre précaire ou passager en vertu duquel il possédait. » Un hôte, de même que le tenancier d'un manse, *mansuarius*, pouvait être libre, colon, lide ou serf; c'est ce que prouvent plusieurs passages du *Polyptyque*. Perreciot a donc eu tort

---

1. T. I, p. 424.

d'assimiler l'*hospes* au lide. Bignon paraît avoir commis une erreur du même genre, en attribuant au mot *accola* le sens de *colonus*; car, selon l'observation de M. Guérard, la signification d'*accola*, qui n'a rien que d'actuel, s'applique également à tout colon, serf ou homme libre établi sur un fonds étranger. Le nom de *mansuarius* n'a qu'une acception plus étroite, puisqu'il convient seulement au tenancier d'un manse. M. Guérard pense, au contraire, que les qualifications d'*advena* et d'*extraneus* s'appliquaient à des personnes d'une condition déterminée. L'*advena*, habitant libre d'une terre étrangère, est celui qui a quitté le lieu de sa naissance ou le pays qu'il habitait pour venir dans un autre, avec ou sans intention de retour. Quoique libre, il n'était pas toujours indépendant, attendu que plusieurs *advenæ* du *Polyptyque* sont déclarés hommes de Saint-Germain. A la différence de l'*advena*, l'*extraneus*, homme propre d'un seigneur étranger, était, en général, de condition servile. C'est en recherchant la véritable acception de plusieurs de ces mots dans la bonne latinité que M. Guérard a pu saisir des nuances délicates qui avaient échappé à l'attention de plusieurs savants. On rencontre aussi dans le *Polyptyque* des personnes que la dévotion, la pauvreté, ou tout autre motif, avait portées à se vouer au service de Saint-Germain, c'est-à-dire à se faire les hommes ou les serfs du monastère : le *Polyptyque* les désigne, en général, sous le nom de *votivi homines*; ailleurs ils sont appelés *oblati, donati, condonati*; ils se rattachent à la classe des *homines capi-*

tales, capite censi ou *censiti*, c'est-à-dire des hommes soumis à la capitation. L'auteur fait connaître encore quelques autres dénominations qui étaient appliquées à certaines personnes à cause de la nature de leurs redevances et de leurs services ; puis il arrive à la classe plus importante des officiers ruraux de l'abbaye.

Le plus considérable de ces officiers subalternes était le maire, *major*. Pour mieux faire comprendre quelles étaient les fonctions des maires de l'abbaye de Saint-Germain, M. Guérard recherche d'abord ce qu'étaient les maires des domaines royaux. Il montre que ces officiers, chargés de la surveillance des travaux de la campagne, n'étaient que des espèces d'économes ou d'intendants placés sous l'autorité de fonctionnaires plus élevés, nommés *judices*, auxquels Charlemagne avait attribué non-seulement la direction des exploitations rurales, mais aussi la police et la justice sur tous les habitants de leurs ressorts. Les *judices villarum* étaient donc à la fois de vrais magistrats et de simples économes; les maires, au contraire, n'avaient presque rien des premières attributions, tandis qu'ils possédaient à peu près toutes les secondes. M. Guérard voit en eux les héritiers du *villicus* des Romains, dont ils portent quelquefois le nom. L'officier qui paraît répondre au *judex* dans les terres de l'Église est le vidame, *vice-dominus*, l'avoué, *advocatus*, et quelquefois le prévôt *præpositus*. La *corvada judicialis* imposée aux tenanciers du fisc de Secqueval désigne implicitement ou l'avoué de Saint-Germain ou un *judex* royal envers lequel les habitants auraient été tenus à certains services corporels. Quoi qu'il en soit, les maires du *Polyptyque* étaient tous colons; ils remplissaient des fonctions en rapport avec leur condition sociale, et consistant dans des œuvres de genre servile. Quoique chargés de surveiller les autres tenanciers, ils étaient le plus souvent assujettis aux mêmes services qu'eux : seulement leur tenure était ordinairement plus forte, et ils avaient une part sur les droits dont ils procuraient le recouvrement. A l'exemple des possesseurs de bénéfices, les maires travaillèrent à s'approprier les biens dont ils n'avaient que l'administration, et à rendre leur pouvoir héréditaire avec leur office. « Ce fut alors, dit M. Guérard [1], une institution féodale, qui profitait principalement au titulaire et très-peu aux habitants. Le maire cessant d'être fait pour la *villa*, la regarda bientôt comme faite pour lui. Son affaire était bien moins d'administrer un village que d'y percevoir des droits et d'y exiger des services. Plus tard l'affranchissement des communes fit sortir les offices ruraux de l'intérêt personnel pour les rattacher à l'intérêt général ; ils changèrent ainsi de caractère, et s'élevèrent de la propriété privée à l'administration publique. »

Un maire pouvait être secondé par un ou plusieurs doyens, qui étaient chargés, sous son autorité, de la police des hommes et des terres comprises dans leurs décanies. On se rappelle que la décanie n'était pas

---

1. T. I, p. 456.

une division civile, et qu'elle n'avait pas non plus de rapport avec les doyennés ecclésiastiques. Les doyens du *Polyptyque* ne ressemblent donc point aux administrateurs de ces doyennés ; ce sont, comme les maires, des colons dont les manses sont assez souvent plus forts que ceux des autres tenanciers, et qui prélevaient aussi des émoluments sur les redevances dont ils assuraient la perception. Les doyens, qui étaient les adjoints des maires, pouvaient avoir eux-mêmes des auxiliaires nommés *decani juniores*.

Le *Polyptyque* mentionne aussi deux cellériers, l'un colon, l'autre serf, qui avaient, sans doute, la garde des provisions de bouche, mais qu'il ne faut pas confondre avec le cellérier pris parmi les moines, qui remplissait des fonctions analogues dans le monastère. Le forestier, qui était chargé de la garde des bois, et quelquefois aussi des vignes, me paraît terminer la liste des officiers ruraux de l'abbaye. Viendraient ensuite des hommes exerçant plutôt des métiers que des offices, comme les meuniers, les brasseurs, les tonneliers, les vignerons et beaucoup d'autres artisans, qui, pour la plupart, ne sont pas expressément désignés dans le *Polyptyque*, mais dont la présence est attestée par la nature même des redevances et des services que l'abbaye exigeait de ses tenanciers.

Les terres comme les personnes étaient de condition diverse, libres, colonaires, lidiles ou serviles ; et il en résultait souvent qu'un possesseur contractait, à cause de la condition de sa terre, des obligations qui n'étaient pas en rapport avec sa condition personnelle; car une terre libre pouvait être possédée par un serf, et réciproquement une terre servile par un homme libre. Le chapitre que l'auteur a consacré à la condition des terres est donc le complément nécessaire de celui que je viens d'examiner : il comprend deux sections, qui traitent, l'une de l'alleu, du domaine, de la colonie ou censive, du bénéfice et de la précaire, c'est-à-dire des différentes manières de posséder en usage dans le *Polyptyque de Saint-Germain*, l'autre des différentes espèces de biens dépendants de cette abbaye, telles que les manses, les hospices, les moulins, les églises, etc.

L'alleu, qui paraît avoir d'abord désigné le patrimoine par opposition aux acquêts, comprit ensuite tout ce qui fut possédé à titre de propriété, par héritage, par achat, ou par donation; c'était un bien dont le maître avait la libre disposition. Le *domaine* est la portion de l'alleu occupée par le maître; le reste, distribué entre des personnes plus ou moins dépendantes, formait les *tenures*, qui demeuraient toujours assujetties envers le domaine à des obligations de différents genres. Ces obligations étaient-elles libérales? la tenure était elle-même noble, et se nommait bénéfice; étaient-elles, au contraire, serviles? la tenure était ignoble, et constituait une colonie ou une censive. Cette distinction entre le domaine et les tenures subsistait même lorsque l'alleu entier avait été concédé en bénéfice : la partie dont le bénéficier conservait la possession formait le domaine; celle qu'il recédait, soit à titre de sousbénéfice, soit à titre de censive, composait les tenures. Le domaine, soit dans l'alleu, soit dans le bénéfice, est donc la partie seigneuriale ou dominante de la terre, celle que le propriétaire s'est réservée pour en percevoir directement les fruits.

Après ces définitions, dont je voudrais ne pas avoir altéré la netteté, l'auteur aborde une question bien souvent débattue, et qu'il me paraît avoir irrévocablement décidée. *La terre salique* ne signifie pas *la terre du Salien*, *la terre salique* signifie *la terre de la maison :* telles sont les deux propositions principales que l'auteur démontre par un ensemble de preuves tellement incontestables, qu'en ruinant le système de Du Cange elles communiquent à l'opinion d'Ekhart le plus haut degré de certitude historique. Dire que cette dissertation est un modèle de critique, c'est répéter le jugement qu'en ont porté les personnes qui la connaissent par des extraits publiés en 1841 dans la *Bibliothèque de l'École des chartes*. La terre salique est donc la terre de la maison, la terre du manoir seigneurial, en un mot, le domaine; c'est ce que le *Polyptyque* appelle *dominium*, *terra dominica* ou *indominicata*, *etc*. A côté du domaine étaient les tenures, dont l'usufruit pouvait être concédé de plusieurs manières, à terme, à vie, à titre perpétuel, et qui étaient composées tantôt de la totalité ou d'une partie d'un manse, tantôt d'un hospice ou d'une portion quelconque de terre. Les tenures du *Polyptyque* paraissent être héréditaires ; à ce titre elles diffèrent de la *terra censilis*, dont l'usufruit devait retourner au seigneur après un terme fixé d'avance, et qui, d'ailleurs, était possédée ordinairement par une personne franche, chargée d'un cens annuel en vertu d'une convention intervenue entre elle et le propriétaire.

M. Guérard considère le bénéfice comme un produit de la Germanie : aussi, tout en reconnaissant que le mot *beneficium*, si commun dans les écrits mérovingiens, y prend bien rarement la signification de *bénéfice*, et qu'il présente, en général, celle de *bienfait, avantage, faveur*, ou quelquefois celle d'*usufruit*, l'existence du bénéfice sous la première race ne lui paraît pas pouvoir être mise en doute. « On peut observer d'abord, dit-il, que l'existence avérée des leudes et des antrustions est déjà une forte présomption qu'il existait aussi des bénéfices royaux, c'est-à-dire des concessions de terres ou de revenus sous obligation d'assistance ou de fidélité au roi[1]. » Cette proposition me semblerait plus rigoureusement exacte, si elle concluait l'existence des bénéfices de celle des leudes seulement, sans parler des antrustions; car l'auteur s'attache ailleurs à bien établir la différence de l'antrustion et du bénéficier en disant que « il ne faut pas confondre, comme l'ont fait nos meilleurs auteurs, et même de nos jours, le bénéfice et la commendise; le simple recommandé, ajoute-t-il, nommé antrustion dans les lois barbares, était vassal; mais le vassal pouvait n'être pas bénéficier[2]. » Puisque le recommandé, le mainboré,

1. T. I, p. 511.
2. *Ibid.*, p 507. Cf. p. 522.

l'antrustion, pouvait ne pas être bénéficier, puisqu'il était même quelquefois incapable de posséder aucun véritable bénéfice, et qu'en fait la plupart des antrustions n'obtenaient pas de bénéfices, parce que, s'il en eût été autrement, plus le roi aurait accru son antrustionage, plus il aurait diminué ses revenus[1]; il me semble que l'auteur aurait dû se contenter d'alléguer en faveur de l'existence des bénéfices la présomption qui se tire de l'existence des leudes, c'est-à-dire des chefs de bandes reconnaissant le roi comme seigneur, et attachés à son service par un engagement particulier. J'ajoute que M. Guérard, en déduisant du traité d'Andelot les preuves directes de l'existence des bénéfices sous la première race, n'en signale aucune qui s'applique aux antrustions; les bénéficiers dont il est question sont ou des leudes ou de simples fidèles.

L'existence des bénéfices sous la première race une fois prouvée, l'auteur recherche quelle était la durée ordinaire de ces concessions d'usufruit qui mettaient l'usufruitier dans la dépendance personnelle du propriétaire, dont il devenait *l'homme* et auquel, par conséquent, il devait fidélité. Furent-elles d'abord révocables à volonté, viagères ou perpétuelles? Quoique des exemples très-anciens puissent être invoqués en faveur des opinions contradictoires qui divisent à cet égard les savants, M. Guérard pense que, dans l'origine, et d'après la règle générale, les bénéfices étaient doublement viagers, en ce sens

---

1. T. I, p. 524.

qu'ils expiraient à la mort du collateur comme à celle du possesseur, mais que cette règle fut souvent violée d'un côté comme de l'autre, c'est-à-dire que les seigneurs s'efforcèrent souvent de les révoquer à leur gré, et les vassaux, au contraire, de les rendre héréditaires et d'en disposer comme de leur alleu. En résumé, les bénéfices temporaires, viagers et perpétuels, existèrent de fait simultanément dès les premiers siècles de la monarchie ; la concession viagère, qui était la règle sous la première race, ne fut plus que l'exception à partir du règne de Louis le Débonnaire. Viagers ou héréditaires, les bénéfices étaient révocables lorsque le bénéficier manquait aux obligations qu'il avait contractées envers son seigneur. Ces obligations furent très-soigneusement définies lorsque le système des bénéfices en se développant produisit les fiefs et engendra tout le régime de la féodalité ; mais les documents des deux premières races apprennent seulement que les bénéficiers devaient fidélité et assistance à leurs seigneurs.

On s'accorde généralement à penser que le service militaire était plus obligatoire pour eux que pour les possesseurs d'alleux ; M. Guérard incline vers l'opinion contraire, et il croit que le bénéficier était tenu d'aller en personne à l'armée, non à cause de son titre de bénéficier, mais seulement lorsque la quantité de terre qu'il tenait en bénéfice était suffisante pour lui en fournir les moyens. En effet, un capitulaire de Charlemagne, rendu en 803, selon M. Pertz, appelle à l'armée tout homme libre ayant quatre manses en propre ou en bénéfice. Le bénéficier est donc convoqué, non comme bénéficier, mais comme possesseur de quatre manses. Il est vrai qu'un capitulaire de l'an 807 oblige au service militaire tous les bénéficiers indépendamment de l'étendue de leurs bénéfices; mais il s'agissait alors d'une levée en masse ordonnée dans tous les pays d'outre-Seine; trois manses au lieu de quatre durent fournir un homme du contingent; les personnes mêmes qui n'avaient pour tout bien qu'un mobilier de la valeur de cinq sous durent se réunir entre six pour envoyer aussi un combattant. « Il n'est donc pas étonnant, ajoute M. Guérard[1], que, dans cette circonstance, tous les bénéficiers aient été tenus de se mettre en campagne. » Il me paraît néanmoins que, pour eux, l'injonction de ce capitulaire est absolue, et que les bénéficiers y paraissent plus étroitement obligés que les propriétaires d'alleux et même que les simples possesseurs de mobilier. L'opinion de M. Guérard est donc contrariée par ce texte. Peut-être aussi se concilierait-elle difficilement avec l'obligation d'assistance imposée par la collation d'un bénéfice quel qu'il fût. Puisque le bénéficier, riche ou pauvre, devait assistance à son seigneur, il était tenu sans doute de le suivre à la guerre, où son assistance était le plus nécessaire. Je croirais donc qu'en fait on ne réclamait pas habituellement des plus pauvres bénéficiers l'accomplissement d'un devoir qui leur eût été trop onéreux, mais qu'en droit le service militaire était obligatoire pour eux à

---

1. T. I, p. 552.

l'égard de leur seigneur, et qu'il était exigé en effet dans les circonstances impérieuses, comme celle qui provoqua la levée en masse de l'an 807. En d'autres termes, le souverain aurait toujours eu le droit de convoquer à l'armée les bénéficiers royaux, de même qu'un seigneur, dans une expédition particulière, pouvait se faire assister de ses propres bénéficiers; seulement les bénéficiers des seigneurs, qui ne devaient assistance qu'au collateur de leur bénéfice, n'auraient été obligés au service militaire envers le souverain qu'en leur qualité d'hommes libres, possesseurs d'un certain nombre de manses.

Sauf cette légère observation, que je hasarde d'ailleurs avec une extrême réserve, je ne trouverais rien qui ne fût digne d'éloges dans ce travail remarquable sur les bénéfices. L'auteur traite avec la même supériorité des précaires du moyen âge, dont la durée, au lieu d'être arbitraire comme celle du *precarium* romain, était soigneusement déterminée. Il n'y avait, en général, que les biens d'églises qui fussent l'objet de ces sortes de concessions d'usufruit faites à quelqu'un, sur sa prière, pour un temps limité. On prenait ordinairement pour terme la vie du preneur et celle de sa femme; quelquefois la jouissance s'étendait jusqu'à cinq générations et au delà; plus rarement elle était bornée à cinq, dix ou quinze ans. Les précaires à long terme se confondaient à peu près avec le bénéfice ou la censive. Comme les biens tenus en précaire étaient ordinairement ceux que le preneur donnait ou vendait à la condition d'en jouir ensuite précairement, l'établissement religieux ajoutait souvent d'autres biens à ceux-là, et constituait ainsi un usufruit plus avantageux. M. Guérard fait observer que, dans les précaires du *Polyptyque*, les preneurs recevaient en usufruit le triple au moins de ce qu'ils donnaient en nue propriété, en sorte que l'abbaye de Saint-Germain suivait, pour ces espèces de placement de rentes à fonds perdu, la règle qui fut plus tard établie ou confirmée par Charles le Chauve.

J'arrive à la seconde section du chapitre VII, qui traite des différentes espèces de biens du *Polyptyque* et en premier lieu du manse, principal élément de la propriété territoriale, sorte de ferme ou d'habitation rurale, à laquelle était attachée, à perpétuité, une quantité de terre déterminée et, en principe, invariable. Après avoir défini les manses en général, l'auteur les partage en deux grandes classes : d'une part ceux qui sont attachés au domaine, de l'autre ceux qui font partie des tenures. Le manse du domaine, manse dominant ou seigneurial, c'est, sous un autre nom, la terre salique. Soit qu'il fût retenu par le propriétaire ou cédé en bénéfice, il n'en conservait pas moins son caractère de suprématie sur les manses inférieurs donnés en tenure et chargés à son profit de redevances et de services. Les manses tributaires du manse seigneurial étaient ingénuiles, lidiles ou serviles, et ils demeuraient tels, quelle que fût la condition de leurs tenanciers. « Le *Polyptyque d'Irminon*, dit M. Guérard[1], nous fournit

---

1. T. I, p. 583.

quantité de manses ingénuiles tenus par des serfs, de serviles et de lidiles tenus par des colons, d'ingénuiles et de serviles tenus par des lides. » Ce désaccord entre la condition de la terre et celle du tenancier a-t-il toujours existé? L'auteur ne le pense pas. Il conjecture que, dans l'origine, les manses devaient être tous ingénuiles et possédés par des colons; qu'ensuite, à défaut de colons, des serfs et des lides furent appelés dans des manses vacants, auxquels ils communiquèrent le titre de leur propre condition; que, dans ces distributions de terres, d'anciens manses furent partagés ou appauvris, et qu'on donna aux serfs les lots les plus faibles en exigeant d'eux moins de rentes et plus de services corporels. « Alors, ajoute M. Guérard[1], les obligations personnelles furent souvent mêlées avec les réelles, et tels travaux serviles qui n'avaient été exigés de la glèbe qu'à cause de la condition servile du tenancier, continuèrent, au changement de personnes, d'être exigés de même non par le droit, mais par la force, lorsque le serf fut remplacé par un lide ou par un colon. Ainsi d'abord les personnes communiquèrent leur condition aux terres, et ensuite les terres communiquèrent, à leur tour, leur condition aux personnes. » Que si les textes manquent pour justifier cette explication judicieuse, certains faits du moins viennent la confirmer : ainsi les manses ingénuiles du *Polyptyque* contiennent plus de terres que les lidiles, et ceux-ci plus que les serviles;

---

1. T. I, p. 587.

les premiers payent aussi plus que les seconds, et les seconds plus que les derniers ; enfin la nature des charges, dont j'omets l'énumération, établissait encore d'autres différences entre ces trois ordres de manses.

Quoique tous les manses tributaires payassent un cens, il ne faut pas les confondre avec les manses dits *censiles* ou *censuales*. Les uns et les autres, à la vérité, étaient soumis au cens, mais les premiers, par une conséquence nécessaire de leur condition permanente et invariable, les seconds en vertu d'une convention librement débattue, dont le terme était fixé d'avance. En un mot, le manse censile n'est autre que la *terra censilis*, dont on n'avait, jusqu'ici, donné que des définitions peu satisfaisantes. M. Guérard détermine aussi avec beaucoup de netteté le sens du mot *absus*, en prouvant que le manse *absus* est celui qui manque de tenanciers réguliers, et non pas, comme l'a dit Du Cange, un manse inculte, en friche. Le *Polyptyque*, en effet, qualifie *absi* des manses qui sont cultivés au moins en partie ; ils sont opposés aux *mansi vestiti*. Le *mansus integer* ou *plenus* est le manse entier, complet, par opposition au demi-manse (*mansus dimidius, medius*), ou au diminutif *mansellus*, et probablement aussi à ce qu'on appelait *mansuræ* et *curti mansi*. Le *Polyptyque* nomme *paravedarii* les manses tenus de fournir des palefrois ; mais on n'y trouve pas les qualifications si souvent employées ailleurs de *mansi manoperarii* et *carroperarii*, quoique d'ailleurs la plupart des manses de Saint-Germain fussent obligés à des mains-d'œuvre et à des charrois.

Après avoir traité des manses ecclésiastiques, c'est-à-dire possédés par les églises dépendantes de l'abbaye de Saint-Germain, et des manses tenus par les officiers des fiscs (*mansi ministeriales*), M. Guérard montre quelle fut, dans l'origine, la constitution des manses, et comment le démembrement progressif de ces lots de terre amena la désorganisation d'un système incompatible avec la révolution qui s'accomplissait dans les grands bénéfices et dans les simples tenures. L'édit de Pitres prouve que, dès le milieu du ixe siècle, les colons du roi et de l'Église s'étaient attribué le droit de vendre, même à des personnes étrangères à leur fisc, soit la totalité, soit une partie des terres de leurs manses, rendant ainsi la perception du cens impossible et détruisant l'économie qui avait présidé à la formation de ces établissements ruraux. M. Guérard ne pense pas, toutefois, que la contenance des manses ait jamais été parfaitement uniforme, et il prouve qu'en la supposant de douze bonniers, l'auteur de la *Théorie des lois politiques de la monarchie française* a transformé en règle générale applicable à tous les manses une loi de Lothaire destinée à prévenir l'insuffisance de la dotation des églises. Les exemples nombreux que lui fournit le *Polyptyque* l'autorisent donc à conclure, en disant que le manse n'était pas plus une mesure agraire, et n'avait pas moins d'irrégularité dans sa contenance, qu'une ferme de nos jours.

Parmi les dépendances du manse figure en première ligne l'habitation nommée tantôt *casa*, tantôt

sella ou *cella*, suivant qu'il s'agit d'un manse seigneurial ou tributaire. Le mot *mansus* est pris lui-même ordinairement dans cette acception restreinte, mais il désigne aussi quelquefois avec l'habitation les terres qui en dépendent, et, dans certains cas, les terres seulement. *Curtis*, qui est quelquefois, ainsi que *factus* et *hoba* ou *huba*, synonyme de *mansus* et même de *villa*, désigne plus ordinairement la cour ou la basse-cour : c'est la signification que ce mot présente dans les lois des barbares et dans le *Polyptyque*. M. Guérard cite à ce propos un texte de la loi des Bavarois, qui lui paraît signifier « que le jet de la hache marquera, au midi, à l'orient et à l'occident, les limites de l'enceinte de la cour, et que, quant au nord, qui est le côté sur lequel doit tomber l'ombre de l'enceinte, la limite sera réglée par un jugement ou par un arbitrage[1]. » Mais on serait, je crois, conduit à une autre interprétation, si, au lieu de mettre un point après *occidentem* et une virgule après *pertingit*, on ponctuait ce texte de la manière suivante : « Si autem curtis adhuc cinctus
« non fuerit, ille qui defendere voluerit, jactet se-
« curem, saiga valentem, contra meridiem, orientem
« atque occidentem; a septentrione vero, ut umbra
« pertingit : amplius non ponat sepem nisi deter-
« minata fuerit contentio. » Ce passage signifierait alors que les limites de la cour devaient être marquées, au midi, à l'orient et à l'occident, par le jet de la hache, au nord par l'ombre du bâtiment; et

---

1. T. I, p. 615.

que, pour excéder ces limites, il fallait y être autorisé par un jugement. A l'énumération des bâtiments qui étaient ordinairement construits dans l'intérieur ou aux environs de la cour d'un manse seigneurial, M. Guérard joint de curieux détails sur ces ateliers de femmes nommés gynécées, qui finirent par se changer en lieux de prostitution. Il retrouve un équivalent du manse dans le fonds colonaire, *colonia* ou *colonica*, que Bréquigny nomme colonage et qui consistait ordinairement dans une habitation accompagnée d'une certaine quantité de terres. Rapproché de *mansus*, le mot *colonica* paraît désigner les terres à l'exclusion des bâtiments; joint à un nom propre, il devient synonyme de *villa* et représente soit une terre composée de plusieurs manses, soit un village ou un hameau; distingué de la *villa*, il n'en comprend que la partie occupée par les serfs laboureurs et composée principalement de manses tributaires. Même dans son acception la plus étroite, le mot *colonica* s'applique à des possessions beaucoup plus considérables que les hospices, qui, se composant d'un fonds de terre peu étendu, ne formaient pas comme les manses un établissement rural à peu près complet, n'étaient pas soumis, dans l'intérieur d'un même fisc, à des lois communes et constantes, pouvaient être arbitrairement réunis ou divisés, et ne constituaient peut-être, au moins dans l'origine, qu'une tenure temporaire et révocable. D'autres tenures, composées probablement de petites portions de terre, sont appelées dans le *Polyptyque unciæ* et *partes*. M. Guérard termine son examen des biens de l'abbaye de Saint-Germain en traitant des jardins, des moulins, des églises et des chapelles.

Les douze paragraphes suivants, quoiqu'ils soient compris dans le chapitre VII, ne s'y rattachent pas intimement; et, dans le nombre, il y en a six dont la place est marquée dans le dernier chapitre des *Prolégomènes*, qui traite spécialement des services. Mais, considérée en elle-même, cette digression ne mérite que des éloges. L'auteur constate d'abord l'état prospère de l'agriculture dans les fiscs de l'abbaye au commencement du IXe siècle, et il revendique pour Charlemagne l'honneur d'avoir arrêté la décadence du plus précieux des arts de la civilisation romaine. Il ajoute à ces premières considérations des recherches intéressantes sur les modes de culture usités au moyen âge, sur le nombre et la saison des labours, sur les engrais et les clôtures, sur différents produits des terres de Saint-Germain et en particulier sur la vigne. C'est au milieu de cette dissertation, qui annonce, pour le dire en passant, des connaissances agronomiques peu ordinaires chez un homme de lettres, que M. Guérard a intercalé une discussion approfondie sur le sens des mots *riga* et *curvada*, servant à désigner les deux principaux services agricoles des tenanciers de l'abbaye. De la comparaison des différents passages où *riga* est employé dans le *Polyptyque*, il déduit la preuve, selon moi incontestable, que ce mot ne peut signifier, comme l'avaient pensé des savants allemands, un service à tour de rôle, mais qu'il exprime le labour d'une certaine quantité de terre. En outre, comme les mots *facere rigam unam* paraissent être souvent l'équivalent de *arare perticas* vi, il est amené à reconnaître ou que la *riga* est en soi une mesure déterminée égale à six perches d'Irminon (15 ares 42), ou, du moins, qu'elle exprime cette valeur par position et relativement aux mots *perticas* vi, qu'elle remplace. Le mot *curvada*, au contraire, désigne les labourages variables et indéterminés, qui pouvaient changer tous les ans, et dont le nombre était ordinairement laissé à la discrétion des officiers du fisc.

Je serais entraîné beaucoup trop loin, si je voulais rappeler ainsi toutes les dissertations spéciales que l'auteur a réunies dans les deux chapitres suivants, qui traitent, l'un des redevances, l'autre des services imposés aux tenanciers de l'abbaye de Saint-Germain. En étudiant le *Polyptyque* sous ce double point de vue, on y rencontre, à chaque instant, des mots dont la signification avait été ou complétement dénaturée ou définie d'une manière vague et obscure. M. Guérard n'a négligé aucune occasion de rectifier les travaux de ses devanciers, soit en proposant des définitions nouvelles, comme pour le mot *magisca*, qui, d'après les continuateurs de Du Cange, devrait s'entendre d'un champ nouvellement réduit en culture et du temps où il est cultivé, mais qui, dans la réalité, désigne des charrois faits dans le mois de mai; soit en signalant des distinctions délicates jusqu'alors inaperçues, comme celles qui existent entre les mots *hostilitium* et *carnaticum*, ou le nom générique de ces deux espèces de droits de guerre, *ad hostem*. Il ne manque jamais, dans ces discussions, de compléter ou de justifier le texte du *Polyptyque* par des textes analogues, de poser l'exception à côté de la règle, et de distinguer ce qui est absolu de ce qui varie selon les temps et les lieux. De la solution de ces problèmes spéciaux, il déduit souvent des résultats d'une importance générale. Je citerai par exemple sa dissertation sur les droits de guerre, qui l'amène à reconnaître que ces prestations, au lieu d'être accidentelles et variables, étaient devenues fixes et régulières, en sorte que l'abbaye de Saint-Germain les percevait annuellement de ses tenanciers, même en temps de paix, comme une sorte d'abonnement qui lui imposait ensuite l'obligation de faire face aux réquisitions plus ou moins fortes que le souverain pouvait exiger : c'est à peu près ainsi que, de nos jours, nous avons vu s'établir et se perpétuer la perception du décime de guerre. Mais, au temps du *Polyptyque*, les prestations *ad hostem* étaient, comme le fait observer M. Guérard, une redevance privée et non un impôt public. Il y avait longtemps alors que les impositions personnelles et foncières avaient dégénéré en revenus seigneuriaux et ne se percevaient plus qu'au profit des propriétaires du sol. L'auteur est ramené à cette question importante lorsqu'il s'occupe de la définition du mot *census*. Il montre que, si des hommes de toute condition payent encore des cens aux rois carlovingiens, ce n'est plus au souverain, c'est au seigneur, c'est au maître de leurs personnes ou de leurs biens qu'ils les doivent, à moins qu'il ne s'agisse de quelques droits indirects, de tributs imposés à des peuples soumis, ou d'une taxe purement accidentelle. Il faut remonter jusqu'à la première race pour trouver le mot *census* employé dans le sens d'impôt public ; plus tard le mot subsiste encore, mais l'institution a disparu ; le cens n'est plus un impôt, mais une redevance privée que des hommes libres ou des serfs payent à leur seigneur.

Une transformation analogue s'est opérée dans les *angariæ* et le *cursus publicus* des Romains. Au lieu d'un transport public organisé sur les grandes routes, l'*angaria* ne désigne plus qu'un charroi exécuté par des hommes de condition servile au commandement de leurs maîtres. Que restait-il, au xe siècle, de l'institution du *cursus publicus* et de ce vaste système de relais et de gîtes distribués et reliés entre eux dans toute l'étendue de l'empire? un mot qui en rappelle le souvenir, le nom de *paraveredi* donné aux chevaux de corvée fournis par des tenanciers pour transporter des hommes ou des bagages à des distances presque toujours indéterminées et souvent assez considérables. Comme plusieurs manses du *Polyptyque* devaient faire des charrois nommés *angariæ* et fournir des palefrois (*paraveredi*), M. Guérard a été conduit, pour mieux déterminer la signification de ces mots, à tracer l'histoire de la décadence des deux institutions auxquelles ils se rattachent, et à rappeler ce que Charlemagne avait tenté pour rétablir le système des postes romaines. Mais, quoique Louis le Débonnaire ait donné quelque suite à la grande pensée de son père, elle avorta comme tant d'autres au milieu des troubles et des déchirements de l'empire. Cette dissertation remarquable a été citée récemment et appréciée par un juge beaucoup plus compétent que moi. M. Naudet, qui vient d'examiner dans ses moindres détails l'organisation du *cursus publicus* chez les Romains, a terminé la lecture de son mémoire en louant, dans le travail de M. Guérard, l'érudition et la sagacité qui se font remarquer dans le sien.

Avant de s'occuper de l'*angaria* et des *paraveredi* du moyen âge, l'auteur avait eu à discuter la signification d'un mot qui, jusqu'à présent, ne paraît pas avoir été employé ailleurs que dans le *Polyptyque d'Irminon*. La *wicharisca* ou *wicharia*, suivant l'interprétation des continuateurs de Du Cange, exprimerait un service dû au seigneur par ses vassaux dans la forêt seigneuriale. M. Guérard n'a pas eu de peine à montrer combien est hasardée une interprétation uniquement fondée sur ce que le mot *wicha* désigne une forêt dans un acte écrit en Angleterre, plusieurs siècles après la rédaction du *Polyptyque*. L'un des deux passages où il est question de la *wicharisca* autorise à croire que ce service devait s'acquitter au moyen d'un charroi : « Et faciunt omni « anno, inter totas tres decanias, carrum I ad wicha-« riscam. » Il est vrai que le mot *carrum* signifie souvent un chariot; mais, dans plusieurs passages du *Polyptyque*, il a évidemment le sens de charroi, qui devra être ajouté dans le *Glossaire* de Du Cange. L'autre passage, *ad tertium annum wicharia*, est encore moins explicite que le premier. Réduit à des renseignements si incomplets, l'auteur n'a pu et n'a entendu proposer que des conjectures pour l'explication de ce mot. Il fait observer qu'il s'agit d'un charroi extraordinaire, difficile et coûteux, puisqu'il n'est dû qu'une fois tous les trois ans par le fisc de Combs-la-Ville, et que, dans le fisc de Villemeux, le plus riche et le plus peuplé de tous, les trois décanies doivent se réunir pour l'exécuter une fois par an. Il présume donc que la *wicharisca* pourrait signifier un charroi au port de *Wicus*, dont les habitants étaient nommés *Wicarii*. De ce nom propre on aurait formé *wicharisca*, de même que de *Maius* on avait dérivé le mot *magisca* pour exprimer les charrois du mois de mai. Les étymologies incontestables sont assez rares; celle-là, du moins, a l'avantage de se concilier avec l'histoire, qui nous apprend que *Wicus* ou *Quantowicus*, situé à l'embouchure de la Canche, dans le Boulonnais, fut un port très-fréquenté au moyen âge jusqu'à sa destruction par les pirates du Nord, et que, sous le règne de Charlemagne, l'abbaye de Saint-Germain y envoyait habituellement pour affaires de commerce. Les juges les plus sévères ne regretteront pas que M. Guérard ait risqué une conjecture qui l'a conduit à réunir et à discuter des textes curieux sur l'entrepôt considérable qui existait autrefois à *Wicus;* ils reconnaîtront d'ailleurs que l'éditeur du *Polyptyque* se laisse moins que personne entraîner par le goût des hypothèses, et qu'il a pour principe et pour habitude de rechercher avant tout les preuves concluantes et les résultats certains.

Le même esprit d'exactitude qui l'a guidé dans la

rédaction de ses *Prolégomènes* se fait remarquer dans ses *Commentaires*, qui contiennent, d'une part, la statistique particulière de chacun des fiscs décrits dans le *Polyptyque d'Irminon,* c'est-à-dire le nombre de ménages ingénuiles, lidiles, serviles et mixtes, la contenance de ces fiscs en terres labourables, vignes, prés, pâturages, marais et bois, la quotité des redevances payées en numéraire ou en nature, et l'indication des différentes espèces de services; de l'autre, le résumé partiel et général des mêmes éléments considérés d'abord sous un point de vue spécial en ce qui concerne les manses de chaque classe et de chaque condition, seigneuriaux ou tributaires, ingénuiles, lidiles ou serviles, puis de la manière la plus générale, eu égard à l'ensemble des possessions décrites dans le *Polyptyque*. Je n'ai pas besoin, je crois, de faire remarquer avec quelle confiance et quel avantage on peut consulter ce dépouillement exact de tous les renseignements contenus dans un recueil authentique et contemporain : des travaux de ce genre se recommandent assez par eux-mêmes.

Quelque développement que j'aie donné à cet article, j'ai dû me borner à une revue presque toujours rapide et souvent incomplète des nombreuses questions que l'auteur a successivement discutées. J'espère toutefois avoir montré que, sous un titre modeste, qui semble annoncer quelques dissertations d'un intérêt assez restreint, se cache l'ouvrage d'un homme initié de longue main à tous les secrets de la science historique, et qui, du terrain étroit où il s'est placé, domine et découvre au loin tout ce qui l'environne. La sévère attention que j'ai mise à signaler le petit nombre d'imperfections que j'ai cru remarquer dans ce travail considérable m'impose le devoir et me donne aussi quelque droit d'exprimer avec la même liberté tout le bien que j'en pense. Je ne crois pas trop m'avancer en disant que ce livre est du petit nombre de ceux qui suffisent à la réputation d'un savant. M. Guérard, qui a inscrit en tête de son premier chapitre un pieux et touchant éloge des illustres bénédictins de l'abbaye de Saint-Germain des Prés, semble aussi s'être imposé la tâche de les prendre pour modèles. Occupé des mêmes travaux, il y apporte la même ardeur, et, ce qui est plus rare, la même persévérance. La publication qu'il vient de terminer est le fruit de quinze années d'efforts, ou plutôt des études de toute sa vie. Là est le secret de cette érudition riche, mais en même temps modeste et contenue, qui ne vise point à se faire connaître mais à instruire, et qui, peu curieuse d'étaler tous ses trésors, garde une juste mesure pour offrir au lecteur le nécessaire ou l'utile en lui épargnant le superflu. La méthode est exacte et sûre comme l'érudition, dirigée par un esprit judicieux, qui serait assez pénétrant pour deviner la vérité, mais qui préfère prendre la peine de la chercher et montrer par quelle route on y arrive. Les faits qu'il découvre lui conviennent toujours, parce qu'il observe avant de conclure. Sévère pour lui-même, il ne croit personne sur parole; il examine avec indépendance toutes les opinions, et ne les admet qu'après en avoir vérifié la justesse. En tout il veut voir clair et connaître le fond des choses. Il ne pose une question qu'après l'avoir étudiée sous toutes ses faces, et, sûr alors du but qu'il veut atteindre, il épargne à lui comme au lecteur tous les pas inutiles. Son style, enfin, clair et précis, est en même temps d'une correction remarquable; toujours naturel, il suit sans effort la pensée de l'auteur, et s'élève, quand il le faut, jusqu'à cette éloquence calme et sévère qui convient seule peut-être à la dignité de l'histoire. Aucune de ces qualités n'est vulgaire; mais il est rare surtout de les trouver réunies à un degré si éminent. L'apparition de ce livre, à la fois savant, judicieux et bien écrit, est donc un de ces événements qui ne se reproduisent qu'à de longs intervalles, et dont les fastes littéraires de notre siècle doivent conserver la mémoire.

Natalis DE WAILLY.

EXTRAIT

DU JOURNAL DES SAVANTS.

(Juillet 1853.)

Polyptyque de l'abbaye de Saint-Remi de Reims, ou Dénombrement des manses, des serfs et des revenus de cette abbaye vers le milieu du ixe siècle de notre ère, par M. B. Guérard, membre de l'Institut, correspondant de l'Académie royale de Berlin, etc., 1 vol. in-4 de lii-147 pages, imprimé par autorisation du Gouvernement à l'Imprimerie impériale, M. D. CCC. LIII.

M. Guérard avait longtemps et vainement cherché le texte qu'il publie aujourd'hui, lorsque, en 1849, un professeur de l'Université, M. Damiens, le découvrit dans un des cartons où sont conservés, à la Bibliothèque impériale, les papiers de dom Poirier; mais alors le *Polyptyque d'Irminon* avait paru depuis cinq ans [1], et celui de Saint-Remi de Reims, que le savant éditeur avait si vivement désiré autrefois pour y trouver quelque secours, lui arrivait après coup; encore n'était-ce peut-être que pour contredire ses conjectures et déconcerter ses raisonnements. C'est, en effet, un véritable danger pour les érudits que l'apparition tardive d'un texte inconnu; tous ne sont pas assez philosophes pour en prendre leur parti

---

1. Le *Polyptyque d'Irminon* a fourni le sujet de trois articles qui ont paru, en 1845, dans le *Journal des Savants* (cahiers de février, juillet et septembre).

comme l'abbé Vertot, ou assez heureux pour s'en tirer comme M. Guérard, qui n'a rien à regretter dans cette circonstance, si ce n'est la petite contrariété de devoir à un étranger, lui conservateur de la Bibliothèque, la communication d'un manuscrit qu'il avait toujours eu sous la main; mais il s'accuse avec tant de bonne foi, et se montre si reconnaissant envers M. Damiens, qu'il y aurait mauvaise grâce à se prévaloir contre lui de ses propres aveux. J'aime bien mieux le féliciter d'avoir mis à profit cet heureux hasard pour contrôler l'exactitude de son premier travail et pour y ajouter un supplément digne, à tous égards, de l'ouvrage auquel il se rattache.

L'édition de M. Guérard est faite, non d'après le manuscrit original, qui probablement n'existe plus, mais d'après une copie exécutée, au xviiie siècle, par un moine de Saint-Remi, qui, tout familiarisé qu'il était avec les écritures du moyen âge, s'est abstenu de remplir les abréviations. Ce genre de transcription, qui laisse subsister toutes les difficultés du texte original, a, du moins, l'avantage de ne pas l'altérer par des interprétations hasardées. C'était donc une heureuse circonstance pour l'éditeur que d'avoir sous les yeux, à défaut du manuscrit original, sinon un *fac-simile*, du moins la reproduction fidèle des lettres mêmes qu'avait tracées le premier écrivain. Le copiste aura certainement réussi à lire exactement ces caractères, qui remontaient à l'épiscopat d'Hincmar, c'est-à-dire au temps de la belle minuscule carlovingienne, dont les formes simples et régulières servent encore de modèle à la typographie. En essayant de faire davantage, le moine de Saint-Remi aurait probablement rendu un moins grand service à la science ; car il est douteux que, dans le travail rapide de la transcription, il eût réussi à interpréter exactement toutes ces abréviations de noms de lieux et de personnes ou de mots barbares et inusités. Le savant éditeur, qui était obligé de remplir cette tâche difficile, et qui certes y était mieux préparé que personne par ses connaissances paléographiques et par son étude approfondie des documents du moyen âge, a cru nécessaire pourtant de représenter, sur une planche jointe à son volume, plusieurs des sigles qu'il avait rencontrés dans la copie du moine de Saint-Remi. Aller au delà et tenter, comme on l'a fait en Angleterre, de reproduire dans un livre imprimé toutes les abréviations des manuscrits, ce n'est plus donner l'édition d'un texte, c'est offrir au lecteur des énigmes souvent indéchiffrables, c'est ajouter aux difficultés des anciennes écritures une foule d'inexactitudes qu'il est impossible d'éviter quand on entreprend de représenter, avec des caractères fondus d'avance, la variété infinie des traits que trace librement la plume d'un écrivain. L'érudition française fera donc bien de ne pas emprunter à nos voisins un procédé dont le principal résultat est d'imposer au lecteur la besogne dont l'éditeur n'a pas voulu se charger. Avec quelques perfectionnements, qu'il est permis d'espérer, un bon daguerréotype pourra remplir cet office d'une manière irréprochable, sans que ces éditions purement mécaniques ôtent jamais leur valeur à celles que prépare, à tête reposée, un critique intelligent.

Le texte du *Polyptyque* de Saint-Remi est certainement du nombre de ceux qui réclament tous les secours de l'érudition ; mais les problèmes qu'il présente étaient presque tous résolus d'avance par l'éditeur du *Polyptyque d'Irminon*. Ce que M. Guérard avait dit de la condition des terres et des personnes, de la nature des services et des redevances pour les domaines de l'abbaye de Saint-Germain, peut généralement servir de commentaire au *Polyptyque* de Saint-Remi. Il s'est donc attaché surtout à traiter, dans sa préface, les questions véritablement neuves ou celles qui pouvaient encore avoir besoin de quelques éclaircissements. C'est la marche que je suivrai moi-même pour donner une idée de ce nouveau travail ; mais, avant d'arriver aux points particuliers sur lesquels je me propose d'appeler l'attention du lecteur, je commencerai par citer les observations qu'a suggérées à l'auteur la comparaison attentive de ces deux documents :

« On observera d'abord que la classe des lides a entièrement disparu, et qu'elle a dû se fondre dans celle des serfs, par la raison que les enfants issus de mariages mixtes suivaient la pire condition de leurs parents. En effet, les enfants d'un colon et d'une serve naissaient serfs, de même que ceux d'un serf et d'une colone. La condition des enfants se réglait autrement dans le *Polyptyque* de Saint-Germain, où il paraît qu'elle dépendait principalement de celle de la mère.

« Il n'y avait donc plus, dans les terres de Saint-Remi, que des ingénus ou colons et des serfs au-dessous des hommes libres. Le nombre des classes de personnes tendait donc à se réduire en même temps que toutes les lois nationales tendaient à se confondre dans une seule, la loi féodale.

« On remarquera ensuite que le droit appelé *hostilitia*, c'est-à-dire la prestation de guerre, n'est pas exigé de tous les fiscs, et qu'il y en a plusieurs, composés même en grande partie de manses ingénuiles, qui n'y sont pas soumis; enfin, que, dans les fiscs qui la payent, elle est moins forte que dans le *Polyptyque* de Saint-Germain, puisqu'elle ne s'élève jamais au-dessus de trente deniers et qu'elle descend quelquefois jusqu'à cinq, tandis que, dans le *Polyptyque* de Saint-Germain, elle est assez souvent de quatre sous et ne s'abaisse pas au-dessous de douze deniers. Cette espèce d'impôt, qui se levait sous Charlemagne ou du temps d'Irminon, pour subvenir à des guerres nationales, tombait en décadence dès le temps d'Hincmar, au milieu des guerres civiles ou des guerres des seigneurs.

« Une autre prestation importante, à laquelle un assez grand nombre de manses sont assujettis dans le *Polyptyque* de Saint-Germain, et qui devait avoir été imposée pareillement, dans le même temps, à beaucoup de manses dépendant des autres monastères, paraît supprimée, sous Hincmar, dans les terres de Saint-Remi, puisque le *Polyptyque* de cette abbaye n'en fait aucune mention; je veux parler de la redevance des *paraveredi*. Cette abolition prouve que les dernières traces du *cursus publicus* avaient entièrement disparu après la moitié du ixe siècle, au moins dans la partie de la France où l'abbaye de Saint-Remi avait ses biens : c'est ainsi que les institutions romaines ont succombé les unes après les autres, avec le gouvernement central, à l'approche du régime de la féodalité. Lorsque le royaume fut morcelé en une multitude de seigneuries rivales, souvent ennemies, toujours barricadées les unes contre les autres, les voyages et les communications devinrent extrêmement difficiles; les voies romaines et les autres grandes routes, s'il y en avait, furent non-seulement mal entretenues, mais coupées ou détruites, et les anciens établissements qui s'y rattachaient furent généralement abolis. D'Irminon à Hincmar, la décadence est très-sensible en ce qui touche aux institutions générales. »

La citation que je viens de faire montre assez avec quelle sagacité M. Guérard sait déduire de l'observation de quelques faits particuliers des conséquences qui intéressent au plus haut degré l'histoire générale. C'est le fruit et la juste récompense de la méthode rigoureuse qui a toujours présidé à ses travaux, et des longues études par lesquelles il s'était préparé à les entreprendre. Il a pu résoudre beaucoup de difficultés, parce qu'il unit à un esprit juste et pénétrant une mémoire ornée des connaissances les plus variées.

Il a rencontré cependant quelques problèmes qu'il n'a pu résoudre, et c'est à quoi devront se résigner longtemps encore les savants qui abordent les textes inédits du moyen âge. Après les vastes recherches de Du Cange, on est bien loin encore de connaître toute la nomenclature des mots barbares qui ont dû se multiplier et se diversifier à l'infini, suivant les besoins ou les usages de ces petits centres de population que les institutions féodales groupèrent çà et là dans toutes les parties de la France. C'est ainsi qu'on rencontre pour la première fois, dans le *Polyptyque* de Saint-Remi, les mots *vicarati* et *vicaratæ*, appliqués à un certain nombre de personnes dont ils semblent désigner la condition sociale. M. Guérard n'admet pas qu'on puisse imaginer une nouvelle classe en dehors des libres, des affranchis, des colons ou ingénus, des serfs, et enfin des lides, qui, d'ailleurs, n'apparaissent nulle part dans le *Polyptyque* de Saint-Remi. Il se refuse avec juste raison à voir dans le mot *vicaratus* un dérivé de *vicarius*, en sorte que, réduit à des conjectures hasardées, il aime mieux les taire et attendre pour se prononcer la découverte de nouveaux documents. J'ai voulu cependant examiner les différents passages où se rencontre cette qualification obscure : j'ai reconnu qu'il existait dans le seul fisc de Saulx-Saint-Remi dix-neuf *vicarati* et cinq *vicaratæ*, mais qu'ils n'étaient mentionnés dans aucun des autres fiscs. Tous ils sont tenanciers de manses comme les affranchis, les ingénus et les serfs de l'un et de l'autre sexe, auxquels ils se trouvent mêlés et souvent même unis par les liens du mariage. Au contraire, parmi les *accolæ* ou étrangers qui habitent ce même fisc de Saulx-Saint-Remi, il n'en est pas un seul qui soit qualifié *vicaratus*. Ce titre n'est pas donné davantage aux *forenses*, c'est-à-dire aux hommes du fisc qui habitaient au dehors. Les *vicarati* semblent donc différer des *accolæ* et des *forenses*, en ce qu'ils étaient de fait et de droit incorporés à la population sédentaire du fisc. Ce seraient peut-être des étrangers qui auraient obtenu, dans le *vicus* de Saulx-Saint-Remi, une sorte de naturalisation, avec les droits et les obligations qui s'y trouvaient attachés. Comme je n'ai pas l'autorité de M. Guérard, j'ai pu risquer cette conjecture ; mais j'ai hâte d'en signaler une autre qui lui appartient et qu'on peut accepter avec plus de confiance.

Il s'agit d'une redevance qui était acquittée par un assez grand nombre de manses, et qui, presque toujours, est indiquée dans le *Polyptyque* de la manière suivante : *Pro bove aquensi denarium* 1. Du Cange en avait cité trois exemples, mais n'avait pas tenté d'en donner l'explication. D. Carpentier conjecture qu'il s'agissait d'un bœuf destiné à faire tourner la roue d'un moulin, et qui par conséquent y faisait l'office de l'eau. M. Guérard fait observer que l'adjectif *aquensis* n'a jamais été le synonyme de *aquarius*, et qu'il a toujours été adjectif géographique, dérivé du nom de lieu *Aquæ* ; il n'hésite donc pas à traduire *bos aquensis* par *bœuf d'Aix*. Voici maintenant comment il complète son explication : « Outre les charrois généraux indéterminés et accidentels, qu'on appelait ordinairement, dit-il, *carroperæ*, et auxquels la plupart des manses étaient astreints, il était encore exigé d'eux des charrois réguliers et périodiques pour les vins, le bois, le foin, le blé et autres produits. Les charrois de cette dernière espèce, dont on s'exemptait d'ailleurs à prix d'argent, se faisaient quelquefois au loin. Dans plusieurs fiscs, la longueur du charriage est fixée à trente lieues gauloises.... J'observe ensuite que les animaux employés le plus communément au charriage étaient des bœufs, comme on le voit dans le *Polyptyque d'Irminon* et dans celui de Saint-Remi. Or, puisque l'obligation de fournir des bœufs était commune et qu'elle était rachetée par une somme d'argent, il est naturel de croire que la redevance payée *pro bove aquensi* n'avait pas d'autre raison que l'exemption de fournir un bœuf pour les charrois d'Aix. » M. Guérard montre ensuite qu'entre les différents lieux de ce nom il faut choisir de préférence Aix-la-Chapelle : une des raisons qu'il en donne, c'est que le monastère de Saint-Remi avait des possessions très-nombreuses dans le diocèse de Mayence et dans celui de Liége.

Le savant éditeur a parfaitement réussi, selon moi, à démontrer l'exactitude de la solution qu'il a donnée à ce problème difficile. Il y était, je dois le dire, doublement intéressé; car il s'appuie sur cette solution pour justifier la conjecture ingénieuse qu'il avait émise dans le *Polyptyque* d'Irminon sur la signification du mot *wicharisca*. Il avait deviné que ce mot avait été forgé tout exprès pour signifier un charroi fait à *Wicus* (Quentowic ou Étaples). Il avait produit, à l'appui de cette conjecture, plusieurs arguments plausibles, mais qui pouvaient laisser encore subsister quelques doutes. Aujourd'hui on ne saurait se refuser à reconnaître la justesse de cette interprétation; car le *Polyptyque* de Saint-Remi ne fournit pas seulement l'expression de *bos Aquensis* : on y trouve, en outre, *servitium Aquense, servitium pro bove Aquensi*, variantes qui démontrent jusqu'à l'évidence que le *bos Aquensis* n'avait aucun rapport avec l'eau ou les moulins. Enfin, sans parler des redevances que certains manses payaient *pro via Viromandensi*, on trouve des taxes *pro caropera Cavalonense*, c'est-à-dire pour les charrois de Châlons, et ces charrois sont désignés ailleurs par le substantif *cavalonia*, qui a été forgé, comme on le voit, de la même manière que *wicharisca*, pour rappeler en même temps l'obligation de faire un charroi et le nom du lieu vers lequel ces charrois devaient être dirigés : c'est une famille particulière de mots dont on ne connaissait peut-être pas d'autres exemples.

Mais il est des difficultés plus grandes encore que l'on rencontre dans les textes du moyen âge : ce sont des mots très-connus, détournés de leur acception ordinaire. Il y avait, dans le fisc de Saulx-Saint-Remi, six femmes serves, et dans celui de Condé-sur-Marne un plus grand nombre de tenanciers de l'un et de l'autre sexe et de condition diverse qui devaient fournir chacun deux onces de *vermiculum*. Le P. Égée, sous-prieur de Saint-Remi, dans une lettre que feu M. Varin a fait connaître[1], conserve au mot *vermiculum* sa signification la plus connue et

---

[1] *Archives administratives de Reims*, t I, part. 1re, p. 335.

suppose qu'on doit entendre par là du vermillon. Mais M. Guérard fait observer que le vermillon naturel n'existe point en France, et que les serfs de Saint-Remi n'avaient pas à leur disposition les matières premières qui entrent dans la composition du vermillon artificiel; il incline donc à penser qu'il s'agit d'une couleur extraite de végétaux indigènes. Pour en savoir davantage sur ce point, il faudrait que ce produit naturel se recueillît encore de nos jours dans les villages de Saulx-Saint-Remi et de Condé-sur-Marne. Cette supposition n'est peut-être pas inadmissible; car c'était une substance d'un prix élevé, qui valait environ 4 fr. 50 cent. l'once, et qu'on n'aurait probablement pas négligé de récolter dans les vingt-deux autres fiscs de l'abbaye, si, en effet, elle s'y était rencontrée. Pour terminer ce que j'ai à dire sur les redevances acquittées par les tenanciers de Saint-Remi, j'ajouterai que l'éditeur a pu rétablir le véritable sens du mot *salneritia*, sur lequel Du Cange s'était mépris en supposant qu'il désignait le temps où l'on coupe les saules, tandis qu'il signifie évidemment une redevance pour le sel.

Un autre passage du glossaire de Du Cange avait amené M. Guérard à fixer la contenance de la *mappa* à quarante perches de long sur quatre perches de large. Cette contenance est, en effet, indiquée dans le *Polyptyque* de Saint-Remi, mais au milieu de beaucoup d'autres qui s'en éloignent considérablement : la moyenne générale donnerait environ deux cent quatre-vingt-dix perches carrées au lieu de cent soixante, et les mesures extrêmes sont de cent

vingt et de cinq cents perches de superficie. Quand on songe que ces chiffres sont fournis par un seul manuscrit, exclusivement relatif à des domaines possédés par une même abbaye et situés presque tous dans quatre *pagi* limitrophes, il est bien difficile de comprendre qu'un grand État comme la France ait supporté pendant plusieurs siècles une telle diversité de mesures, et qu'il ait fallu attendre le bouleversement d'une révolution pour établir l'uniformité de notre système métrique. Ce n'est pas qu'on n'eût depuis longtemps compris les avantages d'une telle réforme. Philippe le Long l'avait projetée dès le xive siècle ; il avait même commencé l'enquête qui devait en préparer l'exécution, lorsqu'une mort prématurée vint déconcerter ses projets. Un chroniqueur contemporain, Jean de Saint-Victor, signale ce plan comme une calamité, et déclare que la mort du roi fut préparée par un crime politique ou accordée par le ciel aux supplications du peuple, à qui on faisait craindre, à cette occasion, la levée de quelque nouvel impôt : « Quare forte aliquibus fuit visum
« quod expediebat ut unus homo moreretur pro po-
« pulo, et non tanta gens periculo subjaceret....
« Aliorum autem erat opinio quod propter maledic-
« tiones populi formidantis ne sic notabiliter grava-
« retur, et mortem regis a Domino requirentis, cito
« de medio sit sublatus. » Ainsi avorta, sous le coup des malédictions populaires, cette pensée, imprudente peut-être, parce qu'elle était prématurée, mais dont le souvenir est digne assurément d'être conservé par l'histoire.

Les mesures autres que la *mappa* qui sont mentionnées dans le *Polyptyque* de Saint-Remi n'ont fourni à M. Guérard aucune donnée nouvelle. Il n'a pas eu non plus à revenir sur la question des monnaies; mais il a trouvé un nombre assez considérable de noms de lieux dont il a recherché avec un soin scrupuleux et presque toujours déterminé la synonymie et la situation actuelle. Une circonstance accidentelle est venue accroître pour lui la difficulté ordinaire de ces recherches : le moine de Saint-Remi paraît avoir dérangé l'ordre des quatre premiers articles du chapitre x, et transcrit par mégarde en lignes continues des noms de lieux qui, sur le manuscrit original, devaient être disposés en colonnes verticales et distribués entre le Rémois, le Laonnais, le Tardenois et le Porcien. Il en résulte que le texte actuel fournit, pour la situation des lieux dans chacun de ces pays, des renseignements presque toujours erronés. L'éditeur était obligé néanmoins de reproduire ce texte, tout vicieux qu'il pouvait être; mais, dans le vocabulaire géographique qui termine son livre, il a rétabli la véritable position de presque tous ces lieux. Je ne crois pas pourtant que *Nanguliaca cortis*, classé d'après le texte dans le Laonnais, puisse se traduire par *Naglaincourt* (Vosges), dont la position ne peut appartenir à aucun des quatre *pagi* cités plus haut. Comme l'éditeur annonce qu'on peut lire aussi *Vanguliaca cortis*, j'aimerais mieux traduire *Wadelincourt* (Ardennes), et par conséquent attribuer ce lieu au Porcien. Peut-être aussi *Ranciacus*, dépendant du fisc de Saulx-Saint-Remi, pourrait-il signifier *Roisy*, situé comme Saulx dans le canton d'Asfeld, plutôt que *Roucy* (Aisne). En tout cas, il conviendrait d'ajouter dans le vocabulaire géographique le nom *Ranciacus*, qui n'y figure pas, et qui doit être distingué de *Rauciacus*, puisque le premier de ces noms est tiré du chapitre XXII, et le second du chapitre XXVI. M. Guérard indique avec un point de doute *Anisy-le-Château* comme pouvant répondre au nom ancien d'*Hamiziacus*; je préférerais *Hameuzy*, qui est un écart de Vieil-Saint-Remi (Ardennes). Parmi les noms pour lesquels aucune interprétation n'a été proposée, j'ai remarqué *Honerada Villa*, qui pouvait être *Orainville* (Aisne); *Causa Heriboldi*, qui répondrait à *Concevreux* (Aisne), et *Cabuslus*, qui serait devenu *Cuisle* (Marne) par une contraction analogue à celle qui de *cabiola* a fait notre mot *geôle*. *Pons Varensis* ne pourrait-il pas être *Pont-Bar*, dépendance de Tannay (Ardennes), plutôt que *Pont-Faverger*, qui répondrait à *Pons Fabricatus*, dont l'équivalent moderne n'est pas indiqué? Je soumets ces conjectures à l'appréciation de M. Guérard, qui est le meilleur juge en cette matière, et qui a si bien continué les excellentes traditions d'Adrien de Valois.

En résumé, cette nouvelle publication est digne en tous points de celles qui ont justement acquis à l'auteur une haute réputation de science et de critique historique. Fidèle à ses habitudes, il a examiné les moindres détails de son texte, il en a pesé tous les mots et discuté toutes les difficultés. Il ne faut donc pas s'étonner s'il est du petit nombre de ceux dont les livres sont des modèles et dont l'opinion fait autorité. Les élèves qu'il a formés par son enseignement à l'École des chartes ne sont pas les seuls qui le reconnaissent pour maître, ou qui aspirent à suivre de loin ses traces et à mettre en pratique ses excellentes leçons.

N. DE WAILLY.

INSCRIPTION

COMPOSÉE PAR L'ACADÉMIE

POUR LE MONUMENT DE M. GUÉRARD

A MONTBARD.

BENJ. EDME CHARLES GUÉRARD

NÉ A MONTBARD 15 MARS 1797 ☦ MORT A PARIS 10 MARS 1854

MEMBRE DE L'ACADÉMIE DES INSCRIPT. ET BELLES-LETTRES
CONSERVATEUR DES MANUSCRITS A LA BIBLIOTH. IMP.
PROFESSEUR A L'ÉCOLE DES CHARTES
DIRECTEUR DE LA MÊME ÉCOLE

AUSSI ESTIMABLE

PAR L'INTÉGRITÉ DE SON CARACTÈRE

QUE PAR LA SINCÉRITÉ SCRUPULEUSE DE SON ÉRUDITION

DIGNE CONTINUATEUR DES BÉNÉDICTINS

IL TROUVA DANS LES POLYPTYQUES ET LES CARTULAIRES
UNE SOURCE NOUVELLE DE DOCUMENTS HISTORIQUES
D'OÙ IL SUT TIRER DES TABLEAUX ACHEVÉS
DE L'ÉTAT DES PERSONNES ET DES CHOSES

AU MOYEN AGE

SES DEUX FRÈRES LUI ONT ÉLEVÉ CE MONUMENT
L'ACADÉMIE DES INSCRIPTIONS ET BELLES-LETTRES
ASSOCIE SES REGRETS A LEUR DOULEUR

M.DCCC.LIV.

LISTE CHRONOLOGIQUE

DES PUBLICATIONS DE M. B. E. C. GUÉRARD[1].

Discours sur la vie et les ouvrages du président Jacques-Auguste de Thou. *Paris, Lheureux*, 1824, in-8 de 48 pages. — Ce discours a obtenu la première mention honorable à l'Académie française.

Lettre à M. de Grégory sur le véritable auteur de l'*Imitation de Jésus-Christ*. — Cette lettre, datée du 9 octobre 1825, a été publiée en 1843, par M. de Grégory, dans son *Histoire de l'Imitation de Jésus-Christ*, t. II, p. 283 à 286.

La bienfaisance du baron de Montyon, ou ses legs et ses fondations en faveur des hospices et des académies (Anonyme), *Paris, Delaunay*, 1826, in-8 de 18 pages. — Cette pièce de vers a concouru en 1825 pour le prix proposé par l'Académie française.

Annales de Hainaut, par Jacques de Guyse. Prospectus. *Paris, Sautelet*, [1826,] in-8 de 8 pages.

Divers articles littéraires insérés dans le journal *l'Universel*, notamment sur le *Cours d'histoire moderne* de M. Guizot (voy. les numéros suivants : 15 et 19 octobre, 8 novembre, 5, 19 et 31 décembre 1829).

Conseils au pouvoir par un homme du peuple (Anonyme). *Paris, Guiraudet*, 1830, in-8 de 22 pages.

Discours d'ouverture du cours de première année à l'École des chartes, publié dans la *France littéraire*, 1832, t. Ier, p. 268 à 280, réimprimé dans le présent volume, p. 257.

Essai sur le système des divisions territoriales de la Gaule, depuis l'âge romain jusqu'à la fin de la dynastie carlovingienne, extrait du mémoire couronné par l'Institut en juillet 1830, et suivi d'un aperçu de la statistique de Palaiseau à la fin du règne de Charlemagne. *Paris, Imprimerie royale*, 1832, in-8 de XV et 193 pages.

De la carte de France publiée par le ministère de la guerre; article inséré au *Bulletin de la Société de l'Histoire de France*, première partie, 1834, p. 54 à 64.

---

1. Plusieurs des ouvrages compris dans cette liste ont été communiqués à l'Académie : on trouvera plus haut (p. 233, n. 2) l'indication des séances où la lecture en a été faite.

Essai historique sur Mirebel, par Théodore Laurent, article inséré au même *Bulletin*, 1re partie, 1835, p. 194 à 195.

Des causes principales de la popularité du clergé en France sous les deux premières races, introduction d'un mémoire lu à l'Académie des Inscriptions et Belles-Lettres. *Paris*, 1835 ; brochure in-8 de 21 pages, extraite du *Bulletin de la Société de l'Histoire de France*, Ire partie, 1835, p. 272 à 292. — Cette introduction fut lue en partie à la séance publique des cinq académies, le 2 mai 1835 ; un autre fragment fut lu, le 14 août suivant, à la séance annuelle de l'Académie des Inscriptions ; l'ensemble du mémoire fut soumis à l'Académie pendant le cours des années 1835 et 1836.

Provinces et pays de France. *Paris, Crapelet,* 1836 ; brochure in-18 de 95 pages, extraite de l'*Annuaire historique pour* 1837, publié par la Société de l'Histoire de France, p. 58 à 148.

Du système monétaire des Francs, sous les deux premières races, extrait d'un mémoire lu à l'Académie des Inscriptions et Belles-Lettres, en 1837. *Blois, E. Dezairs,* 1837 ; brochure in-8 de 39 pages, extraite de la *Revue de numismatique française*, t. II, p. 406 à 440.—Ce mémoire a été reproduit, avec quelques changements, dans les Prolégomènes du *Polyptyque de l'abbé Irminon*, t. Ier, p. 109 à 158.

Note relative au système monétaire des Francs, insérée en 1838 dans la *Revue de numismatique française*, t. III, p. 275 à 280.

Notice du cartulaire de l'abbaye de Notre-Dame de la Roche, manuscrit de la Bibliothèque du Roi, cartulaire 120, sur vélin, écriture du xiiie siècle, insérée dans les *Notices et extraits des manuscrits de la Bibliothèque du Roi*. 1838, t. XIII, seconde partie, p. 1 à 61.

Notice sur le manuscrit de la Bibliothèque du Roi coté 4628 A (Recueil de pièces), insérée au même volume, p 62 à 79.

Lettre de M. B. Guérard à son frère, au sujet d'un article de *la Quotidienne. Paris, Fournier,* 1838 ; in-8 de 15 pages. — Cette Lettre a été réimprimée avec les observations de M. Paulin Paris. *Paris, Techener,* in-8 de 35 pages.

De l'état des personnes et des terres jusqu'à l'établissement des communes, mémoire communiqué à l'Académie des Inscriptions en 1838, inséré dans la *Revue des Deux-Mondes* du 15 avril de la même année (t. XXXVI, p. 291 à 304), et reproduit dans les Prolégomènes du *Polyptyque de l'abbé Irminon*, t. Ier, p. 199 à 211.

De l'état des personnes dans la monarchie des Francs, mémoire inséré dans la *Revue des Deux-Mondes* du 15 juillet 1839 (t. XLI, p. 244 à 265), et reproduit avec plus de développement dans les Prolégomènes du *Polyptyque d'Irminon*, t. Ier, p. 212 à 250.

Gustave Fallot, sous-bibliothécaire de l'Institut, secrétaire du premier comité historique du ministère de l'Instruction publique, ancien pensionnaire de l'École royale des chartes, brochure in-8 de 13 pages, extraite de l'édition posthume des *Recherches sur les formes grammaticales de la langue française et de ses dialectes au XIII° siècle*, par Gustave Fallot. *Paris*, *Imprimerie royale*, 1839.

Avertissement publié en tête de l'*Annuaire historique* de la Société de l'Histoire de France pour l'année 1840. (Les *Avertissements* publiés dans les Annuaires des années 1837, 1838, 1839, 1841 et 1842, sont aussi de M. Guérard.)

Compte demandé à M. Thiers (Anonyme). *Paris, G. A. Dentu*, 1840, in-18 de 29 pages.

Des impositions publiques dans la Gaule depuis l'origine de la monarchie des Francs jusqu'à la mort de Louis le Débonnaire, rapport lu à l'Académie des Inscriptions et Belles-Lettres en 1837, et publié dans la *Bibliothèque de l'École des chartes*, 1840; 1re série, t. Ier, p. 336 à 342.

Richeri historiarum libri IIII, ex codice seculi x autographo edidit G H. Pertz, articles publiés dans le *Journal des Savants*, 1840, août et septembre, p. 470 à 489, et 535 à 556. — Ce travail avait été communiqué à l'Académie des Inscriptions en 1840. Au premier article est jointe (p. 470 à 483) une note étendue donnant un aperçu général de la collection publiée par M. Pertz sous le titre de *Monumenta Germaniæ*. Cet aperçu a été communiqué à l'Académie dans la séance du 6 décembre 1839.

Dictionnaire des anciens noms de lieu du département de l'Eure, par Auguste Le Prevost, article publié dans la *Bibliothèque de l'Ecole des chartes*; 1840, 1re série, t. II, p. 190 à 191.

Cartulaire de l'abbaye de Saint Père de Chartres (t. I et II de la Collection des cartulaires de France); *Paris, Crapelet*, 1840, deux vol. in-4, le 1er de CCCLXXI et 254 pages, le second de la page 255 à 848. — Les Prolégomènes, qui font partie du 1er volume, ont été tirés à part (in-4 de CCCLXXI pages).

Cartulaire de l'abbaye de Saint-Bertin (t. III de la même collection); *Paris, Imprimerie royale*, 1840, un vol. in-4 de C et 487 pages.

La terre salique, mémoire lu à l'Académie des Inscriptions et Belles-Lettres en 1841, publié dans la *Bibliothèque de l'Ecole des chartes*, 1841, 1re série, t. III, p. 113 à 124, tiré à part (12 pages in-8), et reproduit avec plus de développement dans les Prolégomènes du *Polyptyque de l'abbé Irminon*, t. Ier, p. 483 à 496.

Notice sur M. Daunou, publiée en partie dans la *Bibliothèque de l'Ecole des chartes*, 1842, 1re série, t. III, p. 209 à 257, tirée à part (49 pages in-8), et publiée intégralement dans le présent volume. — Des fragments de cette notice ont été lus à l'Académie des Inscriptions en 1842.

Institutions liturgiques par le R. P. dom Prosper Guéranger, abbé de Solesmes, article publié dans la *Bibliothèque de l'Ecole des chartes*, 1843, 1re série, t. V, p. 188 à 193.

Fragment sur les religieux de Saint-Germain des Prés, publié en 1843 dans l'*Annuaire historique* de la Société de l'Histoire de France pour l'année 1844, p. 239 à 252, et reproduit dans les Prolégomènes du *Polyptyque de l'abbé Irminon*, t. Ier, p. 3 à 9. — Ce fragment avait été communiqué à l'Académie des Inscriptions en 1836.

Loi salique, ou recueil contenant les anciennes rédactions de cette loi et le texte connu sous le nom de *Lex emendata*, avec des notes et des dissertations par J. M. Pardessus, articles publiés dans le *Journal des Savants*; 1843, septembre, octobre, novembre, p. 564 à 574, 627 à 636, 684 à 694, et 1844 avril, p. 214 à 226.

Polyptyque de l'abbé Irminon, ou dénombrement des manses, des serfs et des revenus de l'abbaye de Saint-Germain des Prés, sous le règne de Charlemagne, publié d'après le manuscrit de la Bibliothèque du Roi, avec des Prolégomènes pour servir à l'histoire de la condition des personnes et des terres depuis les invasions des barbares jusqu'à l'institution des communes; *Paris, Imprimerie royale*, 1844, deux tomes in-4 en trois parties, le Ier de VIII et 984 pages, le IIe de 463. — Plusieurs fragments de cet ouvrage avaient été communiqués à l'Académie des Inscriptions, notamment un mémoire sur les mesures en 1837, et un mémoire sur les lides en 1839. Ces deux fragments ne paraissent pas avoir été publiés à part comme ceux qui ont été rappelés plus haut.

Embaumement du corps de Charles V, morceau publié en 1844 dans l'*Annuaire historique* de la Société de l'Histoire de France pour l'année 1845, p. 196 à 198.

Exposé sur les annuaires publiés par la Société de l'Histoire de France, article qui a paru en 1845 dans l'*Annuaire historique* de la même société pour l'année 1846, p. 33 à 54.

Exposé sur les annuaires publiés par la Société de l'Histoire de France, suite de l'article précédent, publiée en 1846 dans l'*Annuaire historique* de la même société pour l'année 1847, p. v à xii.

Relevé du temps qu'il a fait à Paris depuis dix-huit ans, article publié en 1846 dans l'*Annuaire historique* de la même société pour l'année 1847, p. 27 à 44.

Rapport fait au nom de la Commission des travaux littéraires sur la continuation de la Collection des chartes et diplômes, lu à l'Académie des Inscriptions et Belles-Lettres en 1847; *Paris, Didot*, 1847, in-4 de 19 pages, réimprimé dans l'*Histoire de l'Académie des Inscriptions*, t. XVI, p. 19 à 35.

Lettres de mademoiselle Aïssé à madame Calandrini, cinquième édition revue et annotée par M. Jules Ravenel, avec une notice par M. Sainte-Beuve, article inséré en 1847 dans l'*Illustration*, t. IX, p. 94.

Semur en Auxois, Montbard et Alise : 1848, brochure in-4 de 20 pages, extraite de l'*Histoire des villes de France*, t. V, p. 83 à 102.

Condition des personnes et des terres ; 1848, brochure in-8 de XIV feuillets, extraite du recueil intitulé : *Le Moyen Age et la Renaissance*, t. Ier, fol. I à XIV.

Du nom de France, et des différents pays auxquels il fut appliqué, mémoire publié en 1848 dans l'*Annuaire historique* de la Société de l'Histoire de France pour l'année 1849, p. 152 à 168.

Cartulaire de l'église Notre-Dame de Paris (formant les tomes IV à VII de la Collection des cartulaires de France); *Paris, Crapelet*, 1850, quatre vol. in-4, le Ier de CCXXXVIII et 470 pages, le IIe de 546, le IIIe de 552 et le IVe de 492.

De la formation de l'état social, politique et administratif de la France, mémoire communiqué à l'Académie des Inscriptions en 1849 et publié dans la *Bibliothèque de l'École des chartes*, 1851, 3e série, t. II, p. 1 à 38.

Du musée du Louvre, article publié dans la *Bibliothèque de l'École des chartes*, 1853, 3e série, t. IV, p. 70 à 77.

Polyptyque de l'abbaye de Saint-Remi de Reims, ou dénombrement des manses, des serfs et des revenus de cette abbaye vers le milieu du IXe siècle de notre ère ; *Paris, Imprimerie impériale*, 1853, un vol. in-4 de LII et 147 pages.

Explication du capitulaire *de Villis*, mémoire lu à l'Académie des Inscriptions en 1852 et 1853, publié dans la *Bibliothèque de l'École des chartes*, 1853, 3e série, t. IV, p. 201 à 247, 343 à 350 et 546 à 572, tiré à part (brochure in-8 de 110 pages). *Paris, Didot*, 1853.

Cartulaire de l'abbaye de Saint-Victor de Marseille, deux vol. in-4, sous presse, qui formeront les tomes VIII et IX de la Collection des cartulaires de France.

FIN DE LA LISTE CHRONOLOGIQUE.

TABLE DES MATIÈRES.

Préface .... Page	1
Notice sur M. Daunou...	1
Table sommaire de la Notice sur M. Daunou...................	184
Notice sur M. Guérard..	189
Table sommaire de la Notice sur M. Guérard..................	254
Discours prononcé par M. Guérard à l'ouverture du cours de première année de l'École des chartes............................	257
Sur le Polyptyque d'Irminon.................................	271
Sur le Polyptyque de Saint-Remi.............................	344
Inscription composée par l'Académie pour le monument de M. Guérard..	359
Liste chronologique des ouvrages de M. Guérard..............	361

FIN DE LA TABLE DES MATIÈRES.

Ch. Lahure, imprimeur du Sénat et de la Cour de Cassation
(ancienne maison Crapelet), rue de Vaugirard, 9.

www.ingramcontent.com/pod-product-compliance
Lightning Source LLC
Chambersburg PA
CBHW050436170426
43201CB00008B/690